Opere Burlesche Del Berni, Del Casa, Del Varchi, Del Mauro, Del Bino, Del Molza, Del Dolce, Del Firenzuola, Volume 2

Anton Francesco Grazzini, Francesco Berni

Nabu Public Domain Reprints:

You are holding a reproduction of an original work published before 1923 that is in the public domain in the United States of America, and possibly other countries. You may freely copy and distribute this work as no entity (individual or corporate) has a copyright on the body of the work. This book may contain prior copyright references, and library stamps (as most of these works were scanned from library copies). These have been scanned and retained as part of the historical artifact.

This book may have occasional imperfections such as missing or blurred pages, poor pictures, errant marks, etc. that were either part of the original artifact, or were introduced by the scanning process. We believe this work is culturally important, and despite the imperfections, have elected to bring it back into print as part of our continuing commitment to the preservation of printed works worldwide. We appreciate your understanding of the imperfections in the preservation process, and hope you enjoy this valuable book.

III.

DI M. FRANCESCO BERNI
ALLA SIGNORIA
DEL DUCA ALESSANDRO A PISA

Non mandate Sonetti, ma Prugnuoli,
  Cacafangue vi venga a tutti quanti,
  Qualche buon pesce per questi dì Santi,
  E poi capi di latte negli orciuoli.

Se non altro de' talli di Vivuoli,
  Sappiam, che siate spasimati amanti,
  E per amor vivete in doglia, e 'n pianti,
  E fate versi come Lusignuoli.

Ma noi del sospirare, e del lamento
  Non ci pasciam, nè ne pigliam diletto:
  Perocchè l'uno è acqua, e l'altro è vento:

Poi quando vogliam leggere un Sonetto,
  Il Petrarca, e 'l Burchiel n' han più di cento,
  Che ragionan d' amori, e di dispetto.

       Concludendo, in effetto
Che noi farem la vita alla divisa,
  Se noi stiamo a Firenze, e voi a Pisa.

IV.

ALLA MARCHESANA

DI PESCARA,

Quando per la Morte del Marchese diceva volersi far Monaca.

Dunque se 'l Cielo invidioso, ed empio
Il Sole, onde si fea 'l Secol giocondo,
N'ha tolto, e messo quel valore al fondo,
A cui dovea sacrarsi più d'un Tempio;

Voi, che di Lui rimasa un vivo esempio
Siete fra noi, e quasi un Sol secondo,
Volete in tutto tor la luce al Mondo,
Facendo di voi stessa acerbo scempio?

Deh se punto vi cal de' danni nostri,
Donna Gentil, stringete in mano il freno,
Ch'avete sì lasciato a i dolor vostri.

Tenete vivo quel lume sereno,
Che n'è rimaso, e fate, che si mostri
Al guasto Mondo, e di tenebre pieno.

RIN-

RINCANTAZIONE

DI VERONA.

S'Io dissi mai mal nessun di Verona,
Dico, ch'io feci male, e tristamente,
E ne son tristo, pentito, e dolente,
Come al Mondo ne fosse mai persona.

Verona è una terra bella, e buona,
E cieco, e sordo è chi nol vede, o sente:
Se da Dio si perdona a chi si pente,
Alma Città, ti prego or mi perdona.

Che 'l martello, ch'io ho del mio Padrone,
Qual Dio vi tiene a pascere il suo gregge,
Di quel Sonetto è stata la cagione.

Ma se con questo l'altro si corregge,
Perdonatemi ognun, c'hà discrezione,
Chi pon freno a' cervelli, o dà lor legge?

DE.

VI.

DESCRIZIONE

DEL GIOVIO.

Stava un certo Maestro Feradotto
Col Re Gradasso, il quale era da Como:
Fu da' venti fanciullo in là condotto,
 Poi ch'ebbon quel Paese preso, e domo.
Non era in Medicina troppo dotto,
 Ma piacevol nel resto, e galantuomo:
Tenea le genti in berta, festa, espasso,
 E l'Istoria scriveva di Gradasso.

Stavali innanzi in piè quando mangiava,
 Qualche buffoneria sempre diceva,
E sempre qualche cosa ne cavava;
 Gli venia voglia di ciò che vedeva:
Laonde or questo, or quell'altro affrontava:
 D'esser Bascià grand'appetito aveva,
Avea la bocca larga, e tondo il viso,
 Solo a vederlo ognun moveva a riso:

VII.

SONETTO.

Poichè da voi, Signor, m'è pur vietato,
Che dir le vere mie ragion non possa,
Per consumarmi le midolle, e l'ossa,
Con questo nuovo strazio, e non usato.

Finchè spirto avrà in corpo, ed alma, e fiato;
Finchè questa mia lingua averà possa,
Griderò sola in qualche speco, o fossa
La mia innocenzia, e più l'altrui peccato.

E forse, ch'avverrà quello, ch'avvenne
Della Zampogna, di chi vide Mida,
Che sono poi quel, ch'egli ascoso tenne.

L'innocenzia, Signor, troppo in sè fida,
Troppo è veloce a metter' ale, e penne,
E quanto più la chiude altri, più grida.

CAP.

CAP. DELLA PIVA
Di M. Francesco Berni.

Nessun infino ad or persona viva (lato
   Ch'io sappia, in prosa o'n versi ha mai par-
Dell'eccellenza, e virtù de la Piva.
Ond'io forte mi son stato ammirato,
   Vedendo, ch'egli è un nobile strumento,
   E degno d'esser da ciascan lodato.
Conosco de gli ingegni più di cento,
   Buoni, e gentili, atti a far questa cosa,
   Ma il capo tutti quanti han pien di vento.
E si perdon chi in scriver una rosa,
   Chi qualch'erba, od un fiume, od un uccello,
   O qualche selva, o prato, o valle ombrosa.
E così van beccandosi il cervello:
   Ma diria alcun, tu ancor fosti di quelli,
   Io'l confesso, e di questo non m'appello.
Ma diciam pur, ch'alli suggetti belli,
   E degni, doverebbono attaccarsi
   Quei, che gl'ingegni hanno svegliati, e snelli.
Vogliono in certe baje affaticarsi,
   Che fanno belle mostre al primo aspetto,
   Poi son suggetti bassi, nudi, e scarsi.
La Piva è cosa più bella in effetto,
   Che'n apparenza, e però con ragione
   Può scriver d'essa ogni bell'intelletto.
Veramente non senza gran cagione
   Mantova vostra l'ha sempre onorata,
   Ed halla avuta in gran riputazione.

Or questa nobil senza fin lodata,
  Poichè Ella tutte l'eccellenzie eccelle,
  Oggi in rima da me fia celebrata.
Tutte le Pive io ho per buone, e belle,
  E corte, e lunghe, e grandi, e piccoline;
  Benchè queste son Pive da donzelle.
Pur quelle, che son deboli, e meschine,
  Io non approvo: perchè, a dir il vero,
  Non si suona mai ben con le piccine.
Per mio giudizio Pive daddovero
  Sole si posson dir le Mantovane,
  Belle di forma, e d'un aspetto altiero.
Quando si suona almanco empion le mane,
  E tante ve ne son per quel paese,
  Quanti bulbari son, quante son rane.
Queste Pive si pon a tutte imprese
  Usar, a nozze, a feste, giorno, e notte,
  E sonar a un bisogno tutto un mese.
Che salde restan' a tutte le botte,
  Onde sen fa gran conto nella corte
  Da' Preti, e d'altre assai persone dotte.
La Piva in somma esser vuol grossa, e forte,
  Senza magagna tutta intera, e nuova,
  Talchè a veder, e a sonar conforte.
Chi la vuol buona là dee tor per prova,
  Perchè la vista facilmente inganna,
  E 'l pentirsi da sezzo nulla giova.
Questi pratichi dicon, ch' una spanna,
  O circa esser dèe lunga, io mi rimetto
  Perchè l'effetto l'opera condanna.
                              A so-

A sonar questa Piva io non ammetto
  Così ognun, senza far differenza
Da un brutto a un bel, da un accorto a un inetto.
Ma vo' che sempre abbian buona apparenza,
  S'è possibil, acciocchè sien più grati
  I Piffer, benchè anche potria far senza.
I' non v'accetto in modo alcuno i Frati:
  Se sonar voglion, suonin le campane,
  O qualch'altri strumenti sciagurati.
A casa mia non vengon ei per pane,
  Non che a sonar la Piva, e s'io gl'incontro,
  Sonerò lor, come si suona a un cane.
Manco laudo costor, che al primo incontro
  A richiesta d'ogni uom pongon la mano,
  Alla Piva, e gli corron' all'incontro.
Non per questo vo' già, che sia villano
  Il Piffer, ma che si facci or pregare,
  Or senza preghi suoni dolce, e umano.
Colui dunque, che vuol ben ben sonare,
  Dee la Piva tener netta, e forbita,
  E con acqua, e con vin spesso lavare.
Perciocchè poi ch'ell'è tutta marcita,
  Piena di muffa, e d'un cattivo odore,
  Non la terria tutto 'l mondo pulita.
Nessun si creda esser buon sonatore
  Di Piva mai per serrar bene i buſi,
  E mandar molto ben del fiato fuore:
Che quando i buſi ha ben serrati, e chiuſi,
  S'egli non sa poi far altro che questo,
  Color, che ballan, tutti alzano i muſi.

A 2   Mi

Mi piace ben ch'ei sappia sonar presto,
E voglio ancora, ch'egli abbia gran fiato;
Ma più mi piaceria, ch'ei fosse onesto.
Perchè bisogna darlo temperato,
Or presto, or tardi, or dare, or ritenere,
Ora dal destro, or dal sinistro lato.
E con questi bei modi intertenere
Quello, o quella che balla con fatica,
Sì ch'abbian essi ancor qualche piacere.
Bisogna ancor aver la lingua amica,
E saper darla, e a tempo, e con arte;
Come il sapete ben senzach'io'l dica.
Alcun dà della lingua con tant'arte,
Che subito la Piva alza la testa;
Sì bene il fiato col tempo comparte.
Quanto la lingua è più veloce, e presta,
Tant'è meglio saper diminuire,
E più s'onoran i balli, e la festa:
Vorrei ancor, che'l Piffer, per fuggire
La sazietade, e il tedio, fosse vario,
Che'l suono vario fa più bel sentire.
Se avesse, come a dir, pieno un armario
Di balli in testa, un lento, e un gagliardo,
Ordinati com' un bel calendario:
Ed or, cavalca sù caval Bajardo,
Sonasse, or il Marchese: che io non curo,
Purchè il ballo sia allegro, e ancor gagliardo.
Quando egli ha un ballo poi che sia sicuro,
E soddisfaccia alla lingua, e allora
Voglio che questo suoni, e tenga duro.

         A me

A me certa, io nol nego, m'innamora,
Quando un buon sonator, ch'ha buona lena,
Suona il dì chiaro, finchè vien l'Aurora.
E quando io veggio a far atti di schiena
Giovani, o donne, e giucar di gambetta
Sotto il suon d'una Riva grossa, e piena;
Quest' è unico rimedio, e la ricetta
Da guarir presto la malinconia
D'alcuna troppo sciocca giovinetta.
Quando non sa quel, ch'ella si vorria,
E tien che alcuna femmina cattiva
L'abbia fatto mangiar qualche malìa.
S'ella ha il conforto allor di qualche Piva,
Tu vederai, che s'ella fosse morta,
Subito tornerà gagliarda, e viva.
Però dovrebbe ogni persona accorta
Far il suo sforzo di saper sonare
Di questa Piva, che tanto conforta.
Al tempo antico si trovaron rare
Persone, benchè ve ne fosser tante,
Che non sapesser ben la Piva usare.
Fu tenuto Temistocle ignorante
Per non saperla sonar nel convito,
Sendogli per sonar posta davante.
Talch' egli n'ebbe a rimaner schernito:
Benchè fra tutti di quella contrada
Fosse tenuto coraggioso, e ardito.
Altri più accorti s'aperser la strada
A grande onor, ben questa Piva oprando,
Assai più che non fecer con la spada.

A 3 Co-

Così credo io si fece grande Orlando,
 E così gli altri, che le Damigelle
 Con la Piva acquistaron, non col brando.
Ma che bisogna dir tante novelle?
 Senza la Piva il mondo non è nulla,
 Ed è qual saria il ciel senza le stelle.
Ciascun per lei sta in festa, e si trastulla
 Femmina, maschio, grande, e piccolino,
 Infin a quel che è tolto dalla culla.
Ella fu cara al Greco, ed al Latino
 Anticamente, e l'un la volse in guerra,
 L'altro in la pace al buon culto divino.
Al nostro tempo, se 'l mio dir non erra,
 Ciascun la vuol in tutti quanti i luochi,
 In tutti i tempi, e per mar, e per terra.
Ella onora i conviti, i balli, e' giuochi,
 Senza ella non si fan giammai Dottori,
 O veramente se ne fanno pochi.
Voi, ch'avete a venir a questi onori,
 De' quai non molto il tempo si prolunga,
 E forse ne vedrem tosto i remori;
Dio faccia pur, che quel dì tosto giunga,
 Nel qual con bella comitiva drieto
 Vi veggia ir consolato in veste lunga.
Ricordatevi allor, ch' andrete lieto,
 Ch'una Piva vi vada sempre innanzi,
 E s'innanzi non può v'entri di drieto:
Acciò vi tenga 'l studio per galante.

CA-

CAPITOLO PRIMO

ALLA SUA INNAMORATA.

Quand'io ti sguardo ben dal capo a piei,
  E ch'io contemplo la cima, e 'l pedone,
  Mi par aver' acconcio i fatti miei.
Alle guagnel, tu sei un bel Donnone,
  Da non trovar nella tua beltà fondo;
  Tanto capace sei con le persone.
Credo, che chi cercasse tutto 'l mondo,
  Non troveria la più grande schiattona,
  Sempre sei la maggior del ballo tondo.
Io vedo chiar, che tu saresti buona
  Ad ogni gran rifugio, e naturale,
  Sol con l'ajuto della tua persona.
Se tu fossi la mia moglie carnale,
  Noi faremmo sì fatti figliuoloni,
  Da compensarne Bacco, e Carnovale.
Quando io ti veggio in sen que' dai fiasconi,
  O mi vien una sete tanto grande,
  Che par ch'abbia mangiato salsiccioni.
Poi quand'io penso all'altre tue vivande,
  Mi si risveglia in modo l'appetito,
  Che quasi mi si strappan le mutande.
Accettami ti prego per marito,
  Che ti trarrai con me tutte le voglie,
  Perciocch'io sono in casa ben fornito.

Io non avea il capo a pigliar moglie,
  Ma quand'io veggio le piglio incarnato,
  Sono come un stallon quando si scioglie.
Chi vede la sua dama in sur un prato,
  E balla, e salta, come un Paladino;
  Così fo io or ch'io ti son allato.
Io ballo, io cantto, io sono il citarino:
  E dico all'improviso tai sonetti,
  Che non gli scoprirebbe un cittadino.
Se vuoi che 'l mio amor in te rimetti,
  Eccomi in punto apparecchiato, e presto,
  Pur che di buona voglia tu l'accetti.
E se ancor non ti bastasse questo,
  Che tu voglia di me meglio informarti,
  Informatene, che gli è ben onesto.
In me ritroverai di buone parti:
  Ma la miglior'io non te la vo' dire,
  S'io la dicessi, farei vergognarti.
Or se tu vuoi agli effetti venire,
  Stringiamo insieme le parole, e' fatti,
  E da uom discreto chiamami a dormire.
E se poi il mio esser piaceratti,
  Ci accorderemo a far le cose chiare:
  Che senza testimon non vaglion gli atti.
Io so ch'appresso m'avrei a durare,
  E che tu vuoi un marito galante:
  Adunque piglia me, non mi lasciare.
Io ti fui sempre sviscerato amante:
  Di me resti a veder sol una prova,
  Da quella in fuor l'hai viste tutte quante.

Sap-

Sappi che di miei par non se ne trova,
   Perch' io lavoro spesso, e volentieri
   Fo questo, e quello, ch' alla moglie giova.
Meco dar ti potrai mille piaceri,
   Di Marcon ci staremo in santa pace,
   Dormirem tutti due senza pensieri:
Perocchè 'l dolce a tutti sempre piace.

C A.

CAPITOLO SECONDO

Alla Detta.

Tu sei disposta pur ch'io muoja affatto,
 Prima che tu mi voglia soccorrire,
 E farmi andar in frega com' un gatto.
Ma se per tuo amor debbo morire,
 Io t'entrerò col mio spirito adosso,
 E sfamerommi innanzi al mio uscire.
E non ti varrà dir, non vò, non posso,
 Cacciato ch'io t'avrò il mio spirto drento,
 Non t'avvedrai che'l corpo sarà grosso.
Al tuo dispetto anche sarò contento,
 E mi starò nel tuo ventre a sguazzare,
 Come se fossi proprio l'argomento.
Se' Preti mi vorranno discacciare,
 Non curerò minacce, nè scongiuri,
 Ti so dir, avranno agio di gracchiare.
Quando avran visto, ch'io non me ne curi,
 Crederanno, che sia qualche malia,
 Presa a mangiar gli scaffi troppo duri.
E chi dirà che venga da pazzia:
 Così alla fin non mi daranno impaccio,
 E caverommi la mia fantasia.
Ma s'io piglio co' denti quel coraccio,
 Io gli darò de' morsi come cane,
 E insegnarogli ad esser sì crudaccio.
Tel

Tel dico vè, mi ammazzerò domane;
　Per venir presto con teco a dormire,
　Ed entrerotti dove s'esce il pane:
Sì che vedi or se tu ti puoi pentire;
　Io ti do tempo sol per tutta sera,
　Altramente doman mi vò morire.
Non esser, come suoli, cruda, e fiera,
　Perchè s'io ci mettessi poi le mani,
　Ti faria far qualche strania matera.
Farotti far certi visacci strani,
　Che specchiandoti avrai maggior paura,
　Che non ebbe Atteon in mezzo a' cani.
Se tu provassi ben la mia natura,
　Tu teneresti via di contentarmi,
　E non saresti contro me sì dura.
Infine son disposto d'ammazzarmi;
　Perchè ti voglio in corpo un tratto entrare,
　Ch'altro modo non è da vendicarmi.
S'io v'entro, i' ti vò tanto tribolare,
　Io uscirò poi per casa la notte;
　E ciò che troverò ti vò spezzare.
Quand'io t'avrò tutte le vesti rotte,
　Io ti farò ancor maggior dispetto,
　E caverotti il zipol dalla botte.
E leverotti il panno di sul letto,
　E ti farò mostrar quell' infernaccio,
　Ov'entra, ed esce 'l Diavol maladetto.
Darotti tanto affanno, e tant' impaccio,
　Che non sarai mai più per aver bene,
　S'io non mi sciolgo di questo legaccio.

　　　　　　　　　　　　　Sì

Sì che s'tu vuoi uscir d'affanni, e pene,
  E se non vuoi diventar spiritata,
  Accordarti con meco ti conviene.
Ma io ti veggio star tant'ostinata,
  E non aver pietà de' miei gran guai,
  Ch'è forza farti andar co' panni alzata,
E di farti mostrar quel che tu hai.

CAC-

CACCIA DI AMORE

Piacevole,

alle Nobili, e Gentil Donne.

Noi siamo, o belle Donne, Cacciatori,
　Ministri, e servi all' amorosa Dea,
Nutriti con le Ninfe, e con gli amori
　Nella selva, che'n Pafo ha Citerea,
A voi condotti per diversi errori
　Dalla piaggia odorifera Sabea,
Venuti con gl' ingegni, e reti nostre,
　Per cacciar solo nelle selve vostre.

Sappiam che'l terren vostro è pien di caccia,
　Ch'inetti, e pochi Cacciatori avete:
E perchè raro dentro vi si caccia,
　Offese spesso dalle fere sete.
Però quando con noi cacciar vi piaccia,
　L'alta perfezion nostra vedrete,
Oltre che vi fia certo il cacciar grato,
　In breve vel farem netto, e purgato.

Il cacciar Donne, è la più bella cosa,
　Che si faccia nel mondo, e la più cara,
La più soave, e la più dilettosa,
　La più dolce, più onesta, e la più rara.
La Caccia è l'arte ne' segreti ascosa,
　Che con maggior difficultà s'impara,

Ed

Ed è sol opra d'alti ingegni eletti:
  Molti son cacciator, pochi perfetti.

Bisogna un sodo ingegno naturale,
  Per trovar prima della caccia i luochi,
Ed esser ben nell' arte universale,
  Trovar cacciando mille belli giuochi.
Che cacciar come caccia il generale,
  Provato abbiam, ch'n sè diletti ha pochi.
Convien, Donne, alla caccia usar gran cura,
  Servar ordini, tempi, arte, e misura.

Come la caccia a chi sa ben cacciare,
  E' di tutti i diletti il meglio e'l fiore,
Così difficultade è nel trovare
  Un ben accomodato cacciatore,
Ed aver can che possa al corso stare,
  Nervoso, svelto, e d' animoso core:
E saper poi, quando la fera è presa
  Torla viva dal can senza altra offesa.

Son nella caccia mille bei segreti,
  Che questi vostri cacciator non sanno:
Va grand' ingegno nel piantar le reti,
  Saper se meglio ad alto o basso stanno:
Sceglier, e un mirar solo i consueti
  Luoghi, dove la fera ad uscir vanno:
Star col cane alla posta, e saper quando
  Spigner si dè, quand' arrestar cacciando.

                                    Non

Non son tutti i terreni accomodati,
   Nè ciascun campo ha dilettevol caccia.
Molti vaghi paesi abbiam trovati,
   Dove senza diletto alcun si caccia:
Questi luoghi, che son sempre bagnati,
   Fan delle fere a i can perder la traccia,
Salvaticine vi si piglian rare;
   Nè senza usatti vi si può cacciare.

Quell' ugualmente è in general perfetto,
   Ch'è duro, e sodo, e che non è sassoso,
Caccia troviam d'un singoler diletto,
   E d'alto frutto in ogni bosco ombroso,
Folto non già, non già chiuso, nè stretto
   Da sterpi, e tronchi, che sia agli occhi ascoso:
Pur sempre è meglio, e di più preda certa,
   Quando si caccia alla campagna aperta.

Queste colline, che coperte appena
   Son di tenera erbetta, ottime sono;
Ma voglion can d'una perfetta schiena,
   Che non è per cacciarvi ogni can buono.
Perdonvi li poltron tosta la lena,
   Nè può di corno inanimargli il suono.
La salita gli stanca, e in brev' ora,
   Fuggon le fere della caccia fora.

Non avvien questo a' nostri can cacciando,
   Perchè cacciamo accomodatamente,
                       E sap-

E sappiam come ristorargli, e quando
　　Non seguissero il corso arditamente,
S'alcun ne va fuor della pesta errando,
　　Facciam, ch'una sol voce, o un grido sente,
Col qual ritorna, che gli abbiamo istrutti,
　　Che sanno i termin della caccia tutti.

Adopriam anco per diletto l'arco,
　　E mettiam dritti nella rima gli occhi,
Cogliam le fere a l'aspettato varco,
　　Nè tiriam colpo mai, ch'ndarno scocchi,
Data la botta, in un momento è carco,
　　E così sta finch'ad un'altra tocchi;
Nè quella fugge più ch'una sol volta
　　Dalla saetta nostra in caccia colta.

L'astute volpi, che schernendo vanno
　　De' nostri cacciator l'arte, e gl'ingegni,
E indi a voi sovente ingiuria fanno
　　Con le rapine, e furti lor malegni,
Sì nove astuzie ritrovar non sanno,
　　Che non sien vinte dalli nostri ingegni;
E che non faccian nelle nostre reti
　　Fè di quest'immortali alti segreti.

Secondochè troviamo il terren grato,
　　Facciam sempre la Caccia e lunga, e breve,
Abbiam, Madonne, veltro accomodato,
　　Che nè per Sol si stanca, nè per neve.
　　　　　　　　　　　　　　　Scorre

Scorre, e passa, od da questa, or da quel lato,
  E sempre è nel cacciar più pronto, e leve:
Non è tana sì stretta, o sì riposta,
  Che non v'entri cacciando egli a sua posta.

Qual piacer, Donne, voi credete voi,
  Che sia cacciando una fugace belva,
Poi d'averla cacciata un pezzo, e poi,
  Che 'lcan l'ha spinta nell'estrema Selva,
Vederla stanca dar del passo in noi,
  Allor, che 'l can gagliardo più s'infelva,
È da più morsi punta appiè d'un colle,
  Rendersi alfin tutt'affannata, e molle?

Dateci i campi, ove cacciar possiamo,
  Che della Caccia vi faremo parte;
Anzi, Donne, per noi nulla vogliamo,
  Se non solo il piacer che si comparte,
Con tutto che nell'opra il più mettiamo,
  L'ingegno, i dardi, i can, le reti, e l'arte,
E che sia nostra la fatica in tutto,
  Vostra sarà la preda, e vostro il frutto.

Tom. II. B CA-

CAPITOLO DEL MOLZA
DE' FICHI.

Di lodare il Mellone avea pensato,
   Quando Febo sorrise, e non fia vero,
Che 'l Fico, disse, resti abbandonato.
Però se di seguir brami il sentiero,
   Che 'l Bernia corse col cantar suo pria,
Drizzar quivi lo 'ngegno or fia mestiero.
Io sarò teco, e t'aprirò la via,
   Per la qual venghi a sì lodata impresa,
Senza pur mescolarvi una bugia.
Io che la penna in mano avea già presa,
   Per me, dissi, non resti, che la mente
Tutta mi sento a darvi dentro accesa.
Nè fia, che con tal Duca io mi sgomente.
   Dettami pur tu, che i segreti vedi,
E questo rivo, e quello, ed ogni gente.
Con le man sforzeromini, e con li piedi;
   Di porvi dentro tutto il Naturale;
E farò forse più che tu non credi.
Perchè non ho di quello un pezzo tale,
   Che far bastasse ad ogni Fica onore,
A me pregio divino, ed immortale?
Pur dico scorto omai dal tuo favore,
   Che d'assai vince il Fico ogn'altra fronde:
Perdonimi il tuo Lauro, o mio Signore.
Cinto di Fichi il crin già sulle sponde
   Del Gange trionfò pur tuo Fratello,
Tu 'l sai; al cui veder nulla s'asconde.

                                           Altro

Altro fregio fu questo, e vie più bello
  Di quel, che 'l Doge di Vinegia adorna,
  Allorch' al Bucentoro apre il portello.
Tutti Brogiotti fur, che fra le corna
  Del Vincitor degl' Indi fiammeggiaro,
  A guisa di Piropo in vista adorna.
Non sa come quest' uso poi lasciaro
  Quei, che venner di dietro, ed in lor vece
  Il Lauro assai più che le Fiche amaro.
A me Bacco nel ver pur sodisfece!
  E se l'amata figlia di Peneo
  In Lauro Giove trasformar già fece:
Porfirio, Efialte, e 'l buon Siceo
  Trasformò in Fichi, e tutti gli altri insieme
  Orgogliosi fratei di Briareo.
E tal vi pose di dolcezza seme,
  Che sarà sempre il gaudio d'ogni mensa:
  Per compensare il duol, onde ancor freme.
E siccome all' Altare altri l'incensa,
  Così un tempo vi volse ancora il Fico
  In testimon della Vittoria immensa.
Che 'l folgor non la tocchi, non vi dico:
  Perchè mi penso, che lo sappia ognuno,
  Che voglia pare un poco essergli amico.
Ma quanto qui di lor scrivo, ed aduno,
  E' nulla a paragon di quel suo latte,
  Che non sarà di lodar mai digiuno.
Non son le Fiche come molti matte;
  Che fondan sopra i fior le lor speranze:
  Che possono in un punto esser disfatte.

B 2   E per-

E perchè 'l pregio lor sempre s'avanza,
   Crescon col latte, che 'l pedal comparte,
   Senza mandarsi altri trombetti innanze.
Questo basta a mostrare in ogni parte
   La vera sua legittima natura,
   Senza virtù di Privilegj, o carte.
Quinci gli Antichi ebber mirabil cura
   D'intagliare i Priapi sol nel legno
   Del Fico, e fecer lor giusta misura.
Ogni altro a tant'onore era men degno
   Per le ragion, che 'nfino a qui v'ho detto,
   E che dirvi di nuovo ancor m'ingegno.
Cortese è di Natura, e dà ricetto
   Ad ogni frutto, e chi nel Fico innesta
   Non perde tempo, e vedesi l'effetto.
Questa pianta a raccorre è sempre presta,
   E perch'è di materia un po fungosa,
   Ciò che vi poni, prestamente arresta.
Avanza di dolcezza ogn'altra cosa,
   Zucchero, Marzapan, Confetti, e Mele;
   E utile è più assai, che non pomposa.
Non trovo con ragion chi si querele
   Di lei, se non qualcun c'ha torto il gusto
   Dietro a le Pesche, over dietro a le Mele.
Non è costui di ciò Giudice giusto,
   Perchè l'affezion troppo lo 'nganna,
   E calzar troppo si diletta angusto.
Qualche Ficaccia forse d'una spanna,
   Allorchè dalla pioggia è sgangherata,
   L'avrà svogliato, ond'ei tanto s'affanna.
                           A tut-

A tutte una misura non è data,
Ma come de' Baccegli ancora avviene,
Qual' è molta, e qual poca alcuna fiata.
Per una, che ti spiaccia, non sta bene
Biasimar l'altra così tutte affatto:
Quel, ch'a te nace, ad altri si conviene.
Chi danna l'abbondanza a me par matto:
Il buono al mio parer fu sempre poco;
Potessi io saziarmi pure un tratto.
Non posso far, Trifon, ch'in questo loco
Non ti scriva di ciò, che pur l'altrieri
Sulle scale m'avvenne di San Roco.
Una femmina v'era, che panieri
Vendea di Fiche tutte elette, e bone,
Ond'io là corsi pien d'altri pensieri.
Il vedervi dintorno assai persone
Fece, che ratto quivi mi traesse,
Per mirar, che di ciò fosse cagione.
Visto ch'anch'io v'avea qualche interesse,
Ne scelsi di mia man, siccome io soglio
Parecchie, e d'una stampa tutte impresse.
E perchè spesso pur la baja voglio,
Donna (diss'io) che mi parete esperta,
E s'io discerno ben, vota d'orgoglio.
Vorrei saper, che cosa è, che più merta
D'ogni altra il vanto di dolcezza avere;
E che mi deste una sentenza certa.
Ella, che meco forse d'un parere
Sarebbe stata, tosto fu interrotta
Da un Capocchio, a cui par molto sapere:

B 3   Lo

Lo qual, senza esser chiesto, disse allotta,
  Nil melle, nella Bibia trovò scritto,
  Sì'n quella, rispos'io, ch'è nella botta.
M'aveva costui già tanto trafitto
  Con questa sua risposta maladetta,
  Ch'io pensai farli vento d'un mandritto.
Ma poi veggendo, ch'era una Civetta
  In parole, ed in atti un gran pedante,
  Di pigliar men guardai altra vendetta.
Qual Tristan, qual Gradasso, od altro errante
  Fu mai sì pronto con la spada in mano
  A far gran prove alla sua donna innante,
Com'io in quel punto a dir di quello insano,
  Che si pensò vituperar le Fiche,
  E far l'Idolo mio despetto, e vano!
Sempre a' pedanti furon poco amiche,
  Che vanno in zoccol per l'asciutte spesso:
  E'l frutto perdon delle lor fatiche.
E se da Salomone il mel fu messo
  Innanzi al Fico, non si dee per questo
  Aver ciò per decreto così espresso.
Ma bisogna vedere in fonte il Testo,
  E ritrovare il ver fino a un puntino,
  E non dar la sentenza così presto.
Che sì, che questo nol dirà il divino
  Omero, che cantò di Troja l'armi
  Con chiara voce più ch'Orfeo, o Lino?
Il Fico dolce chiama ne' suoi carmi,
  Il mel non mai, ma fresco, e verde sempre;
  E saper la cagion di ciò ancor parmi.
                                    Il mel

Il mel par che mangiato altrui distempre,
 E 'n collera si volti; a cui l'amaro
 Danno costor, che san tutte le tempre.
Questo segreto così degno, e raro
 Mastro Simon studiando il Porcograsso,
 Scoperse a Bruno, che gli fu sì caro.
Or fa su l'argomento, Babbuasso,
 E dì, se 'l mele in collera si volta,
 Segno è, che d'amarezza non è casso.
Ma ora è di sonar tempo a raccolta,
 E lasciare il pedante in sua malora
 In questa opinion sì vana, e stolta:
Che 'l nuovo giorno recherà l'Aurora,
 Anzich' al mezzo delle lodi arrivi
 Di lor, che tanto la mia penna onora.
Infelici color, che ne son privi;
 Perocchè dove Fica non si trova,
 Non vi posson durar gli uomini vivi.
L'udir vi parrà forse cosa nova
 Una sua certa qualità stupenda,
 Ma pure è vera, e vedesi per prova.
Quando la carne è dura sì, che renda
 Fastidio altrui, acciocchè intenerisca,
 Fate, ch' al Fico tosto altri l'appenda.
Però se 'l tuo Padron (nota Licisca)
 Mena talor qualcuno all'improviso
 A cenar seco, fa che tu avvertisca,
Un pollo, che sia allora allora ucciso,
 Perchè infrollisca, correr si bisogna
 All'arbor, che ne tolle il Paradiso.

Non sò, se fatto gli averò vergogna
A rimembrare il nostro antico lutto;
E fu pur vero, e 'l gran Scrittor non sogna.
Ben credo, che da qualsivoglia frutto
Meglio guardato si sarebbe Adamo,
Allorchè dal Diavol fu sedutto.
Sono li Fichi, a dire il vero, un amo
Per torci il natural troppo gagliardo;
Sallo il Mondo, ch'un tempo ne fu gramo.
Però quando per dritta il tutto guardo,
Del Fico Satanasso si fè scudo,
Sotto 'l qual si difende ogni codardo.
Perciocchè 'l colpo, quanto vuoi, sia crudo,
Il Fico lo ritiene in ogni verso,
Nè molto importa, se ti trovi ignudo.
Il Regno per un Fico fu disperso
Di Cartagine altera, che tant'anni
Il Capo fè tremar dell'Universo.
Troppo faccenda avrei, e troppi affanni,
A narrar ciò, ch'io n'ho trovato altrove,
Nessun di quel, ch'io passo, mi condanni.
Ch'io saprei dirvi mille cose nuove,
Ma perchè penso, che sia detto assai;
Sarà ben, che 'l parlar modo ritrove.
Io non credetti quando dentro entrai,
Che dovesse l'istoria esser sì lunga,
Onde senza biscotto m'imbarcai.
Chi più ne vuol, Trifon, più ve n'aggiunga:
Io lodo assai, che nascon senza spine,
Sì ch'altri per toccarle non si punga.
        Un'

Un altro goderà le Damaschine,
   Perchè non sono da gli uccegli offese,
   Chi le Spartane, e chi le Tiburtine.
A me piaccion le nostre del paese,
   Che danno a' Beccafichi da beccare,
   Perchè rendan poi conto delle spese.
Questo basta a chi vuol lor fama dare;
   Ancorch' al tempo antico già gli Atleti
   Usassero co' Fichi d'ingrassare.
Però in Provenza in quei paesi lieti
   Il giurar per ma Figa, è un Sagramento,
   Ch'usan le donne, ond' ogni buon s'acqueti.
Ma perchè gir più avanti mi sgomento,
   Dico, che senza lor Rose, e Viole,
   E' in questa vita nostra ogni contento:
E sognisi l'Ambrosia pur chi vuole.

CAPITOLO DI NONCOVELLE
DI M. FRANCESCO COPPETTA.

DI lodar Noncovelle ho nel penfiero,
 Ma niente m'infrafca, e mi lufinga,
 E fon corfi al romor già Nulla, e Zero.
Ma quelli vi darei per una ftringa;
 Io vò di Noncovel fare un guazzetto,
 E fon contento, che ciafcun v'intinga.
Quefto fia cibo a racconciar perfetto
 Certi noftri fvogliati ftomacuzzi;
 E voi, Compare, a quefta menfa afpetto.
Forza farà, che l'appetito aguzzi
 Chi di quefto fi pafce una femmana,
 Nè dirà, che la Starna, e'l Fagian pazzi.
Ma per non fare alla Napoletana,
 Lavatevi le mani, e giù fedete,
 E non vi paja la vivanda ftrana.
Difpofto un tratto fon trarvi la fete,
 E non vò ch'altri in cortefia m'avanzi
 Di Noncovelle, e Noncovelle avrete.
Quefto non è foggetto da Romanzi,
 Ma da cervelli aftratti, e da perfone,
 Che fempre tengon l'Aftrolabio innanzi:
Ma s'io credeffi fpogliarmi in giubbone,
 Mi fon difpofto di moftrarvi in rima,
 E la fua ftirpe, e la fua condizione.
Queft'è fratel della materia prima,
 Che voi fapete, quanto ci è nafcofa,
 E quanto da' Filofofi fi ftima.

          La

La sua virtute è ben miracolosa;
  Noi abbiam primamente nel Vangelo,
  Che Dio di Noncovel fece ogni cosa.
Dico di Noncovel fu fatto il Cielo,
  Di Noncovel fu fatto il Sole, il Mondo,
  Di Noncovel fu fatto infin' a un pelo.
Non ha corpo, nè schiena, cima, o fondo,
  E perchè gli è più che 'l Dixit antico,
  Ognun va in nobiltade a lui secondo.
Nè però sene gonfia, anzi è nemico
  Di superbi, e di ricchi, e 'l vedrai gire
  Sempre con qualche povero, e mendico.
Quand' un non sa quel che si fare, o dire,
  Costui gli siede intorno, e lo trattiene,
  Che par ozio, riposo, e sonno spire.
S' un ti dice che fai? sempre ti viene
  In bocca Noncovelle, e i contadini
  N' han le bocche, e le pancie oggidì piene.
S' avessi in casa ben mille fiorini,
  Quando tu porti Noncovelle addosso,
  Non ti bisogna temer d' assassini.
Mi rincresce, Compar, ch' oggi non posso
  Porvi in man Noncovelle intero, e puro,
  Com' a dir, darvi la carne senz' osso.
Per mostrar ben questo suggetto scuro,
  Bisognerebbe l' Accademia nostra;
  Con quante Scole sono in Sopramuro.
Il giuoco spesso, e la taverna il mostra;
  Ma se volete andar per vie più corte,
  Donate a me tutta la roba vostra.

                    Si

Si vede scritto ancor sopra le porte
  A un bel Palazzo, e ne' taglieri impresso
  I' l'ho veduto, quando stava in Corte.
O fortunato un mio compagno adesso,
  Poich' ei gli ha dato nel suo capo albergo,
  E vi torna alloggiare spesso spesso.
Gran cose, e alte in picciol foglio io vergo,
  Tacer questo segreto almen dovea,
  O nol dire ad altrui, se non in gergo.
Già Noncovelle un ricco Stato avea,
  E cupido a regnar quel gran Romano,
  Cesare o Noncovelle esser volea.
E chi sa ch'ei non fosse Capitano,
  E tra lor non nascesse invidia, e gara?
  Non disse già quelle parole in vano.
Noncovelle è uno scudo, che ripara
  I colpi dell' invidia, e ci difende
  Dalla fortuna, e dall' invidia avara.
Ci alleggerisce ancor mille faccende
  Trafficar, tener conti, e far mercati,
  E quel fastidio, c'ha, chi compra, e vende.
Noncovel ci assicura in tutti i lati
  Da' fuochi, e da' balzelli, e da' Dazieri,
  E da Proccuratori, e d'Avvocati.
Dir non vi posso così di leggieri
  Quel, che di Noncovel dir vi dovrei:
  Ma quel poco, ch'io fo, fo volentieri.
Io lessi già su certi libri miei,
  E ho inteso anche da persone dotte,
  Cha sol quest' è l'Ambrosia degli Dei;

E quei

E quei, che diffon, che fon le ricotte,
E' non è dubbio, che pigliaro errore,
E che parlar, come perfone ghiotte.
Con quefte Noncovelle il cacciatore
Fa ftar ferma la lepre nel covile,
Benchè intorno ne fia baje, e romore.
Noncovelle è sì vago, e sì gentile,
Che fi fuol dare fpeffo altrui per mancia,
Ed è foggia ducale, e fignorile.
Ecco un popolo in arme, e grida, e lancia
(Pien di furor) e fpiedi, e partigiane;
Trifto è colui, ch'allor ivi ha la pancia.
Non val far bandi, o racchetar campane,
Ma come è giunto Noncovelle in Piazza,
Ognun al fuo gridar cheto rimane.
Io vi vò dir una mia voglia pazza,
Torrei prima di ftar con lui per cuoco,
Che con un Cardinal portar la mazza.
Ma quanto più con Noncovel mi giuoco,
Tanto più quel fi fcema, e fi fcompone,
E difpar come neve a poco, a poco.
Onde la Mufa il calamajo ripone,
E mi dice, le tue fon bagattelle,
E parrà, che tu voglia alle perfone
Qualche cofa moftrar di Noncovelle.

CA-

CAPITOLO DEL MEDESIMO.

All'andare, alla voce, al volto, a i panni,
 Ed in ogni vostr'atto, avete cera
 Vie più di Niccolò, che di Giovanni;
O voi siate fantasma, o cosa vera,
 Come vi veggio, mi s'arriccia il pelo,
 Nè incontrar solo io vi vorrei la sera.
Non mi faria discreder tutto il Cielo,
 Che Niccolò non foste, e avete il torto
 Farvi col nome di Giovanni velo:
Niccolò morse, a morir poco accorto:
 Ma bisogna di dir, vedendo voi,
 O gli è risuscitato, o non è morto.
Guardato io v'ho non una volta, o duoi,
 Ma più di venti, or lasciam'ir la ciance,
 O voi Niccolò siete, o ciechi noi.
Veggio in voi quella fronte, e quelle guance,
 La bocca, il naso, e gli occhj di Zaffiro,
 E' suoi detti, e suoi scherzi, e le sue ciance.
Tanto più siete lui, quanto vi miro,
 E per la rimembranza, io vel confesso,
 Ho gittato per voi più d'un sospiro:
Anzi per lui, che' siete voi quel desso,
 Deh non ci date più per Dio la baja,
 Fateci il vero nome vostro espresso.
Non dite, ch'io vaneggi, o che mi paja:
 Che di questo parer son più di sei,
 Io non vò mo parlare a centinaja.

Ma

Ma per non creder tanto a gli occhi miei,
   Ho voglia grande d'abbracciarvi un tratto,
   E toccarvi con man dal capo a' piei.
Sol per veder, come voi fiete fatto,
   Se voi fiete di carne, o pur massiccio;
   Ch'io per me resto di tal cosa mutto.
Detto ho, ch'a mirar voi tutto m'arriccio,
   Ma s'io credessi spiritarmi un giorno,
   Io mi voglio cavar questo capriccio.
M'avventerò come all'ulivo il storno,
   Non già per farvi ingiuria, oltraggio, o danni,
   Ma per chiarirmi solo, e uscir di scorno,
Se voi Niccolò fiete, o pur Giovanni.

CAP. DEL COPPETTA

A M. Bernardo Giusto.

Io ch'una volta lodai Noncovelle,
   Deggio ben lodar voi, che fiete il tutto
   Circa i costumi, e le virtù più belle;
Ma non prometto di toccar per tutto
   I tasti del vostro organo, perch'io
   Non mi voglio imbarcar senza prosciutto;
Bastami sol di soddisfare al mio,
   Disse'l padre Ariosto, io non so donde,
   C'ho d'onorarvi e di lodar desio.
Voi non fiete un bell'arbor senza fronde,
   Ma tutto pien di frutti, e pien di fiori
   E' quel ch'appare, è bel quel che s'asconde.

Chi

Chi vi riscontra è forza che v'anori,
  E come foste buona roba, è forza,
  Che chi parla di voi, se n'innamori.
Non son parole, prospettive, e storza,
  Le cortesie, ch'usate, e'l donar vostro
  Altrui non piega, ma comanda, e sforza.
Voi siete proprio nelle Corti un mostro,
  E'l rovescio, e l'antifrasi di tanti
  Vituperio, e disnor del secol nostro.
I servigj, che fate, son cotanti,
  Cioè senza dir torna oggi, o domane,
  E dite del sì sempre a tutti quanti.
E le vostre gentil maniere umane,
  E'l conversar domestico, e sicuro,
  Son grate, e dolci più che'l marzapane.
A i salsi detti, al ragionar maturo,
  Quand'aprite la bocca, io veggo chiuse
  L'Accademia, e le Scuole in sopramuro.
Che dirò di Parnaso, e delle muse,
  Che vi terrien più che fratel, se voi
  Già non l'aveste per Mercurio escluse.
O noi Beati, e fortunati noi,
  Che'l bel vostro commerzio avemo in sorte,
  Con l'altre cose, che direm dipoi!
L'invidia stessa, volsi dir, la Corte,
  Non sa trovar nel vostro ufizio menda,
  E vi chiama fedel più che la Morte.
Ma ritorniamo un pò alla stupenda
  Gentilezza, a voi sol propria, e natia,
  Benchè per discrezion ognun l'intenda.
                        Tan-

Tanto a voi giova l'usar cortesia,
   Ch'altrui servendo il ringraziate ancora,
   Come l'obbligo vostro, e suo non sia.
Voi dispensate ogni momento, ogni ora
   In benefizio d'ognuno, e pertanto
   Maraviglia non è s'ognun v'adora.
Deh perchè non son'io Mastro di canto,
   Per poter ben capire il contrappunto
   Dell'armonia, della virtù, ch'io canto!
Con animo sì bello è poi congiunto
   Un sì benigno aspetto, e sì giocondo,
   Che ci dimostra quel, che sete appunto.
Ma sento un, che mi dice, tu hai del tondo,
   Perocchè io me la passo assai leggieri,
   E di vostre virtù non tocco il fondo.
Io cominciai questo Capitol' jeri,
   E voleva su starvi un mese intero,
   Ma sempremai non tornano i pensieri.
Quest'è un'esempio, un schizzo, un'ombra, un zero;
   Pur ardisco di dir questa parola:
   Che quel poco ch'ho detto, è tutto vero,
E chi dice altro, mente per la gola.

CANZONE

NELLA PERDITA D'UNA GATTA DEL COPPETTA.

UTILE *a me sopr' ogni altro animale,*
Sopra 'l Bue, sopra l'Asino, e'l Cavallo,
E certo (s'io non fallo)
Utile più, più grato, assai più caro,
Che il mio muletto, le galline, e'l gallo,
Chi mi t'ha tolto? o sorte empia, e fatale,
Destinata al mio male,
Giorno infelice, infausto, e sempre amaro!
Nel qual perdei un pegno (oimè) sì caro,
Che mi sarà cagion d'eterne pene:
Dolce mio caro Bene,
Animal vago, e leggiadretto, e gajo.
Tu guardia eri al granajo,
Al lesso, a' panni, alla casa, al mio stato,
E insieme a tutto quanto'l vicinato.
Chi or dalle notturne m'assicura
Topesche insidie? o chi sopra'l mio piede
Le notti fredde siede?
Già non sarà cantando alcun che chiami
La notte in varie tempre più mercede
Attorno a queste abbandonate mura.
(Oh troppo aspra ventura)
De' tuoi più fidi, e più pregiati Dami,
Anzi cercando andran dolenti, e grami,
Te forse la seconda volta grave

(Dol-

(*Dolce del mio cor chiave*)
Co' un tempo mi tenesti in festa, e 'n giuoco,
Or m'hai lasciato in fuoco,
Gridando sempre in voce così fatta:
Oimè ch'io ho perduto la mia Gatta.
Anzi ho perduto l'amato Tesoro,
Che mi fea gir tra gli altri così altero,
Che, s'io vò dire il vero,
Non conobbi altro più beato in terra:
Or non più lasso, ritrovarlo spero
Per quantunque si vogli, o gemme, od oro:
Oh perpetuo martoro,
Che m'hai tolto di pace, e posto in guerra,
E chi m'asconde la mia Gatta in terra?
Colma sì di virtute,
Ch'a dir tutte le lingue sarien mute:
Quant' ella fu costumata, e gentile,
Nell' età puerile
Imputarsele puote un'error solo,
Mangiarmi sull'armario un raviggiuolo.
Taccio de' suoi Maggior la stirpe antica,
Come da Nino a Ciro, a Dario, a Xerse,
Il seme si disperse,
Poi in Grecia, indi alle nostre Regioni,
Allorch' ei la fortuna mal sofferse
Nelle strette Termopile nemica,
Perchè il dolor m' intrica,
Nè lassa pensar, ch'io di lei ragioni,
Però tua cortesìa lo mi perdoni,
S'io non parlo di lei tant'alto, e scrivo,

C 2   Quan-

Quanto a celeste divo
Si convien, che 'l dolore è così forte,
Che mi conduce a morte,
Non trovandola meco a passeggiare,
O sopra il desco a cena, o a desinare.
Miser, mentre per casa gli occhi giro,
  La veggio; e dico, quì prima s'assise,
  Ecco ov' ella sorrise,
  Ecco ov' ella scherzando il piè mi morse,
  Quì sempre tenne in me le luci fise,
  Quì stè pensosa, e dopo un gran sospiro
  Rivoltatasi in giro,
  Tutta lieta ver me subito corse,
  E la sua man mi porse,
  Quivi saltando poi dal braccio al seno,
  D' onesti baci pieno,
  Le dicea infin, tu sei la mia Speranza,
  Ahi dura rimembranza!
  Sentiala poi, che il corpo avea satollo
  Posarmisi dormendo sempre in collo.
Ma quel che avanza ogni altra maraviglia,
  E' raccolta vederla in qualche canto,
  E quivi attender tanto
  Il suo nemico, che ell' arrive al varco;
  Allor trattosi l'uno, e l'altro guanto
  Dalle mani, e inarcando ambe le ciglia,
  Sol sè stessa simiglia,
  E nessun'altra, e son nel mio dir parco,
  Che mai saetta sì veloce d'arco
  Uscìo, nè Cervo sì leggiero, o Pardo,
    Ch' ap-

Ch' appo lei non sia tardo;
Indi postogli addosso il fiero ugnone,
Lo trae seco prigione;
Ed alfin dopo molte, e molte offese
E' della preda a' suoi larga, è cortese.
Ell' è in somma de' Gatti la Regina,
Di tutta la Soria gloria, e splendore,
E di tanto valore,
Che i fier serpenti qual' Aquila uccide;
Ella a chius' occhj, o che grande stupore!
Gli angei giacendo prende resupina,
E della sua rapina
Le spoglie opime a' suoi più car divide:
Cosa, che mortal' occhio mai non vide,
Vidila io sol, e mi torna anco a mente,
Che con essa sovente
Facevo grassi, e delicati passi,
Or m' ha i disegni guasti,
E tolto non so qual malvagio, e rio,
L' onor di tutto il Parentado mio.
Ogni bene, ogni gaudio, ogni mia gioja
Portasti teco, man ladra rapace,
Quel dì, che la mia pace
Sì tacita involasti a gli occhj miei,
Da indi in quà ciò, ch'io veggio mi spiace,
E ogni altro diletto sì m' annoja,
Che converrà, ch' io muoja
Forse più presto assai, ch'io non vorrei;
Or per casa giucando almen di lei
Qualche tener Gattino mi restasse,

C 3   Che

Che me la riportasse
Nell'andar, nella voce, al volto, a i panni,
Che certo li mie' affanni
Non terrei sì gravi, e le mie cose
Non sarebbon da' topi tutte rose.
Io non potrei pensar, non che ridire,
Quanto sia grave, e smisurato il danno,
Che questi ognor mi fanno,
Senza licenza, e senza alcun rispetto,
Dove più ben lor mette di là vanno,
Cotale è lo sfrenato loro ardire,
Che in sul buon del dormire,
O Dio, che crudeltà, per tutto il letto
Corron giostrando a mio marcio dispetto,
Sannol l'orecchie, e'l naso mio, che spesso
Son morsi, talchè adesso
Mi conviene allacciar sera per sera
L'elmetto, e la visiera,
Essendone colei portata via,
Che tutti gli faceva stare al quia.
Portata via non già da mortal mano,
Perchè dove la fosse quà fra noi,
A me, ch'era un de' suoi,
Saria tornata in tutti quanti i modi;
Ma tu, Giove, fra gli altri furti tuoi,
Nel Ciel, delle tue prede già profano,
Con qualche inganno strano
L'hai sù rapita, e lieto te la godi;
Deh come ben si veggion le tue frodi,
Ch'occultar non la puoi sotto alcun velo,

Per-

Perchè si vede in Cielo
Due stelle nuove, e più dell'altra ardenti,
Che son gli occhi lucenti
Della mia Gatta, tant'onesta, e bella,
Ch'avanza il Sol, la Luna, e ogni altra Stella.
Canzon, lo spirto è pronto, e'l corpo infermo,
Ond'io qui taccio, e s'alcun'è, che voglia
Intender la mia doglia,
Digli ell'è tal, che mi fa in pianto, e'n tutto
Viver mai sempre, o in tutto
Divenir selva d'aspri pensier folta,
Poichè la Gatta mia m'è stata tolta.

CAPITOLO

IN LODE DELL' OSTERIA.

PRima ch'io diventassi viandante,
  Mi son trovato mille volte a dire,
Che l'Osteria è cosa da furfante.
Ch'avrei prima voluto, che dormire
  Sull'Osteria mezz'ora, che lo spazzo
M'avesse fatto la cena patire.
E quando sentia dir, ch'era un sollazzo
  L'andar per l'Osterie la notte, e'l giorno,
Me ne ridea, tant'ero goffo, e pazzo.
Parole mi parean tutte da forno,
  E con me mi portavo il desinare
Quando m'accadea gir pel Mondo attorno.

Nè mi poteva nel cervello entrare
 Questa Osteria, questa Taverna, questa
 Dispiacevole solo a genti avare.
Ma poichè un giorno vi cacciai la testa,
 Tua mercè, non son mai di lei satollo,
 Nè dì di lavorar, nè dì di festa,
Talchè s'io non mi fiacco, o rompo 'l collo,
 Me ne vo ratto ratto ad Elicona
 A far cantar quell'asino d'Apollo.
Per poter far sentire a ogni persona,
 In un foglio real di stampa d'Aldo,
 Quanto quest'Osteria sia bella, e buona.
E quanto abbia giudizio intero, e saldo
 Chi ha l'Osteria nell'ossa, e quanto sia
 Chi di lei dice mal, tristo, e ribaldo.
Benchè s'io fossi della Poesia,
 E delle Muse il nonno, io non potrei
 Le lodi raccontar dell'Osteria.
Cosa ordinata ab eterno da i Dei,
 Degno soggetto da stancar il Berna,
 Il Mauro, il Dolce, e gli altri Semidei.
S'offusca il lume della mia lucerna
 Presso al chiaro splendor lucente, e bello
 Di questa spasimata mia Taverna.
Questa è materia da stare a martello,
 Da stancar mille lingue, e mille ingegni,
 Da risolver in zero ogni cervello.
Quanti son stati già Poeti degni,
 Ch'han cercato di tesser questa tela,
 Che non gli son riusciti i disegni?

La

La Musa mia si duole, e si querela,
Che in questo mar la mezza con la barca
Dell'ingegno mio sol senz'altra vela;
Ma io c'ho già di mille cose carca
La mente, non farò, come suol fare
Chi senza aver biscotto in mar s'imbarca.
Se vorrà Apollo il suo debito fare
Mi manderà tutte le doste schiere
Del bel monte Parnaso ad ajutare.
Anch'ei dell'Osteria piglia piacere,
Quivi allora si ferma, e si riposa,
Che a noi sì lunghi i giorni fa parere.
Voi, che cantaste l'anguille, la rosa,
Noncovelle, la peste traditora,
Cantate l'Osteria, ch'è qualche cosa.
Di là dove Titon lascia l'Aurora
Sin dove Apol col suo carro, e col raggio
Trabocca, l'Osteria la gente onora.
Chi trovò l'Osteria, troppo fu saggio,
Che senza, a dir il ver, non si potria
Far con comodità lungo viaggio.
Se si perde talor la cortesia,
Cerca Corte, e Palazzo se tu sai,
Che la ritrovi alfin sull'Osteria.
Tutti gli atti cortesi ch'usi, e fai,
Io son ben certo, se vuoi dire il vero,
Ch'alla Taverna guadagnati gli hai.
Io vorrei prima esser chiamato Ostiero,
Per la divozion ch'io tengo in questa
Reverenda assai più ch'un Cimitero;

Ch'

Ch' aver adorno il crin, ricca la testa,
  Di mille altiere, e gloriose imprese,
  O di grillanda di bei fior contesta.
Fa da sè stessa l'Osteria palese
  La liberalità, che in lei si trova,
  Che fa senza donar spesso le spesa.
Non resta per la carne darti l'uova,
  E con più guazzettin dinanzi, e poi
  Ti fa sempre gustar vivanda nuova.
Dall'Isole de' Gadi a' liti Eoi,
  Per la santa Osteria si gode, e sguazza,
  Purchè il quarto di sette non t'annoi.
Quivi l'uomo s'ingrassa, e si sollazza,
  Quivi si vive, e si muor volentieri,
  O questa sì che l'è una cosa pazza!
Un va pensoso per strani sentieri,
  Pur quando all'Osteria la sera arriva,
  In sull'uscio dà bando a ogni pensieri.
E benchè mezzo morto si ravviva
  Vedendo or un ragazzo, or uno scudiero
  Non aver di servir la voglia schiva.
Poi vi si sente un sì soave, e vero
  Odor, ch' al mio parer di molto avanza
  L'Arabo, l'Inde, e ogni altro profumiero.
Quivi è la buona, o la gentil creanza,
  Qui, servidor con le berrette in mano
  Ciascheduno in servir studia, e s'avanza.
A chiunque nasce un' appetito vano
  Di provar una volta esser Signore,
  Venghi quivi, se ben fosse un villano.

Qui-

Quivi gli si farà mai sempre onore,
Signorsì, signornò, con mille inchini,
Con mille riverenze, e con favore.
Quivi son mille ingegni alti, e divini,
Ogni grosso spidon da sè si volta,
Senza ajuto di mastri, o di facchini.
Quivi vita si fa libera, e sciolta,
E se vuoi dire il ver, non è piacere,
Ch'eguagli il gir per le Taverne in volta.
S'avesse avuto un poco più vedere
Moisè quando stava nel deserto,
Facea delle taverne provedere.
E poteva esser ben sicuro, e certo,
Che non dicea, che lor mancato fosse,
Il popol mai, qual che loro era offerto.
Troppo colui da Paladin portosse,
Ch'a cotal esercizio fu primiero,
E di far l'Osteria l'ordine mosse.
Meriterebbe in segno d'amor vero
Aver sopra scolpita a lettra d'oro:
Alma Real degnissima d'Impero.
O del Mondo Osteria vera tesoro,
Scusami, se con lingua, e con inchiostro,
Tanto, quanto è il tuo merto, non t'onoro.
N'ha chiaramente l'Osteria dimostro,
E ne mostra ogni giorno, quanto sia
Men di lei necessario l'oro, e l'ostro.
E chi di lei fa ben la notomia,
Come l'è, dice, è men giojoso l'orto,
Che gode eterno con Enoch Elia.

Io

Io per me sarei già gran tempo morto,
Se non m'avesse accolto nel suo seno,
D'ogni svogliato refrigerio, e porto.
S'io fo colezion, merendo, o ceno,
Mi dà, mi dona, e mi presenta quelle
Trippe, che a nominarle io vengo meno.
Poi con più arrosti, più lessi, e frittelle,
Che non ha tante Carnovale a mensa,
M'ugne la gola, e m'empie le budelle.
Chi in lei dimora, non discorre, o pensa
Cosa, che intorbidar possa la mente,
E gode allegro una dolcezza immensa.
Quel dir, Signor, volete voi più niente?
Mi sta tanto nel cuor, che non è cosa,
Che sì volentier pensi, e sì sovente.
Mi vien voglia di dire in rima, e in prosa
A color, che con nuova ipocrisia
Fan la Taverna sì vituperosa.
Che mi dichin di grazia in cortesia,
Che gran mal vi si fa, che vi si tratta,
Che men che giusto, e onorato sia?
Fu anticamente la Taverna fatta,
E fu cavata di mezzo al caosse,
Perch'era cosa troppo agli uomini atta:
E fu lasciata, e poi ricominciosse
Al tempo ch'era Simon Cireneo,
Egli fu il primo, e così ben portosse:
Egli prima alloggiò quel grande Ebreo,
Che si menava dodici compagni,
E diè lor pranzo, e gran guadagno feo.

Se

Se sapesser costor gli alti guadagni,
   Che si fanno alloggiando all' Osteria,
   E quanto alla virtù l' uom s' accompagni:
Non anderian gracchiando per la via
   Ch' han l' Osteria come lo 'nferno a noja,
   E qualche altra incredibile bugia.
Quivi, miseri, è il nettare, e la gioja,
   Del cui dolce liquor più volte Giove
   Vestito a peregrin si sazia, e sfoja.
Quivi sempre si trovan cose nuove,
   Come a dir, la primizia d' ogni frutto,
   Cosa impossibil di trovarne altrove.
Scorrer per far la roba il Mondo tutto,
   E girsi assassinando la persona,
   Esercizio mi par vigliacco, e brutto.
Parmi dall' altra banda, e bella, e buona
   Faccenda, aver in borsa de' danari,
   E girne alla Campana, alla Corona,
A san Giorgio, alla Spada, e a tanti chiari
   Segni, e trofei della Taverna santa,
   Nemica di spilorci uomini avari.
Meritamente l' Osteria si vanta
   Oggi di tante gloriose insegne,
   Pregio dell' alta sua virtù cotanta.
Scacciò del Mondo le bettole indegne,
   Ch' avevan quasi tutto 'l Mondo guasto
   Con le pidocchierie sol di lor degne.

Man-

Manca la Rima.

Erano stanze sol da contadino,
  E non poteva con onore in loro
  Fermarsi un'uom dabbene, un cittadino.
Parse, che ritornasse il Secol d'oro
  Quando poi cominciossi a ritrovare
  Questa de' galantuomini ristoro.
Quando mi avvien talor pel Mondo andare,
  E veggio qualche insegna alzata all' aura,
  Che soglion' alte sopra gli usci stare.
Subito l'Alma rinfranca, e ristaura,
  Nè più l'acqua, la neve, il vento cura,
  Che vede appresso quel, che la restaura.
Seppe ciò che si far l'alma natura,
  Cioè il gran Padre, quando l'Osteria
  Ordinò, che per noi sempre procura.
Se fosse stata qualche cosa ria,
  Credo che per l'amor, ch'esso ne porta
  La facea diventar nebbia per via.
Fa l'Osteria ogni persona accorta,
  Benchè inetta da sè, grossa, e diserta,
  Dunque per l'Osterie gir troppo importa.
Sta di giorno, e di notte sempre aperta,
  Ed è sì buona, e sì gentil compagna,
  Che mille fregi, e mille pregi merta.
Chi tutto il suo nell' Osterie si magna
  (Lasciam da parte andar le bagattelle)
  Ad ogni modo al mio paier guadagna,

Gua-

Guadagna se non altro un Noncovelle,
*   Che s'io potessi eleggerei più tosto,*
*   Ch'esser padron di tutte le gabelle.*
Io ho fatto da me fermo proposto,
*   Per darli il colmo delle cortesie,*
*   E farli ben creati, ch'a mio costo*
Vadino i miei figliuoi per l'Osterie,
*   Dove s'impara far tante accoglienze,*
*   E tante, e sì superbe dicerie.*
Chi disia d'imparar motti, e sentenze,
*   Quest'Osteria gentil n'è mastra e scola,*
*   Come mastra d'inchini, e riverenze.*
Chiunque la biasma, mente per la gola,
*   Che non si puote dire in disonore*
*   Di costei, ch'io vi parlo, una parola.*
Mira l'arte se vuoi, mira il valore,
*   Mira l'ingegno, che fa diventare*
*   Un, che non sa dir zappa, un'Oratore.*
Ma voglio ormai quest'impresa lasciare,
*   E non star tanto in questa bizzarria,*
*   Che paja ch'altro non abbia che fare.*
Io lascio questa mia lunga pazzia,
*   E lascio queste mie lunghe novelle,*
*   Lasciando la Taverna, e l'Osteria,*
E gli Osti, che fan spesso un Noncovelle.

CAPITOLO ALLA SIGNORA

Ortensia Greca.

Due cose fa l'amico mio giocondo,
   Quando va con gli amici alle Signore,
Ch'in vero io non vorrei per tutto il Mondo.
La prima è, che incomincia a saltar fuore
   Con alcune parole giunto appena,
Ch'altrui fanno un salvatico favore.
L'altra, che non ben volta ancor la schiena
   Ha, se ben fosse un Alessandro Magno,
Dietro gli fa sberleffi a bocca piena.
Nè so, ch'ei di ciò faccia altro guadagno,
   Se non che penso forse, ch'egli spacci
Con questi simil modi il buon compagno.
Ma questo, o quello, od altro, che si facci,
   Parlar ora di lui non ho intenzione,
Per non pigliarmi il dazio degl'impacci.
Egli è cortigian vecchio, ha discrezione,
   E sa, che fan conoscer gli altri, e lui,
La fucina, il martello, e il paragone.
Ma sol vo' lamentarmi, e dir di vui,
   Che a chi non vuol morir del proprio male
Forza è sfogar talvolta i dolor sui.
Jer, ch'io vi visitai, vedesti quale
   Io sentissi dolor, e come stei
Vedendo alcune cose senza sale.

Allor

Allor l'amico in mezzo i dolor miei
  Mi fece uno sberleffo di velluto,
  Che mi fece arrossir dal capo a' piei.
Confesso, ch'io restai confuso, e muto,
  Ma voi, Signora, entraste in tante risa,
  Che rider tanto più non vi ho veduto.
Rimase l'alma mia per ciò conquisa,
  Ma vi addimando a voi, se vi par bello
  Rider de' vostri servi a questa guisa.
D'un servo, come me poi poverello,
  Che se ben' ha più ciance, che danari,
  Pur ha perso per voi quasi 'l cervello.
D'uno, a chi fur di tanto i Cieli avari,
  Che per vedervi non può il viso alzare,
  Sendo i vostri occhj a lui più che 'l sol chiari.
D'un, che mal non vi fa, nè vi può fare,
  E per non scomodarvi, ed esser grave,
  Fa con voi spesso in piè 'l suo ragionare.
D'un, che con voglie risolute, e brave,
  E' apparecchiato ognor con un amico
  Del gentil vostro corpo esser la chiave.
E non è, com' alcun, che spesso io dico,
  Ch'in amor sol di quel, che vuol, fa stima,
  E quel che ha fatto non apprezza un fico.
Quel che stimar si dee più poi che prima
  Sprezzan, s'ognor non son tanti villani
  Dell' arbore d'Adamo sulla cima.
Nè sanno, che ben spesso i poco umani
  Non han da cena ancor nell' Osterie,
  O forza è di cenar co i guanti in mani.

Tom. II.   D   Io,

Io, se ben false van le poste mie,
　Come già men' è gito più d'uno pajo,
　Torno, e non faccio tante dicerie.
Nè cerco d'esser vostro Segretajo,
　Benchè d'esser' a me non si conviene
　Delle chiavi, ch' oprate, il calendajo.
E se non ho di scudi le man piene,
　Pur n' ho qualcuno, e non è brutto gioco
　Di star, come ch'io sto, tra 'l male, e 't bene.
Non mi vanto aver molto, almen s'ho poco,
　Come fa certa gente ardita, e prava,
　Da chi guardar si dè come dal foco.
Nè mi vanto esser Duca della fava,
　Nè Conte di tre Ville, o Cavaliero
　D'Alcantara, San Jago, o Calatrava.
Uomin, ch' alfin com'io, danno in un zero,
　Ma per tanti lor vanti, degni solo
　Di farne pavimento a un cimitero.
Or giuro alla sorella di Fra Polo,
　E dico, che s' è ver, quant' io ragiono,
　Io son senza passione un buon figliuolo.
E s'io son tale, come invero io sono,
　Non dovete a' sberleffi di veruno
　Star a rider di me, che non par buono.
E se 'l volete far, fatel d'ognuno,
　Ch' anch'io farò sberleffi a certi amici,
　Purchè la parte sua si dia a ciascuno.
Ma voi, che fin del ventre in le radici
　Siete gentil, non fate questi errori,
　Ch' assai sol per amor siamo infelici.

Non

Non dovete adempir d'altrui gli umori
  Con vostro biasmo, e far, che pajan vane
  Molt' altre parti in voi degne d'onori.
Potrei dir delle vostre più che umane
  Bellezze gravi, e dir, che voi siete una
  In Roma delle prime Cortigiane.
Nè però penso ingiuriare alcuna,
  Non Franceschiglia, Padovana, Tina
  Valenziana, Vienna, Laura, o Luna.
E che della beltà vostra divina
  E' testimon, che in una brava via
  Fatta avete una casa da Regina.
Benchè questo argomento inver non sia
  Di quei, ch'io soglio far gagliardi, e sodi
  Con il mio poco di filosofia;
Perchè no sono molte (e ciascun lodi)
  Che non son belle, e pur ben fabbricato;
  Ch'io non sò immaginar le vie, nè i modi.
Ma taccio, e dirò sol, che nel beato
  Umanissimo viso, e 'n la persona
  Avete un non sò che, ch'a tutti è grato.
Direi di quel, ch'altrui la vista dona,
  Soave fiato, e bella man, ma certo
  Son degne d'altro stil, ch'alla cartona.
Quanto a i costumi vostri, al cuore aperto,
  Alla bontade, e lealtà, confesso,
  Ch'io debbo ogni fatica al vostro merto.
E che voi non volete, a tutti è espresso,
  O meccanica cosa, o men ch'onesta
  Far; nè basciar, che vi si faccia appresso.

D 2   S'al-

S'altra cosa non fosse, è assai pur questa,
  Che mai non v'esce, o sia natura, o usanza,
  Di bocca una parola disonesta.
Come ad alcuna, che per sua creanza
  Ripon, Dio mel perdoni, in la bruttezza
  Della bocca, e del culo, ogni creanza.
Ma queste con la vostra candidezza
  Son quasi un carbon spento appo 'l piropo,
  Bestie proprio da ferri, e da cavezza.
Veggio a' lumi talor visi di topo
  Far, con certi atti la dilicatella,
  Che sembran proprio l'Asino d'Esopo.
Ma a voi sta bene il riso, la favella,
  I giuochi, i vezzi, e ciò, che far volete,
  Perch'ogni cosa in voi compar più bella.
Or queste cose essendo, non dovete,
  E non potete con l'onesto in mano
  Guastar le belle parti, che'n voi avete.
E col rider di grazia andate piano,
  Che non è per infermi util conforto,
  E chi vuol sberleffar, sberleffi in vano.
E se non mi farete ingiuria, o torto,
  Bench'or morir per voi bramo, ed aspetto,
  Allor vorrò morir, ed esser morto.
E da voi sopportar io vi prometto
  Ogni cosa, eccett'una, che per Dio
  Gravissima a portar saria in effetto.
Come dir non vorrei, ch'un rival mio
  O dono, o cena, o letto si godesse
  A me promesso, o ch'avessi fatto io.
                                    Voi

Voi mi potreste dir, che chi vi desse
  Ben tutto il Mondo, non lo curcresti,
  Quando che 'l caso suo non vi piacesse.
Rispondo, ch' io non sò, s'io son di questi,
  Ma quand' io 'l fossi, ditelo di grazia,
  Acciocchè nel mortajo l'acqua non pesti.
Che in tutti i modi vostra voglia sazia
  Io farò volentieri, o per ispasso
  Sia per mia povertade, o per disgrazia.
Ma se per brutto al parer vostro io passo,
  Allora chiaro mi son persuaso,
  Ch'esser potrò d'ogni speranza casso.
Benchè con voi potria avvenirmi un caso;
  Qual già m'avvenne per un' altra Dea,
  Che con un piè mi sè restar di naso.
Costei, mentre di amarmi mi dicea,
  E lo giurava, e non con gli occhj asciutti,
  E ch' io tra l'altre cose rispondea,
Ch'ero brutto, e irsuto, i membri tutti,
  Ed ella confermando mi rispose,
  Signor, son' usa far l'amor co i brutti.
Ond' essendo qual l'altre virtuose
  Voi, non fareste in la natura mostro
  A cor le spine, e lasciar star le rose.
Così sarebbe eguale il caso nostro,
  Brutto io, voi brutti amando: e spero molto
  Se 'l mio caso avverrà, che avvenga il vostro.
Or se da voi non m'è negato, e tolto
  Quanto vi chieggio, mia Greca Angioletta,
  Eccomi ognor prigion del vostro volto.

Se non con la maggior, ch'io posso, fretta
Vi sfido a giostra disarmato, e nudo,
Con questo che ciascun facci l'eletta,
Voi del ferro, e del campo, io dello scudo.

CAPITOLO SECONDO

ALLA MEDESIMA.

Quella, che il dì ch'io vi concessi'l core,
  In voi mi parse una bontà sincera,
  Or accorger mi fa, ch'ero in errore,
Perchè la trovo Asinitade vera,
  Che m'ha fatto gridar più volte, oh Dio!
  Va giudica tu gli uomini alla cera!
Cera benigna, e animo sì rio,
  E poca discrezion, che non ha manco,
  Vi giuro a ser Francesco, il caval mio.
Delle malignità vostre già stanco
  Vorrei ritrarmi, ma dall'altro lato
  Quell'altr'asin d'Amor m'è sempre al fianco.
Ma faccia quanto vuol lo sciagurato,
  Ch'io mi voglio sfogare a questa volta,
  Poi s'io v'amo mai più, ch'io sia ammazzato.
Non vò tener la doglia mia sepolta,
  Che diavol mi potreste voi mai fare?
  Ho ben veduto anch'io nebbia più folta.
Or prima l'arte dello indovinare
  Bisogna aver con voi, perchè bugia
  E' quasi tutto'l vostro ragionare.

Poi

Poi sempre dite alla presenza mia,
  Mi fa, vuol far, m'ha fatto il sul presente
  Il Signor, o'l Don mai che Dio vi dia.
E 'n questo avete sì dello eccellente,
  Che par, che lo diciate in mio dispetto,
  Come s'io mai non vi donassi niente.
D' un' altro gentilissimo difetto
  Egualmente biasmar vi sento, e veggio,
  D'esser d'ingratitudine ricetto.
E d'arroganza anfiteatro, e seggio,
  Dalla qual nasce questa consonanza,
  Ch'à chi meglio vi fa, voi fate peggio:
Che se voi non avete altra creanza,
  Nè altri costumi, nè altre gentilezze,
  Canchero venga a chi vi vuol per manza:
Co i galantuomin star sulle grandezze,
  E poi lasciar goder' insino a cani
  Le vostre sforzatissime bellezze.
Tanto sforzate, che se non son vani
  Quei, che di voi si fan ragionamenti,
  Vi fate bellettar fino alle mani.
Il far solo accoglienza a certe genti,
  Che vi fanno, e vi dicono in palese
  Cose disonestissime, e pungenti,
Star cogli amici ognor sulle contese,
  Finger di lor dolersi, e fare a loro
  Ogni dì mille ingiurie, e mille offese.
Star sur un goffo puttanil decoro,
  E far la donzelletta, e persuadersi
  Di pisciar acqua Nanfa, e cacar oro.

D 4   Se-

Sopra l'uso mortal bella tenersi,
   Quasi nuova dal Ciel discesa luce,
   Il che fa rider altri, altri dolersi.
E quel, che l'uomo a disperar conduce,
   Il mostrar sempre il nero per lo giallo,
   E non esser tutt'Or quel che riluce.
L'aver nel mal oprar già fatto il callo,
   Star sullo schifo, e poi chinarsi altrui,
   Forse per men che non si china il gallo.
Dico chinar', senza guardare a cui,
   Foss'io sì Re, com'uomin dozzinali
   Mille, e più punte false han dato a vui.
Gente avvezza a pignatte, ed a boccali,
   Può far ser Agostin, che voi lasciato
   Che vi venga a pisciar negli orinali?
Con chi più v'avrà, usar parole ingrate,
   L'esser l'animo vostro, ed il cervello
   Seren di Verno, e nuvolo di State:
Il non guardar gentil, nè buon, nè bello,
   Ma star intenta sempre in tutti i luochi
   Per veder di tirar fino a un fringuello:
Il mescolar velen ne i vostri giuochi,
   L'esser la vostra una bellezza tale,
   Che, da voi stessa in poi, astio fa a pochi:
L'esser in somma voi, Signora, quale
   Forse simil non è ne' i tempi nostri,
   Un unguento da cancher naturale:
Ed altri simil vizj, e simil mostri,
   Mi faranno da voi pigliar licenza,
   Per non m'impacciar più co' fatti vostri.
                              E molt'

E molt' altri faran meco partenza,
   Chi servo vostro dopo me, chi prima,
   Da questa vostra singular presenza.
Perchè ciascun, com'io giudica, e stima
   Esser, com'un proverbio antico dice,
   Meglio cader dal piè, che dalla cima.
Io fui pur un castrone, un' infelice,
   A creder, che potesse nascer mai
   Buon frutto d' una pessima radice:
Orsù come si sia, basta, ch'entrai
   Nel vostro laberinto in la malora,
   Onde s'incominciar tutti i miei guai.
Facil v'entrai, ma facilmente ancora
   Per vostra grazia, e per favor del Cielo,
   Ho trovata la via d'uscirne fuora.
Vedete, se con causa io mi querelo
   Di voi, che a dirlo apertamente, e forte,
   Quando vi veggio, mi s'arriccia'l pelo.
E di quì è, che prego la mia sorte,
   Che mi conceda questa grazia sola,
   Che mi faccia incontrar prima la morte.
Faccisi innanzi, e dica una parola
   Un, che co i versi suoi tanto vi loda,
   Che vò dir ch'ei si mente per la gola.
Soglion conoscer gli Asini la coda
   Quando non l'hanno, e per dir vero'l dico,
   Nonche'l duol o'l martel mi scaldi, o roda.
Potreste dir che non curate un fico,
   Ch'io vi sia per voler nè mal, nè bene,
   O ch'amico vi sia più che nemico.

Che non vi mancheran le stanze piene,
 Senza me, di molt'uomini galanti,
 Che sostengan per voi travagli, e pene.
E che s'io vò donarvi un par di guanti,
 E senza ancor, mi manderete in chiasso,
 Nè pur vorrete, ch'io vi venga innanti.
E che s'io vò voltar, ch'io volga 'l passo
 Ove mi piace, perch' a voi ben resta
 Altro falcon, che 'l mio da prender spasso.
Ed io rispondo per finir la festa,
 Che gli è ben giusto, che da voi s'aspette
 Risposta anco peggior che non è questa.
Ch'inteso ho delle volte più di sette,
 Ch'avete l'intelletto, ed il giudizio,
 Ove hanno il gozzo appunto le civette:
Talchè al costume vostro, e all'esercizio,
 A me facendo una risposta umile,
 Avreste fatto troppo pregiudizio.
Vero è ben ch'una macchia, o brutta, o vile
 Giammai non si considera, o si vede
 In chi suol star nel fango, e nel porcile.
La gente, ch' aver dite sotto 'l piede
 Forse che la non è in riga, nè in spazio
 A gli altri vanti poi non si dà fede.
Quanto al venirvi innanzi, io son sì sazio
 Di voi, che se mai più ci fo ritorno,
 Mandatemi in tinel, ch'io ven disgrazio:
Se a voi non manca chi vi stia d'intorno
 A far, e à dir, sappiate, che anch'io posso
 Adoprar la mia pala in altro forno.
                                        S'al-

S'altro falcon che il mio, vi pasce addosso,
    Siasi, so che non pasce, in conclusione,
    Dell'altre più gentil carni senz'osso.
Non però manca il Mondo alle persone,
    Crediate certo pur ch' ho anch'io da darne
    Senza le vostre quaglie al mio falcone.
Per pascer lo sparvier non manca carne
    Ov'altri voglia, e ve ne son le squadre,
    Ch'appresso i vostri storni pajon starne.
Arpie crudeli, infide, inique, e ladre,
    Da venir in fastidio a mille Rome,
    Voi, la vostra Fantesca, e vostra madre.
Per modestia ora taccio il vostro nome,
    Ma ben lo scoprirò con altro inchiostro,
    S'accrescerete il peso alle mie some;
E se sia finto, o ver, quant'io dimostro,
    Mirate, che s'io fossi nell'Inferno,
    E ne potessi uscir col favor vostro,
Più tosto ci vorrei stare in eterno.

CA.

CAPITOLO DI M. LODOVICO MARTELLI.

IN LODE DELL' ALTALENA.

Pien di dolce disio di dirvi rima
  L'alte lodi d'un giuoco antico, e bello,
  Ch'or, come ogni altro ben, poco si stima.
Presi la penna, o mio come fratello
  Caro M. Ferrando, perch'io godo,
  Quand'io vi scrivo, o quand'io vi favello.
Questo giuoco gentil, ch'io canto, e lodo,
  Siccome un testo Arabico mi dice,
  Piacque a gli antichi più che a' putti il brodo.
A quegli antichi dico, che felice
  Vita menaro libera, e severa,
  Cui fu l'acqua, e la ghianda alma nutrice.
Chiamasi questo giuoco, l'Altalena,
  Perchè consiste a chi lo vuol far bene
  In levarsi alto, ed aver buona lena.
Anco un' altra cagion se ne rinviene,
  Nè si sa qual si sia la vera, come
  Delle cose invecchiate spesso avviene.
E ci è chi dice, ch'Altalena è nome
  D'una Dea grande, e vuol che questo giuoco,
  Come fatto per lei, da lei si name.
E che là sotto l'Orse è posto un loco,
  Ove il vento, perch'uom non vi si scaldi,
  Porta volando via le legne, e il fuoco.

Gli

Gli uomini, ch'ivi stanno punto saldi,
  Giungon tanto all'estremo dell'agghiado,
  Ch'ei non san più s'e' si son freddi, o caldi.
Nelle caverne è sempre l'acqua, e 'l ghiado,
  Ogni muraglia se ne porta il vento,
  Talchè in pensarlo pur tremando agghiado.
Ivi pende dal Ciel libero al vento
  Mobile seggio, e 'n qua, e 'n là s'invia,
  Come lo spinge il gran furor del vento.
Ivi siede la Dea, ch'io dissi pria,
  Che signoreggia l'agghiadate genti,
  Che all'Altalena fanno tuttavia.
Faceva ogni uom con gran romor di denti,
  Come fa il freddo a chi ha poco indosso,
  Sempre a i piè di costei duri lamenti.
Un che tra gli altri si trovò men grosso,
  Cominciò questo giuoco, e 'n poco d'ore
  Diventò dondolone altero, e rosso.
Corser tutti gli afflitti a farlo allora,
  Ringraziando colei, che dato avea
  Il modo a trarli d'ogni ghiado fuora.
E fer, che 'l sacrificio della Dea
  Fosse il suo giuoco; onde il suo nome tenne,
  E più bello esser certo non potea.
Fa volar l'Altalena senza penne,
  Fa sgranchiar l'Altalena gli aggranchiati,
  Felice il dì, che nel nostro uso venne!
Posson far questo giuoco, i Putti, e i Mati,
  Ed ognun senza dirlo al padre loro,
  A me par'egli spasso da sì fati.

Me-

Merita la corona dello Alloro,
  Chi lo fa senza affanno, e senz' ajuto,
  Come fur pria le leggi di coloro.
Nobile giuoco, ohimè mal conosciuto,
  Lasciar per te dovrebbe ogni faccenda
  L'uomo, e digiuno, e quando egli ha bevuto.
Pur nondimen quell'ora di merenda
  Lieta ti chiama, e sì divotamente,
  Ch' e' par, che Giove all'Altalena scenda.
Tu affatichi l'uom sì dolcemente,
  Che tu fai, come scrive il buon Galieno,
  Esercitare, e non sudar la gente.
Qual dolcezza si sente a corpo pieno,
  Avendo intorno chi ti guardi, e rida,
  Toccar la terra, e il palco in un baleno.
E se tu vuoi talor nel giuoco guida,
  Fa, ch' e' t'aggiri, e ch' e' ti tragga fuore
  O diritto del volo, e salti, e strida.
Sappi che l'Altalena vuol romore,
  E un compagno sol nè può far tanto,
  Che chi sente, conosca il suo valore.
Avean quei primi un certa giorno santo
  Dopo color, che l'ebber pria dal Cielo,
  Ch'ognun cercava all'Altalena il vanto.
Or s'è dismesso, e così posto è 'l velo
  A questa buona usanza, che si face
  Senza punto di danno al caldo, e al gielo.
Quanto meglio sarebbe starsi in pace,
  E lassar l'onde a i pesci, e il ferro a quelli,
  A cui l'usura della terra piace:

E nè

E nè piovosi giorni, e nè più belli,
  Or sotto tetto, or sotto faggio, o pino;
  All' Altalena far giovani, e vegli.
Io per me mi torrei per un quattrino
  Star sempre all' Altalena cavalcione,
  Ch' a me par badalacco alto, e divino.
Questo è un giuoco proprio da persone,
  Corre una lepre, e salta cavriuolo,
  Va dì ch' a questo sien le bestie buone.
Egli è ver, che gli augei sen vanno a volo,
  Ma noi non gli vedrem tener giammai
  La corda in mano, o tra gambe il piuolo.
E tu Mercurio all' Altalena fai,
  Perchè di Ciel da un lato in terra stendi,
  Poi dall' altro poggiando te ne vai.
E con questo sostegno l' aria fendi,
  Credi tu, ch' io nol sappia? Un Negromante
  Ti vide quando a Giove il piuol rendi.
Passiam più oltre: io dico, che in Levante
  Faceva a questo la figlia di Leda
  In sul suon della cetra dell' amante.
E Cleopatra, vostra Altezza il creda,
  Messer Ferrando mio, faceva a questo
  Pria ch' ella fosse de' nemici preda.
E Lucrezia Romana, a cui il capresto,
  Anzi 'l pugnal fè della vita morte,
  Per anteporre all' utile l'onesto.
Chi fa ben l' Altalena, si conforte,
  Ch' e' sarà sempre buono a qualche cosa
  In casa, in strada, in piazza, in chiasso, e in corte.
                                                    Fol-

Folle chi potria dire in versi, o in prosa
Dell' Altalena ogni altra dignitade,
Che'l capo ha in cielo, e 'n terra i piedi posa.
Fatela per le case, e per le strade,
Sì ch'ogni cosa in Altalena torni,
Che in un momento si sollieva, e cade.
All' Altalena fan le notti, e i giorni,
E la brezza, e le nebbie, e i venti, e l'onde,
E par, che'l Mondo tutto se n'adorni.
Quanto più oltre vo, più mi s'asconde
Di questo ben la veritade intera,
E vorrei pure uscirne, e non so donde.
Venga quel, che lodò già la Primiera,
E la tanto onorata gelatina,
E vedrà che costei più degna n'era.
Messer Ferrando, la virtù divina
M'ha della mente in questo aperti gli occhi,
Ch'io fo ciarla volgare, e non latina.
Perch'io vò che m'intendano i dappocchi,
Se nella lingua pecco, io vò peccare,
Per non calcar la pesta degli sciocchi,
Ch'hanno fitti i cujussi nel volgare.

CA-

CAPITOLO DI VINCENZO MARTELLI.

In lode delle Menzogne.

Sogliòn quei, ch'a pigion tolgon Parnaso,
   Sforzarsi or con Apollo, or con le Muse,
   Io per me sono un' uom, che vivo a caso.
Sì che tra noi sien fatte omai le scuse,
   Don Furor caro, andiancene alla buona
   Per le strade dal volgo oggi deluse.
Voi sarete Aganippe, ed Elicona,
   E darete cianciando a questo stile,
   Quanto Apollo farebbe egli in persona.
A me par sovr'ogni arte alta, e gentile
   Il far capace a molti una Menzogna,
   E richiede un' ingegno ben sottile.
E portar nella tasca la vergogna,
   L'audacia in volto, e dir con sì bel modo,
   Che talor paja il ver, quel che si sogna.
E sovra ogni sagacia approvo, e lodo,
   Se bisogna il giurar, perch'altri 'l creda,
   E questo è quel martel, che ferma il chiodo.
Allor si può veder quasi vil preda
   Girsene vinto dalla tua invenzione
   Il ver, qual uom, ch'a maggior forza ceda.
Girar gli occhj d'intorno alle persone,
   Non cangiar volto, e non mutar colore,
   E mentir quasi per riputazione.

Quest' è regola certa, e la migliore,
　E con l'ajuto vostro il sosterrei
　A colui, che ne fu prima inventore.
Quest'arte ebbe l'origin dagli Dei;
　E 'n Delfo un fer Apollo cerretano
　La vendeva a quei popoli plebei.
Purch' andassino a lui con piena mano,
　Formava loro una Chimera stolta,
　Bifronte come un certo antico Jano.
A questo dopo fu la fama tolta
　Da Ecles, veramente un' uom dabbene,
　Onde la gloria sua vive insepolta.
Oggi a voi più ch' ad altri si conviene,
　Benchè noi siam tanti Orsi a queste pere,
　Che par, ch'ivi si truovi il sommo bene.
Ma quel, che 'n voi mirabile a vedere
　E che v'escon di bocca sì soave,
　Ch' a voi medesmo sembran vive, e vere.
Avete una memoria chiusa a chiave
　Tanto nell'uso di quest'arte esperta,
　Che si fa le Menzogne propria schiave.
Lassate spesso una callaja aperta,
　Da potervi ritrarre a salvamento,
　Se la ragia da alcun fosse scoperta.
E se com'egli avvien, talor fra cento
　Troverete qualcun, che non si fida,
　E che v'opponga il vero a tradimento.
Allungate gli orecchj come un Mida,
　E rinnegate Dio, se quel si parte,
　Senza tenervi un sommo paricida.

Al-

Allegandogli 'l libro a tante carte,
Un verbi grazia da chi voi l'avete,
Ch'è un de' fondamenti di quest'arte.
Se sete in banchi, al mol, se voi bevete,
Avete sempre a quelle volto il core,
Per pigliar qualche Alocco alle parete.
Io vi ho già visto intorno a farvi onore
Delle vostre Menzogne in l'aria un nembo,
Girando parer dir, qui regna Amore:
E voi raccorvi questa schiera in grembo,
E comporne un poema in lingua nostra,
Che nol regoleria 'l Trissino, o 'l Bembo.
E se l'arte Poetica dimostra
La sua eccellenza in finger contra al vero,
Vince il Tebro, e 'l Peneo la patria vostra:
E sol, vostra mercè, tien questo impero,
Che certo si può dir, che in questa etade
Gli facciate più lume assai, ch'un cero,
A fuggir lungi dalla Veritade.

E 2   LE

LE TERZE RIME

DI MATTIO FRANZESI.

SOPRA LE CAROTE,

A M. CARLO CAPPONI.

Vorrei potervi fare altro piacere,
   Messer Carlo, che dir delle Carote
   Se non le lodi, almanco il mio parere.
La Carota è sorella, over nipote
   Di quella, che si chiama Pastinaca,
   Per quanto da gli Autor mostrar si puote.
Ma una sorte è come bomberaca
   Gialla, e lucente, l'altra è pavonazza,
   Scura, over nera, come la triaca.
Son l'una, e l'altra di sì fina razza
   A far dolci guazzetti, e insalata
   Cotta, che 'l gusto ne trionfa, e sguazza.
Che da lor del mangiar viene eccitata
   La voglia, hanno virtù di riscaldare,
   E la vescica ne resta sgombrata.
Oltre che allo stomaco giovare
   Sogliono sì, che la digestione
   Si fa senza pericol di crepare.
E però 'l buon Tiberio avea ragione
   Di farsele portar fin d'Alemagna,
   Che le più grosse gli parean più bone.
                            Ma

Ma cotal seme è poi da Roma in Spagna,
  Di Spagna in Francia, e di Francia per tutto
  Andato, e ne produce ogni campagna.
Purchè 'l terren non sia magro, ed asciutto,
  Perchè altrimenti il seme saria vano,
  E renderebbe nulla, o poco frutto.
Tal cibo in somma è dilicato, e sano,
  E però fanno i ghiotti diligenza,
  D'aver di quelle grosse a piena mano.
Ma sopra ogni altra di loro eccellenza
  Un proverbio usitato se ne cava,
  E pieno, ardisco dir, di quinta essenza.
Vada a riporsi a sua posta la Fava,
  Perchè il piantar Carote or ha più spaccio,
  Che qualsivoglia donna, e bella, e brava.
Chiama piantar Carote il popolaccio
  Quel, che diciam, mostrar nero per bianco,
  Per distrigarsi da qualunque impaccio.
Voi conoscete una dozzina almanco
  Di questi Romaneschi cortigiani,
  Che di nuove hanno pieno il seno, e 'l fianco.
Questi sono i maestri, e gli ortolani
  Di piantarle ad ognora, e così bene,
  Che se ne manda in paesi lontani.
Chi de' dì tanti dalla Corte tiene
  Lettere, pure in bianco, dice, e sogna.
  Quanto al dì d'oggi quadra, e si conviene.
E così col pivol della menzogna
  Pianta Carote, e se ben sa, ch'ei mente,
  Non si cambia però, nè si vergogna.

Chi s'è trovato, e lungi era, presente
  Ad udir questi, ch'han del Mondo il freno,
  E pianta una Carota onnipotente.
Chi ha dormito a gentil Donna in seno,
  Ma pure in sogno, e vuol, che se gli creda,
  Come se fosse ver, nè più, nè meno.
Chi d'uccelli, o di capri ha fatto preda:
  Ma a questi uccellatori, e cacciatori
  In cacciarle convien, che ciascun ceda:
Quelle poi che si cacciano i Signori
  L'un l'altro dico, e Secolari e Preti,
  Son d'ogni altra piramide maggiori.
Questi hanno modi in cacciarle segreti,
  Dell'ironia si servono, e parole
  Pensate, e risi finti, e visi lieti.
La vera stiva a chi piantar la vuole
  E' trovar buon terreno, e fare in modo,
  Ch'altro che foglie non si mostri al Sole.
Il resto stia sotterra fisso, e sodo:
  Che la Carota, quando ell'è scoperta
  E' come la bugia trovata in frodo.
Piantarle in trebbio, in passatempo, in berta
  Non è malfatto; senza pregiudizio
  Però mai sempre di persona certa.
Molti vogliono dir, che quel Fabrizio
  Ch'a Pirro usò già tanta cortesia
  Quando i Sanniti entrar dentro 'l suo ospizio
Per presentarlo; e ch'ei gli mandò via,
  Non arrostiva rape intorno al fuoco,
  Ma sol Carote in un pignatto avìa.
                    E po-

E poco innanzi si finisse il giuoco
  Tra Cesare, e Pompeo, che li soldati
  Di Cesar pane avendo, o nulla, o poco,
D'altra radice d'erba alimentati
  Che di Carote, non fur per più giorni,
  Onde i nemici restar superati.
Che più? con esse infinocchi, e suborni
  L'umana gente, tu dubbia speranza,
  Con dir, che dopo 'l male il ben ritorni.
Nelle medaglie l'istessa sembianza
  Della fortuna è giovanetta donna,
  Per contrassegno della sua incostanza.
E per mostrar, che in terra, e in mar la donna,
  Regge un timone, e riceve gran torto,
  Che non ha in man Carote, e nella gonna.
Che queste son le frutte del suo orto,
  E variamente or qua, or là le pianta,
  Per dare a chi dolore, a chi conforto.
Se nel piantarle alcun si gloria, e vanta,
  Il luogo principal lassi a' padroni,
  Di fama, e gloria in ciò degni altrettanta.
Io parlo sol d'ingrati, e superboni,
  Che col voler far sempre altrui del bene,
  Le prime, che verranno, occasioni,
Cacciando altrui Carote, in stenti, e pene
  Tengono i servidor schiavi fin tanto,
  Che la morte gli trae pur di catene.
Quei che dan spesso in pagamento un canto,
  Cioè le male paghe, e maladette,
  Avrian anch'essi di cacciarle il vanto,

E 4   Con

Con dir torna doman, l'andò, là stette,
   Mandando la sborsar per la più lunga.
   Ma gli sbirri dan lor di male strette.
L'acqua non succia sì volentier spunga,
   Come le donne piantan volentieri
   Carote, a chi l'amor balestri, e punga.
Pajon lor cenni, e sguardi tutti veri,
   Poi quando pensi entrar, resti di fuora,
   E poco manca, che non ti disperi.
Pure o sia Gentildonna, o sia Signora,
   Col dalle, dalle, e virtù de' bajocchi,
   Mezzi potenti all'uom, che s'innamora,
Se non il fondo, almen le sponde tocchi,
   Di quel pelago cupo di natura,
   Ond'ogni gioja allor par che trabocchi.
Quei, che di fico formar la figura
   Del Dio degli orti, e gli dier per insegna
   Quel, che s'adopra nella mietitura,
Dovean piantarli in mano, e ben più degna
   Di lui cosa era, una grossa Carota,
   Di quelle, che in grottesche si disegna,
Acciocch'a ognun sua virtù fosse nota.

CAPITOLO SECONDO

Sopra le Carote.

Poich' io mi penso vi sia stato caro
   Quel, Messer Carlo mio, primo guazzetto,
Forse quest' altro non vi sia discaro:
Io credevo a bastanza averne detto,
   Ma la materia mi cresce tra mano,
   E dal capriccio son spinto, e costretto
A dir, che 'l nome lor proprio Toscano
   Non tanto è derivato dal Latino,
   (Perchè carum non è molto lontano)
Quanto che per istinto, o per destino
   Ha caro la più parte della gente
   (Tant' è l'amor di noi stessi assassino)
Sentir lodarsi, o vera, o falsamente,
   La vera lode è premio di virtute,
   L' altr' è adulazione, e sene mente;
Le false lodi, benchè sien tenute
   Veramente Carote, nondimeno
   Spesso son care, e rado dispiaciute.
Ma pria bisogna saper del terreno
   La qualità, come dissi, e dipoi
   Vi si pianta Carote in un baleno:
E perchè dissi ancora esser di duoi
   Colori, un giallo, un nero, è forza, ch' io
   Vi spiani in parte li misterj suoi.

Son le Carote gialle, al parer mio,
    Le parole orpellate di menzogna,
    Di doppia adulazion, vizio sì rio;
E senz'avere, o rispetto, o vergogna,
    Per chiaro, e manifesto raccontare
    Quel, che si conjettura, e che si sogna;
Da questo si deriva il Carotare,
    Cioè piantar Carote, e Carotiere,
    Un che sia nel piantarle singulare.
E li due motti agevoli a sapere;
    L'uno: e' le son Carote; il che inferisce,
    Che le cose racconte non son vere:
L'altro è Carote, il che diminuisce
    La credenza di quel, che si ragiona,
    E con ghigno, e scrollar si profferisce.
Se larghezza nel dir non mi si dona
    Quanto alle nere, io tengo resoluto,
    Che non vi potrò dir più cosa buona;
Pur andrò più che posso rattenuto;
    Son le Carote nere la semenza
    D'ogni animale, razionale, o bruto;
L'alma natura non potria far senza,
    Siccome senza potrien fare i Preti,
    Ch'altrove le ripongon, che'n Credenza;
Chi di piantarle loro ha più segreti,
    Fia sempre presso a lor più favorito,
    Nè grazia alcuna fia che se li vieti;
Che queste fan destar lor l'appetito,
    E dappoi che non posson pigliar moglie,
    Han messo in uso di pigliar marito:

Il

Il rispetto del campo assai mi toglie;
   Caccinsi pur cotai Carote dreto
   Finchè 'l foco di quà non gli ritoglie.
Parrebbemi mal fatto a passar cheto
   Ciò che disse un, ma chi non vi si noma;
   Perchè debbo tenerglielo segreto:
Se quel crudel bramava a tutta Roma
   Una sol testa, acciocchè 'n un sol tratto
   Se li levasse dal busto la chioma,
Io resterei contento, e satisfatto,
   Se si potesse far, fosser tutt' uno
   Quei, che van dietro a così sozzo imbratto;
E per romper lor altro, che 'l digiuno,
   Una brava Carota si trovasse,
   Che facesse creparli ad uno ad uno.
Ma sarà ben, che 'n mal' ora io gli lasse,
   Acciocchè questa nuova distinzione
   Delle Carote in dietro non restasse.
Le gialle, o bianche, a mia openione,
   Hanno qualch' ombra in sè di veritate;
   Le nere han del bugiardo, e del ghiottone:
E però insieme soglion star legate,
   A denotar, come a piantarle bene,
   Sì che l' entrino in testa alle brigate,
Colle menzogne misticar conviene
   Qualche poco di vero, e questa concia
   Indegnità le Carote mantiene;
Come per tutto l' anno sen' acconcia,
   (Il che m' ero di già quasi scordato)
   Con buon aceto, e spezierie qualch' oncia.
                                        Intesi

Intesi esser già in Roma un Avvocato,
* Che volea da' clientoli due sacchi,*
* Prima che fusse cominciato il piato.*
Uno di piombi pieno, e salimbacchi;
* Cioè di bolle, contratti, e ragioni,*
* Onde una immortal causa s'attacchi:*
Un altro pien di scudi, e di doppioni,
* Che questi fanno vincere ogni lite*
* Assai più, che le tante allegazioni:*
Il terzo era da lui pien d'infinite
* Carote, idest Menzogne, e'n questo modo*
* Riportava sentenze favorite.*
Del litigar l'indissolubil nodo
* E' sol piantar Carote, e su puntigli*
* Star giorno, e notte intento, fisso, e sodo:*
Ma ciascun' arte par che s'assottigli
* Nel piantarle: vedete la Pittura,*
* Acciocchè l'occhio gran piacer ne pigli,*
Colla diversa sua manifattura,
* E con mostrar il falso altrui per vero,*
* Ha cacciato Carote alla natura.*
La Poesia, che è altro, ch'uno intero
* Campa, pien di Carote favolose,*
* Come si legge in Vergilio, ed Omero?*
La Medicina con sue erbe, e cose
* Che fa? caccia Carote a tutti i mali,*
* Infinchè l'uom per sempre si riposo.*
L'Astrologia co' suoi celestiali
* Segni, le pianta spesse, e grosse ancora*
* In far tutti i Prelati Cardinali.*
L' Al-

L'Alchimia tanti n'arricchisce, e'ndora
   Colle Carote, che per lei ne vanno
In fumo gli ori, e l'argento svapora.
Ma quelle, e quelli ancor, ch'opera danno
   A portar polli all'uno, e l'altro sesso,
Piantan Carote tutto quanto l'anno:
Nè mi occorre dir altro per adesso.

DELLE LODI DEL FUSO,

CAPITOLO

DEL SIGNOR GIROLAMO RUSCELLI.

Io son per dimenarmi in suso, e 'n giuso,
   Con la lingua, co i piedi, e con le mani,
Finch' abbia a voglia mia lodato il fuso.
Poichè certi Poeti cerretani,
   Scrisser di certe cose, ch'a fatica
Le fiuterriano, unte di lardo, i cani.
Vedete il Bernia, quanto s'affatica
   In dir de l'Ago; ed è dal Fuso a quello,
Quanto dall' Elefante alla formica.
Non dico già, che non sia buono, e bello
   Il celebrar le Fave, e 'l Dio de gli orti,
E 'l forno, e 'l naso, e i cardi, e 'l ravanello.
Ma non mi par, che la ragion comporti,
   Che 'l più degno si taccia, e che si faccia
In prima onor a quel, che mena inporti.

On-

Onde acciocchè per l'avvenir non giaccia
  Così negletto il Fuso, io son disposto,
  Che dalla lingua mia più non si taccia.
E per ajuto a voi, Signor, mi accosto,
  Che siete stato il primo, che m'avete
  Questo tanto pensier nel capo posto.
E del Fuso ogni intrinseco sapete,
  E'n avete uno, che si può chiamare
  Il principal de' Fusi, che dilete.
Voi dunque, se talora traviare,
  Mentre che, di lui parlo, mi vedrete,
  E stil mal'atto al gran soggetto usare.
Col vostro Fuso in ordin ne verrete,
  Che col vederlo, e contemplarlo solo,
  Tutti gli spirti miei ravviverete.
E a la penna mia sì forte il volo
  Rinforzerete, che'l buon fuso io spero
  Far' immortal dall'uno all'altro Polo.
Ma perchè voi solete esser severe
  Più che Catone; e prezzar più l'onore,
  Che l'avarizia, e i buon bocconi il Clero.
Se vi pensaste, ch'io facessi errore
  A pubblicar, che vostra Signoria
  Si porti seco il fuso a tutte l'ore.
E vi metteste qualche fantasia,
  Ch'adoperar di giorno, e notte il Fuso
  Degno sol de le donne ufizio sia.
Io vi potrei far rimaner confuso
  In tre parole, e non con allegarvi
  Di tanti n' tempi nostri esempio, e uso;

Ma

Ma come Logicastro io potrei farvi
  Un' argomento, e porvi in una rete,
  Dalla qual non potreste svilupparvi.
Con dir, ch'io vi so buon, che maschio sete
  Voi come voi, ma vostra Signoria,
  Che femmina non sia, non negherete.
Pure acciocchè nulla cagion vi dia
  Di dubitar, che più, che lancia, o spada,
  Degno d'uomo onorato il Fuso sia:
Voglio, ch'appunto in tal proposto cada
  Il principio a lodar, com'ho promesso
  Il detto Fuso, e non tenervi a bada.
Sappiam dunque per chiaro, e per confesso,
  Che le lettere, e l'armi han sempre avuto
  Dell' onor vero il principato espresso.
E chi più saggio fu, nè fu tenuto
  Nel Mondo mai, che Salomone, il quale
  Ebbe da Dio tutto il saper compiuto?
Or vedete, che scrive Dottrinale
  Nella sua vita, ch'egli il Fuso aveva
  In più stima, che i ghiotti il Carnovale.
E che quasi ad ognor si riduceva
  Con le sue donne in camera a filare,
  E quivi tutto il suo saper metteva;
Ma perchè un dì si volse assottigliare
  A tener la conocchia sottosopra,
  Ond'ebbe il lavor tutto a rovinare,
Scrive l'Autor, che sol per simil' opra
  Corse estremo pericolo di starsi
  Sempre diviso dal Signor di sopra.

So-

Soleva ancor nel Fuso esercitarsi
　Il padre suo con monna Bersabea,
　E seco il più del tempo adoperarsi.
Ma perchè solo un Fuso non potea
　Disconocchiar tanta conocchia, e quella
　Non troppo volentier tempo perdea.
Scrive l'Autor in questo caso, ch'ella
　Provvide al suo bisogno accortamente,
　Con saper di Dottor, non di donzella.
E dell' altro marito assai sovente
　Adoperava il Fuso, ch'era forse
　Più forte di quell' altro, e più valente.
Ma quel buon vecchio alfin pur se n'accorse,
　E fece sì, che quel meschin giammai
　Più col suo Fuso non filò, nè torse.
Onde poi la meschina con assai
　Lagrime il fuso suo raddomandava,
　E pose il delinquente in molti guai.
Il qual conobbe alfin, che iniqua, e prava
　Opra avea fatta, e a pianger si ridusse
　Sì gran peccato in fossa oscura, e cava.
Aristotil, che ognun sa, quanto fusse
　Saggio, nella vecchiezza ad imparare
　Di filare, e di torcer, si condusse.
Ma perchè troppo bene adoperare
　Non sapea la conocchia, ch'era usato
　Insegnar sol fanciulli, e disputare;
N' era severamente gastigato
　Dalla Maestra, e lo facea sovente
　Camminar brancolone, e insellato.

　　　　　　　　　　　　Er-

Ercol, che fu sì forte, e sì valente,
 Lasciò la mazza, con la quale uccise
 Avea tante gran fiere, e tanta gente:
Ed il buon Fuso in mano anch'ei si mise;
 E per dolcezza, che sentia filando,
 Dalla Maestra mai non si divise.
Qui gran segreti potrei dirvi, quando
 Con giuramento voi mi prometteste,
 Di non gli andar attorno pubblicando.
Ove tutto in un tempo imparereste
 Cose troppo nel vèr maravigliose,
 Che più, ch'un gran tesor l'apprezzereste:
E vi farei veder, che quelle cose,
 Ch'el grande Imperador tien per insegna,
 E ch'Ercol segno a i naviganti pose,
Non son, come per ver par ch'ognun tegna,
 Colonne, ma duo Fusi, dinotando,
 Che doppiamente il Fuso oprar convegna.
E vi verrei con questo dichiarando,
 Perchè si faccia il Fuso in mezzo grosso,
 E dalle bande venga assottigliando.
Ma mi perdonerete, ch'io non posso
 Dirvi gli alti segreti, onde a me poi
 La penitenzia si riversi addosso.
Però seguiamo, ritornando a noi,
 E diciam di quel Re, del qual più grande,
 Nè più degno ebbe il Mondo a giorni suoi.
Dico Sardanapal, di cui si spande
 Sì gloriosa fama, e in mare, e 'n terra,
 Son l'opre sue sì degne, e memorande.

Tom. II.   F   E que-

E questo, non perch' ei facesse guerra,
  Come molti far sogliono, il cui petto
  Troppo saper al parer mio non serra.
Ma sol perchè col Fuso tanto eletto
  Più di cento conocchie sconocchiava,
  Com' onorato Cavalier perfetto.
Credete a me, che 'l gran Signor di Brava
  Non divenia mai pazzo, e furioso,
  Se quando potea 'l Fuso adoperava.
Ma perchè sempre pigro, e sonnacchioso
  Angelica trovollo, ed ei le tenne
  Il Fuso suo pazzescamente ascoso:
Quando adoprarlo poi voglia li venne,
  Non potè farlo, onde 'l suo error vedendo,
  Forsennato, e stoltissimo divenne.
Ma per non m' andar troppo diffondendo,
  Voglio conchiuder quel che incominciai,
  Perchè a cose maggior passare intendo.
Dico, Signor, che voi potete omai
  Da tanti esempj esser certificato,
  Di quanto da principio io v' affermai,
Cioè, che quanto è più l'uomo onorato,
  Quant' è più dotto, più tener dovria
  Sempre col Fuso la conocchia allato.
Quì potria cader dubbio, come or sia
  Dismessa questa usanza così degna,
  Che gli uomini onorò tant' anni pria.
E che questo esercizio il pregio tegna
  Sol fra le donne, onde di loro alcuna
  A Consiglio giammai non intervegna.

Io

Io mi risolvo in tutto, che veruna
 Occasion non resti di ciarlare,
 A la plebe ignorante, e importuna.
E bench' io potrei subito allegare
 Tanti, che, come ho detto, a i tempi nostri
 Vogliono sempre il Fuso adoperare.
Pur mi convien, ch' a voi, Signor, e a i vostri
 Pari, che Dotti sono, io dottamente,
 E con chiare ragion tutto dimostri.
Ma nol farò, se già primieramente
 Voi non mi promettete di fermarvi
 Quì, con tutto 'l cor vostro, e con la mente:
E per una mezz' ora di spesarvi
 De la Sommaria, e de le Dee, ch' a voi
 Soglion così savente ognor sottrarvi.
State quì, finch' io parlo, e gite poi
 Dove più vi talenta, e contemplate
 Pur a vostro piacer, finchè v' annoi.
Or per non perder tempo a far ch' abbiate
 Da me sì gran segreto, onde in eterno
 Obbligato a ragion me ne restiate:
Dico, che poich' al Mastro sempiterno
 Piacque dar degnamente a la natura,
 Della Terra, e del Ciel, tutto il governo.
Ella, quanto più può, sempre procura,
 Che tutto sia con ordin governato,
 E quivi pone ogni sua industria, e cura.
E de le vite nostre anch' essa ha dato
 Tutto 'l governo in mano a tre sorelle,
 Che per contrario, il nome hanno pigliato.

      F 2   So

So che voi m'intendete, io dico quelle,
 Che si dimandan Parche, perchè stanno
 Di perdono a ciascun sempre ribelle.
Queste son quelle, ch'a lor voglia danno
 Stabilito a ciascun, che viene al Mondo
 Della sua Morte il giorno, il mese, e l'anno.
L'una tien la conocchia, e l'altra a tondo
 Fra man si gira il Fuso, e vien filando
 Con molta industria, e con saper profondo.
L'altra tiene il coltello in mano, e quando
 Le par, che'l Fuso a voglia sua sia pieno,
 Subitamente il fil ne vien troncando.
E quanto quel si trova o più, o meno,
 O per parlar più chiar, dico, che quanto
 Il Fuso sta più grosso, e più ripieno,
Proporzionatamente appunto tanto
 Vive chi con tal Fuso a nascer viene,
 E sia pur Satanasso, o Pavol Santo.
Ma perchè quest' è cosa, che conviene,
 Che l'intenda ciascun perfettamente,
 Io mi risolvo di spianarla bene.
Dico dunque, Signor, che dalla mente
 Di queste tre sorelle sol dipende
 Il viver nostro corto, o lungamente.
Perchè quando quel fil poco si stende,
 Ed è sottile il Fuso, inferma, e breve
 A quel, per cui si fa, la vita rende.
E così per contrario ognun, che deve
 Viver' assai, ben lungo, e ben ripieno
 Fuso da lor nel nascer suo riceve.
         Que-

Questi Fusi dipoi convien, che sieno
  Tutti posti dinanzi a la natura,
  Che lietamente se gli pone in seno.
E senza perder tempo li misura
  Per lungo, e per traverso ad uno, ad uno,
  E ponvi ogni suo studio, ogni sua cura.
E secondochè trova essere ognuno
  Grosso, o sottile, appunto o poca, o molta,
  Ella stampa la vita di ciascuno.
Egli è ben ver, che trova alcuna volta
  Qualche Fusaccio grosso, che contiene
  Poca sustanzia flosciamente accolta.
Che nel tastarlo, e misurarlo viene
  A mancar di sustanzia, e di virtute,
  E forma indegna al valor suo ritiene.
Convien in ciò, che la natura mute
  L'ordine suo, e benchè grosso stia,
  Come falso, e disutil lo rifiute.
Ch'ella più tosto vuol, che'l Fuso sia
  Minor di forma, purchè di vigore
  Con sustanzia, e virtù gli effetti dia.
Poi che gli ha misurati, acciocch'errore
  Non si commetta, in ciaschedun si nota
  Di quanto viver deve il punto, e l'ore.
E così registrati alla gran rota
  Del Tempo si sospendon, sin che poi
  Quinci la Morte alfin gli svella, o scuota.
Ma perchè pur in tutto qui fra noi
  L'uomo incerto non sia, se tristi, e corti,
  O lunghi, e lieti sieno i giorni suoi:

Ella vuol, che ciascun quaggiù si porti
   Del Fuso, ch' ha lassù, la forma vera,
   Con la qual si sgomenti, o si conforti.
Onde le donne, a cui perfetta, e 'ntera
   Sapienzia, e virtute il Cielo ha dato,
   Nè si lascian far notte innanzi sera,
Se le trovano, che smilzo, e mal fato,
   E sottil sia il Fuso, a schivo l' hanno,
   E lo tengon per niente, e sgraziato.
Perocchè molto ben fra tutte sanno,
   Ch' a questi tali infortunate, e corte
   Le vite in Ciel determinate stanno.
E chi è, ch' abbia cor, che li comporte
   Por suoi pensieri in uom, cui sappia espresso
   D' or' in or sì vicina esser la Morte?
Or avete a saper, come in processo
   Di tempo, venner certi, che sì fero
   Correr la gente, come mosche appresso.
Che promettevan' il segreto vero
   Di far crescer' il Fuso, onde crescesse
   La vita ancor, senza mancarne un zero.
Questo par, che dagli uomin si tenesse
   Per impossibil cosa, o pur che fusse,
   Che lo spender non troppo lor piacesse.
Ma pur alfin la cosa si ridusse
   A general consiglio, ove con molte
   Diversità fra tutti si discusse.
Ma come noi veggiam, ch' alcune volte
   Fra sì varj parer par che si lasse
   Sempre il migliore, ed il peggior s'ascolte.

Conchiuser che'l partito si lasciasse,
 E che per alcun modo, il buon parere
 Delle donne gentil, non s'ascoltasse.
Ma quelle pur, come perfette, e vere
 Amiche del ben nostro, non miraro
 A le pazzie degli uomini sì fiere.
E subito fra lor si ragunaro,
 E senza molto in ciarlerio portarsi,
 Tutte in questo parer si conformaro.
Che poich' erano gli uomini sì scarsi,
 Elle tutto quel peso lietamente
 Sopra di lor dovessero pigliarsi.
E conchiuso il partito, prestamente
 Fur d'accordo co' i mastri, e li contanti
 Si pagar l'un su l'altro immantinente:
Ma quelli, o che pur fossero furfanti,
 E truffatori, o pur com' altri crede,
 Verissimi Filosofi, o Pedanti,
A quelle semplicette, che tal fede
 Davano al parlar lor qual aurian dato
 A quei, ch'a destra al suo gran padre siede,
Scrisser con parlar mozzo, ed intrigato
 Una breve ricetta, e dileguarsi,
 Nè alcun di lor mai più fu poi trovato.
Venne poi la ricetta a pubblicarsi
 Per tutto il Mondo, e par, ch'ognun volesse
 Prestamente in provarla affaticarsi.
E se Vossignoria non la sapesse
 Per esser già scaduta, or l'intendete,
 Che queste son quelle parole stesse.

F 4   Re-

Recipe il Fuso, che ingrossar volete,
　Stropicciatelo bene, e destramente,
　Dentro a quel buon cotal lo ficcherete.
Altro più non diceva, e finalmente
　Pose in confusione universale,
　Non meno i Dotti, che la volgar gente.
E tutto il fatto era in quel buon cotale,
　Che dice la Ricetta, il qual confusi
　Gli avea in pensar, che cosa fosse, o quale.
Volean le donne, che in tutti i pertusi,
　Ch'elle hanno in casa, i lor mariti ognora
　Tenesser fitti, e stroppicciati j Fusi.
Prova, e riprova pur, cerca, e lavora,
　Che in somma, o la Ricetta non è vera,
　O non si trova chi l'intenda ancora.
Di qui si fece poi, che con severa
　Legge ciascuna donna per purgare
　Sì grave incontro, ch'accaduto l'era:
Fecer voto fra lor di non entrare
　In Consiglio giammai, finchè si vegna
　Questo segreto in fatti a ritrovare.
E di qui noi veggiam quanto s'ingegna
　Questa schiera gentil, per far ch'ognora
　Il Fuso in man di lor ciascuna tegna.
La fanciulletta, che non tocca ancora
　Gli otto, o nov'anni al Fusarel s'adatta,
　Ed al meglio che può, studia, e lavora.
Così di mano in man quanto è più fatta
　La donna, e più conosce, tanto l'opra
　Con più sapere, e miglior modo tratta.
　　　　　　　　　　　　　E que-

E questa è la cagion, ch'io dissi sopra,
 Che non vanno in Consiglio, e che da loro
 Con tanta industria il Fuso ognor s'adopra.
Continuando or dico, che lavoro
 A par di quel del Fuso non si trove,
 E faccia pur chi vuol l'argento, e l'oro.
E non parlo però cose sì nove,
 O sì fuor di ragion, che mi convegna
 Con la spada, o'l pugnal farne le prove.
E se pur' è qualcun, che non lo tegna
 Per cosa certa, attenda a medicarsi,
 Che'l mio saper a i pazzi non s'insegna.
Io per me non so cosa, che agguagliarsi
 In virtù possa al Fuso; senza il quale
 Verrebbe tosto il Mondo a rovinarsi.
Nè saria più scontento altro animale
 Dell'uomo, e della donna, se'l buon Fuso
 Non ne porgesse il ben, togliesse il male.
Rivoltiamo un pochetto in suso, e 'n giusa
 Tutte nostre bisogne ad una ad una,
 E sien dalla natura, o sien dall'uso.
E troveremo ben, come veruna
 Come al Mondo non è, che s'abbia a dire
 Util quanto il buon Fuso, ed opportuna.
Diciam primieramente del vestire,
 Che senza il Fuso non potria giammai
 Incominciarsi pur, non che finire.
Abbi pur della lana, abbi, se sai,
 Del lino in quantità, che senza quella,
 Turagli da baril te ne farai.

Fu non so chi Poeta pazzarello,
  Che volse dimostrar, che l'ago sia
  Tutto il buono del Mondo, e tutto il bello.
Io non dirò, ch'ei dica la bugia,
  Perocchè senza l'ago certamente
  Il Mondo diece dì non dureria.
Ma questo buon Poeta sì valente,
  Quelle lodi, ch'al Fuso dovea dare,
  Tutte all'ago le diè pazzescamente.
Dice il Burchiello non ti adirare:
  Fallo se puoi: quando senti un, che crocchie
  Cose, che 'l Ciel farian scandalizzare.
Tolga costui via il Fuso, e le conocchie,
  Che fanno il filo, e poi con l'ago vada
  A infilzar le lumache, o le ranocchie.
Ma per non m'allungar fuor della strada,
  Vi ritorno a seguir, il Fuso è quello,
  Che ci dà ciò che giova, e ciò, ch'aggrada.
Per voler aggaffar un solo uccello
  Ancorchè molte sien le sciocchetie,
  Con che gli uomin si beccano il cervello;
Pur dite mò, che tutte altre vie
  Di sparvieri, e d'imbroglie in quindici anni
  Faccian quel, che le reti in un sol die?
Immaginate il Mondo senza panni
  Di lino, e vi parrà, come un Falcone,
  Che sia senza le piume, e senza i vanni.
Non vò lasciar di dirvi una ragione,
  Che benchè vera, e manifesta sia,
  Non la pensan però molte persone;

Ch'

Ch'una botte di vin, mentre che sia
 A governo del Fuso, il vin più grato,
 Più saporito, e più perfetto dia.
Voi sapete, ch'a un vin, che non sia stato
 Gustato ancor da alcuno, e che 'l padrone
 Lo tenga molto caro, e riservato:
S'incomincia a forar con discrezione
 La botte, e farvi un pertugetto adatto,
 E per turaglio il Fuso vi si pone:
E mentre sta con ordin così fatto,
 Rende un tal vin, ch'ognun fa disiare
 Poterne bere a crepacuore un tratto;
Ma come poi comincia a sciorinare,
 Giù per la cannellaccia, avvien talora,
 Che voglia vi farà di vomitare.
O di muffa, o di forte, e forse ancora
 Saprà di cosa peggio, ed assetato
 Bisogna ben che sia, chi l'assapora.
Fuso tanto buon, e così ben fatto
 Che con la tua virtute ovunque sei,
 Rendi ciascun felice, e consolato,
O fortunato cinque volte, e sei
 Ogni spirto gentil, che ognor t'adopra,
 Come ognora adoprarti anch'io vorrei!
Ma non piace al destin, che mi sta sopra,
 Ch'io mai fin qui conocchia abbia trovata,
 Che mi facesse star contento all'opra.
S'alcuna ve n'è brutta, e sgangherata,
 O vecchia, o sozza, par ch'appunto sia
 Dal principio del Mondo a me servata:
                                    Qui

Quì pur qualche Filosofo diria,
    Che quale è il Fuso, la conocchia tale
    Madonna occasione a ciascun dia.
Ed io rispondo, ch'ei l'intende male,
    E mi riservo a dir la mia ragione,
    Con la maschera al volto un carnovale.
Or per tornare alla conclusione,
    Dico, Signor, che non si trova al Mondo
    Cosa che sia col Fuso a paragone.
Questo a vederlo sol vi fa giocondo,
    Ed a toccarlo poi vi fa toccare
    Ogni estrema dolcezza insino al fondo.
Lo vedrete talora adoperare
    Da qualche bella man, che vi faria
    Impazzir di dolcezza, e smaniare.
E mentre ella lavora tuttavia,
    Suole spesso avvenir, che di grattarsi,
    O far qualch'altra cosa uopo le sia.
Voi la vedrete tosto accomodarsi
    Il fuso in sen con tanta leggiadria,
    Che si vedrà d'invidia il Sol fermarsi.
Io v'impegno, Signor, la fede mia,
    Che conversando ognor con questo, e quella
    Sento dir ogni dì qualche pazzia.
Pur l'altrieri diceva un pazzarello
    Che tutta la sua roba avria pagata
    Per poter trasformarsi in un'augello
Un'altra gentiluom fu domandato
    Da certe donne, in che si muteria,
    Se di poterlo far gli fosse dato.

Ri-

Rispose quel, che non si cangeria
  In altro, che in un pulce, e che d'addosso
  Dalla sua donna mai non si torria.
Se n'andasse la vita, io non mi posso
  Contener dalle risa, quando sento
  Cose, ch'han sì del goffo, e sì del grosso.
Un, che non fosse fuor del sentimento,
  Ed avesse poter di trasformarsi
  Come Proteo, o Vertunno, a suo talento;
Non si anderia perdendo in variarsi
  In altro, che in un Fuso, e vi assicuro,
  Che non si cureria di riformarsi.
Qui forse, Signor mio, vi parrà duro,
  Che di trecento forme, che da Giove,
  Che tutto puote, e sa, pigliate furo,
Nè per vecchie scritture, nè per nove,
  Ch'egli in Fuso si fosse trasformato,
  In alcun tempo mai non si ritrove.
Io vi dico, ch'è ver; ma che sforzato
  Fu di non poter farlo, che Giunone
  L'avria con troppa industria ognor guardato.
Qui mi stringe il proposto, e la ragione,
  E del vero il comune obbligo, ch'io
  Biasmi un'altra perversa opinione.
Benchè Vossignoria forse l'udio
  Di bocca propria dal Signor Marchese,
  Vostro primo fratello, e Signor mio.
E s'io non dissi allor quanto m'offese,
  Dio lo sa ben, che nel mio cor portai
  La collera nascosta più d'un mese.
                                            Disse

Diſſe ſua Signoria, che ſe giammai
 Foſs' in poteſtà ſua di trasformarſi,
 O per picciola tempo, o per aſſai,
Null' altra forma egli vorria pigliarſi,
 Che d'un bel cagnolin, ch'a tutte l'ore
 Poteſſe appiè della ſua donna ſtarſi.
Io ſon forzato pur dal grande amore,
 Ch'a Sua Signoria porto, di pregare
 Dio, ch'almen le perdoni un tanto errore.
Deh perchè non più toſto diſiare
 Di farſi tutto un real Fuſo, il quale
 In tutto il Mondo non aveſſe pare?
Voi direte, ch'io ſia qualch'animale,
 A dir, ch'a le gran donne il Fuſo ſia
 Il nerbo della vita principale.
Non dich'io, che lavorin tuttavia,
 Come chi fa bottega, ma lo fanno
 Accortamente, e con galanteria.
E credetela a me, che quando ſtanno
 Serrate in zambra, a nulla coſa ognora
 Opra più volentier, ch'al Fuſo danno.
In ſomma il Fuſo è quel, che 'l Mondo onora;
 Quel che ſoſtiene il Mondo, e quel, che 'l Mondo
 D'ogni rara eccellenzia inerba, e 'nfiora.
Egli è giuſto in lunghezza, egli ha del tondo,
 Egli è ſnello, e pulito, e finalmente,
 Non ſi ritrova in lui coſa d'immondo.
Soleva ancor' il Fuſo anticamente
 Far di gran coſe, e anche adoperato
 Fu per lunga ſtagion da molta gente.

Che

Che quando la mogliera alcun peccato
  Contra il suo buon marito commetteva,
  Era tosto scoperto, e pubblicato.
Perocchè se il marito le poneva
  In resta il Fuso suo gagliardo, e forte,
  Tosto la punta in dietro egli torceva.
E di quì può ciascun saper, che importe
  Il proverbio, che al Mondo è tanto in uso
  Far al marito suo le Fusa torte.
Finalmente, Signore, io son confuso
  Solamente a pensar non ch' a ridire,
  Quanto in lode potria dirsi del Fuso.
Ma la discrezion vuol ch'io rimire,
  Che s'io son stanco già di ragionare,
  Voi dovete esser lasso ancor d'udire.
E però son sforzato arramacciare
  Tutto in un verso, e dir, che'l Fuso sia
  Una cosa perfetta, e senza pare.
Ma mi parria d'usar gran villania,
  Se questa lode almen restassi a dargli,
  Che vale in ogni tempo, e in ogni via,
E per fare i pertugi, e per serrargli.

CA-

CAPITOLO

IN LODE DEL VERNO.

MEsser Compare, se vi ricordate
 Questo Verno passato appresso il foco
 Mi togliefte a laudar molto l'Estate.
Ond'io prendeva tanto spasso, e gioco
 Di vedervi in cotale opinione,
 Qual suol aver di cucinar un cuoco.
Ora ritrovo in mezzo di Platone,
 Ch'a compassar d'un capo all'altro l'anno
 Non è del Verno più bella stagione.
Pertanto ho preso questo impaccio, e affanno
 Di scriver l'alta sua magnificenza:
 Cosa, in che veramente non m'inganno:
Però vi prego, che grata audienza
 Mi diate, e non v'incresca d'ascoltare
 Il biasmo d'un, dell'altro l'eccellenza:
Avvenga ch'io non pensi d'arrivare
 A' suoi perfetti, e gloriosi onori:
 Ch'un Vergilio potrebbono stancare,
Per iscoprirvi i suoi gran pregi fuori,
 Pur il me', che saprò col mio intelletto
 Comincerò dal capo de i migliori.
Adunque dico, ch'egli è un tempo eletto,
 Gentile, grazioso, e dilicato,
 D'infinito piacere, e di diletto.

Il

Il Verno è un aer dolce, e temperato,
 E non, com'è l'estate, empio, e ribaldo,
 Da far ciascuno star sempre ammalato:
L'estate ognor vi fa sbasir dal caldo,
 Nè vi lascia posar sera o mattina:
 Ma in sulla corda ognora vi tien saldo.
O del Verno stagione alta, e divina,
 Tempo da Gentiluomo, e da Signore;
 Ognun ti loda, riverisce, e inchina.
Tempo di stare in dolce, e lieto amore
 Con qualche bella, e onorata Diva,
 Giucando spesso a chi l'ha drento, o fuore.
Colui, che non t'apprezza, e che ti schiva,
 E' veramente un pazzo da catena,
 Ed ha la mente di giudizio priva.
Stagion sacrata, gloriosa, e amena,
 Nella qual nacque il Salvator del Mondo,
 Per farti gir d'ogni eccellenzia piena:
Io sò, ch'a dir di te non trovo il fondo,
 Ne 'l troverian cento Poeti insieme,
 Cotanto è lo tuo onor alto, e profondo.
Ma di lodarti un bel disio mi preme,
 E giustamente: o dolce, e sacro Verno!
 Purchè cantando il pregio tuo non sceme.
Tu sei invero un Paradiso eterno,
 Mentre che nosco fai dolce soggiorno,
 Ed è l'estate un crudo, ed empio Inferno.
Io non ne veggo andar tafani attorno,
 Nè mosche, o vespe, over altra malia,
 Ch'abbia a cavarmi gli occhi tutto il giorno.

Tom. II.   G   Co-

Cotesta è ver, Compare, e non bugia,
 Per ritornare a vostra alta Persona,
 Se Dio mi guardi dalla carestia.
E se talora piove, lampa, e tuona,
 Siccome piace a quel Signor Divino,
 Statevi col pensiero in Elicona:
O andate in qualche dolce camerino
 A passar tempo con gli vostri amici,
 Facendo una primiera, o a sbaraglino.
Così del Verno i bei giorni felici
 Passerete soavi, e in dolce vita,
 A' la barba de i caldi dì infelici.
Questa Stagione ognor va ben vestita
 Da Donna, da Reina, e da Signora,
 Ed è più che l'estate, a ognun gradita.
Ma l'estate vedete ignuda ognora,
 Amata sol da furbi, e da plebei,
 E d'altra gente simil, che l'onora.
Io credo ben che tutti i Sacri Dei
 Volser formar questi sei mesi ardenti,
 Per purgarci de i nostri falli rei.
Non arde ognor nelle pene dolenti
 Quel, che scacciato fu dal Paradiso,
 Color, che son di questa vita spenti?
Non vorrei di beltade esser Narciso
 Di virtù Omero, e di ricchezza Crasso,
 Ed esser sempre mai di caldo ucciso.
Il caldo ognor vi lascia afflitto, e lasso,
 E vi consuma, e noce, come scabbia,
 O come in sulla bragia un cappon grasso.

E

E non vi val a dir, che l'estate abbia
I prati pien di rose, e di viole,
Che del caldo non concia ciò la rabbia.
A fè, ch'egli è un gettar via le parole
A dir, che non sia bella la Vernata,
E pazzo è in tutto chi non fugge il Sole.
Guardate d'India un poco la Brigata,
Che dal gran caldo è tutta guasta, e nera,
Inetta, vile, sozza, e sgraziata.
Mirate poi la nostra gente altera
Di parte più galante, e più gentile,
Ch'ella è tutta leggiadra, e vaga in cera.
Il Verno è un tempo dolce, e signorile,
Il qual sia benedetto sempremai,
E onorato da ogni sacro stile.
E non vi fa di pulci ognor trar guai,
Nè di cimici, come il caldo tempo,
De le cui bestie io me ne doglio assai.
Ed a pensare io mi consumo, e attempo,
Che l'uom debb'esser pasta a cotai vermi,
Discorrendo così di tempo in tempo.
Volete poi, ch'io non aggia a dolermi
Del caldo molto, e onorate il fresco,
Nel qual non mai si veggon morti, o infermi?
Deh perchè non mi fece Iddio Tedesco:
Ch'io non avrei al giorno mille volte
A rinnegar dal caldo S. Francesco!
Io so, che le tue lodi ho poco accolte,
E mille cose addietro io lascio a dire:
Che son qual erbe in piaggie spesse, e folte.

G 2   E vo-

E voglio il mio lavoro qui finire,
 Riferbandomi forfe a un altro tratto
 A farvi di lor meglio ancor fentire.
Sì, che Compare mio, voi fete un matto
 A non voler laudar la ſtagion freſca,
 Sì come anco altre volte avete fatto,
Ch'in lei cofa non è, che ci rincreſca.

CAPITOLO DELLA VITA

D'OTTO GIORNI.

SIGNORA, quando io penſo al termin poſto
 Da rivedere il voſtro volto bello,
 Ardo in le brace, come fa un arroſto.
E nel molto penſar perdo il cervello,
 E'nviſibilium vò talor penſando,
 Punto da ſtizza, rabbia, e da martello.
Tanti penſier non ebbe mai Orlando
 Dietro del cul d'Angelica la bella,
 Non dico per oprar la lancia, e'l brando.
Deh chiuſi per la teſta, e le cervella
 Di Rialto i Banchieri, e Mercatanti,
 Che di penſieri ho pieno una ſcarſella.
Io dico alfin, che tutti quelli amanti,
 Ch'Amor feriſce con l'aurato ſtrale,
 Di me ſono più lieti, e più galanti.
Dio vi dica per me, Donna, il mio male,
 E i guai, ch'Amor per voi mi fa ſentire,
 Che ſon via più che Feſte nel Meſſale.
 Tre

Tre milia volte al giorno ho da morire
 Nel trappaſſar del tempo, che m'è dato,
 Che per minor mio danno, io nol vò dire.
Io ſon sì afflitto, meſto, e ſconſolato
 Per conſervarvi fede, anima mia,
 Che meglio aſſai di me ſtà un ammalato.
M'avete fatto inver qualche malia
 Nel dì, ch'io vi parlai ſu quel portone;
 Perchè non ſon più quel, ch'eſſer ſolia.
Che da prima era il più fiero garzone,
 Che mai creaſſe la natura, e Dio,
 Ed or, il dirò pur, ſon un minchione.
Non è redenzione al fatto mio,
 Se non mi ſoccorrete via più preſto
 Del tempo, che mi deſte, e che tols'io.
Ch'affè Signora è troppo diſoneſto
 Laſciar morir un uom per poca coſa;
 Eſſendovi il mio male manifeſto.
Se mi vedeſte al cor la piaga aſcoſa,
 Ch'amor mi fece, che diſtilla foco,
 Io vi farei per Dio di me pietoſa.
Ma di che forſe ciò prendete a gioco,
 E di me vi cavate quello ſpaſſo,
 Che uom può avere in alcun dolce loco?
Io ſon per diventar più preſto un ſaſſo,
 Piangendo, e lagrimando tutto il giorno,
 Ch'io ſia del voſtro amor mai privo, e caſſo.
Io ſon per far in voi ſempre ſoggiorno
 Non ſol con l'alma, ma dal capo a i pieì,
 Per contemplare il voſtro viſo adorno.

G 3   E da

E da voi questa grazia sol vorrei,
   Che non sdegniate, ch'io sia dentro tutto,
   Se tali, e tanti son gli affanni miei.
E fate che del mio servir tal frutto
   Colga talor, anzi via sempremai,
   Se non io sono affatto alfin distrutto.
Ma per tornare a i miei penosi guai,
   Ch'io paro a trapassar otto dì ladri,
   Io son più che una mummia magro assai.
Non ho più i membri miei dolci, e leggiadri,
   Nè quella faccia, ch'io soleva avere;
   Ma fo paura a chi vien, che mi squadri.
Io vò talor in Sensa per vedere,
   Se con gli occhj ingannar posso il pensiero;
   Ma non posso di ciò nulla ottenere.
Ch'a rispetto del vostro volto altèro,
   Per belle cose ch'io rimiro in Sensa
   Mi pajono cosacce, a dirvi il vero.
Onde la mente mia altro non pensa,
   Nè gli occhj pon vedere altro che voi:
   O leggiadria del Mondo altera, e immensa!
Che quando discendeste quì fra noi
   Veramente pareste una Cometa,
   Che folgorasse in terra i raggi suoi.
Iddio vi fece ben sì dolce, e lieta,
   Acciocchè compariste fra la gente
   Qual indosso portate la carpeta.
Stella non siete, ma folgor ardente,
   Che fulmina d'Amor le fiamme, e istrali,
   Più chiara ch'una perla d'Oriente.
                                        Voi

Voi siete quella, c'ha bruciato l'ali,
E spento i fuochi di Cupido ardenti
Co' i lumi, che infiammar pon gli animali.
Voi sola fate innamorar le genti
Dell'onda d'Adria, anzi di tutto il Mondo,
Col fiammeggiar de i vostri rai lucenti.
Date lume a gli spirti nel profondo,
Di che saltellan tutti per dolcezza,
E'l suo piacer non ha nè fin, nè fondo.
Or lascio qui la vostra alta bellezza,
Che forse a dir de i suoi cotanti onori
Non giunge la mia lingua alla sua altezza.
E l'infinite lodi sue a migliori
Di me io lascerò cantare appieno,
Che pasto sono da buoni Scrittori.
Perch'ho paura di non venir meno
Se v'adiraste per non gir al segno,
E sparir come fa nel Ciel baleno.
Basta, ch'amor non ha più ricco pegno,
Nè da ferir ciascun le più dolci armi,
Perquanto che circonda il suo bel regno.
Ma qual più saldo onor potevan darmi
Ad una, ad una le minute stelle,
Che far, ch'io fessi di voi prose, e carmi.
Al mio dispetto è forza, ch'io favelle
Ancora un poco delle vostre lode,
Che vincon d'Adria l'altre Donne belle.
Felice è dunque, chi vi parla, e gode,
E chi contempla voi sera, e mattina:
Sì son le vostre parti buone, e sode.

G 4   *Voi*

Voi siete sì famosa, e sì divina
Sì buona roba cara, e morbidetta
Ch'ognun v'adora, riverisce, e inchina.
E siete proprio in terra un Angioletta,
Un balascio, un rubino, e un diamante,
Gemma d'ogni altra più pregiata eletta.
Chi non v'amasse in ver, saria un furfante,
Un tristo, un ladro, un goffo, ed un marinaio,
Se di valor passate Bradamante.
Deh fossi io vostro innamorato solo,
Per goder tanta leggiadria, e beltate;
Ch'io non mi cangerei con mistro Polo.
Talor vengo a mirar, ove albergate,
E dico spesse volte fra me stesso:
Deggio dar alla porta due picchiate.
Poi penso, che mi fu da voi commesso,
Che là non comparessi avanti l'ora;
Ond'io di duol mi sto confuso, e oppresso.
Ed il dolor talmente sì m'accora,
Ch'io vo in angoscia sulla vostra porta:
E così spendo la mia vita ognora.
O Donna, fra le altre Donne accorta,
Ove il mio male ognora più s'interna,
Portando seco la speranza morta.
Pensate d'esser proprio una lucerna,
Amore l'olio, ed io poi lo stoppino,
Che fa la vita mia di duolo eterna.
Io vi concludo, Volto mio divino,
Che non mai conterei la pena ria,
Che mi fa Amor patir sera, e mattino.
Or presto a rivederci, Anima mia.   CA-

CAPITOLO SOPRA LE NUOVE,

A M. BENEDETTO BUSINI.

Poich' adesso, Busino, ognun m'affronta,
   Perch' io gli faccia parte delle Nuove,
   Nuove, che non le sa, chi le racconta.
Prima che questa cosa esca d'altrove,
   Io vò dir delle Nuove in questa carta,
   Acciocchè sempre in man me la ritrove.
Voglion costoro, avanti ch'e' si parta,
   Non ch'e' giunga un corriere, aver l'avviso,
   Quando la fama ancor non se n'è sparta.
E non han prima guardatoti in viso,
   Che dopo quel baciare alla Spagnuola,
   Dopo una sberrettata, un chino, un riso:
Dopo la prima, o seconda parola,
   T'affrontan con un certo, che si dice?
   Dicesi, ch'ognun mente per la gola.
Perchè la cosa mai non si ridice
   Com'ella sta, e chi leva, e chi pone,
   E chi la vuol carota, e chi radice.
Messosi in cerchio poi queste persone,
   Fan col gracchiar più roco mormorio,
   Che se fosse 'n un fiasco un calabrone.
E con sì discordante cicalìa
   Vanno informando il Mondo tutto quanto,
   Che mi fan proprio rinnegare Iddio.
                                Ed

Ed eccoti venir qualcun da canto,
  Che squaderna una lettera di chiasso
  Scritta di propria man del Papa Santo.
Talmente ch'ogni goffo Babbuasso
  Si pasce, e si trattien con queste ciance,
  Ne sguazza, ne trionfa, e si fa grasso.
Discorron Turchi, Italie, e Spagne, e France,
  Armate, libertà, guerre, unioni,
  E pesan tutto con le lor bilance.
O quanti onnipotenti cicaloni
  Vanno ronzando! e se gli gratti punto
  T'assordano co i lor tanti bugioni.
E non è prima qualche corrier giunto,
  Che sanno donde, quando, dove, e come,
  O per me' dir, lo immaginano appunto.
Conoscon tutti gli uomini per nome,
  Ed hanno tutti quanti i Potentati
  In pugno, per la testa, e per le chiome.
Fanno venir di Spagna uomin pagati,
  Di Turchia pali, e della Magna i Lanzi,
  E di Francia, e di quà lance, e soldati.
Con queste lor chimere vanno innanzi
  A' Padroni, agli amici, a' conoscenti,
  E dicon, che l' inteson dir pur dianzi.
Nè pensar, che t'alleghino altrimenti
  Chi portò, chi lo scrisse, o l'Autore
  Che paura hanno pur del tu ne menti.
Ma il dirlo a bocca saria la minore,
  Che lo distendono anche in sulle carte,
  E di poi quà, e là le mandan fuore.
                    Sonci

Sonci infiniti ancor, che ne fanno arte,
  Per amor che così torna lor bene,
  E si ritrovan negli avvisi a parte.
Qualcun' altro la grazia si mantiene
  Del suo Padron; perchè con queste cose
  O false, o ver, lo piaggia, e lo 'ntrattiene.
Certe Brigate son sì curiose,
  Che stan sempre in orecchi, e ne dimandano,
  E cercan di scoprir le Nuove ascose.
Altri vanno in persona, e altri mandano
  A' banchi, a' Imbasciadori, a' Cardinali,
  E che Nuove ne porti altrui comandano.
Che par loro esser peggio, ch'animali
  Senza aver Nuove, quali in compagnia
  Fanno pur ch'un gran pezzo si cicali.
Ognun ne dice la sua fantasia,
  Chi la lettera ha vista, e chi di bocca
  L'ha d'un grand'uomo stato in Barberia.
Là dove s'intrattien la plebe sciocca,
  E d'ogni Favoluzza hanno sentore,
  Infin se si ribella una bicocca.
Le Nuove cosa son da Imbasciadore,
  Da uomin grandi di stato, e di governo,
  E non da quei, che van per la minore.
Dunque lasciam far fuoco, or che gli è Verno,
  Lasciamo ir, Busin mio, l'acqua alla china
  Sia asso, sia cinquino, o sia quaderno.
Lasciamo astrologare a chi indovina
  Per vie di conghietture, e di discorsi,
  E col cervel fantastica, e mulina,

                                            La-

Lasciam fare alle pugna, a calci, a morsi,
Per mantener la sua, e per finire,
Lasciam far le caselle per apporsi:
Io vi avrei molte cose ancor da dire
Circa le Nuove, ma già suonan l'otto,
E và su queste Nuove un pò dormire:
Chi ne vuol più, doman mi faccia motto.

CAPITOLO A MESSER BENEDETTO BUSINI,

SOPRA LE MASCHERE.

NOn vi par, Benedetto, un bel piacere
 Quell' andar mascherato tutto 'l giorno,
 Se non per altro per un bel parere.
Quant' io per me, ch' ogni anno andavo attorno,
 Quando con una veste alla leggiera,
 Quando s' un cavallaccio di ritorno.
Qual Maschera d' un vecchio da brachieri,
 Quando appiè, Turco, Moro, e Ferravecchio,
 E quando mascherato da Barbieri:
Quando da far paura ad uno specchio
 Con un mostaccio grinzo, e contadino,
 Ch' aveva una barbaccia di capecchio:
Vi trovavo il piacer del Magnolino,
 Volsi dire un piacer non conosciuto,
 Un passatempo assai più che divino.

Onde un matto capriccio m'è venuto,
 Con questi versi, pria ch'io vada via,
 Di dar pure alle Maschere il tributo.
Fatemi, Muse, buona compagnia,
 Ajutatemi a dir qualche cosetta,
 Che le son vostra impresa, come mia.
E perchè non si paja, ch'io ci metta
 Di bocca, io v'ho pur visto in certi marmi
 Tenerle in mano, e farne alla civetta.
Io non curo per voi d'immortalarmi,
 Ma questa è delle cose, ch'a contalle,
 I' non so spesso donde cominciarmi.
Pure io dirò, che i maestri di stalle,
 E i guardarobe tutti, e verbi grazia,
 Ognun l'ha bestie, o vesti da prestalle:
Per tutto Carnovale hanno di grazia
 Di sciorinarle, e di mandarle in volta,
 Onde ogni unico si contenta, e sazia.
Così qualch'altra bestia in presto tolta
 Si vede suvvi in qualche ammascherato,
 Ed infiniti appie danno una volta.
Non può far meglio un che sia scioperato,
 Che pigliar sua, o d'altri una bestiaccia,
 E qualche abito nuovo, o pure usato:
Ed ire attorno con mutata faccia,
 Con qualche Principessa di bordello,
 O con altra persona, che li piaccia.
Quest'è uno sfogamento di cervello,
 Questa è la vera trasfigurazione,
 E d'ogni fantasia vero modello.

Quest'

Quest'è quel modo proprio d'ire ajone,
  Uno sciorinamento delle imprese,
  Uno spasso da bestie, e da persone.
Fansi in Maschera cose, che in palese
  Non si farieno, e i novanta per cento
  Ne son poi condennati nelle spese.
Pare a ciascuno d'essere il Seicento,
  Com'al viso la maschera s'ha messo,
  Ed affronta gli amici a tradimento.
Solamente la carta con quel gesso
  Ti fa giovane, e vecchio a posta tua,
  E ti tramuta, in l'uno, e l'altro sesso.
Il manco manco voglion' esser dua,
  Che il mascherarsi solo è da Brigate,
  Che voglian far le cose a posta sua.
E molte genti, che si son pelate
  Posson'n un tratto aver barba, e capelli,
  E si metton le barbe alle sbarbate.
I belli si fan brutti, e i brutti belli,
  Con strani visi, e varie fantasie,
  E insino in bocca portansi gli anelli.
E chi fuor non s'arrischia andar di die
  Per debito, per briga, e per paura
  Del Bargel, del nemico, e delle spie;
Può mascherato andare alla sicura,
  Senza paura di ronca, o di stocco,
  O d'entrar vivo in qualche sepoltura:
Ch'egli è appena guardato, non che tocco,
  Perchè tal nuovo volto contrafatto
  Fa riguardar, non ch'altri, ogni balocco.
                                    E' le-

E' lecito in quel mentre d'esser matto,
  E chi volesse qualche vantaggiuzzo
  Potrebbe anche impazzare affatto, affatto.
Ed a chi è vezzoso, e gentiluzzo,
  Ch'abbia tal guardanaso, e guardagote,
  Non può dar noja il vento, e manco il puzzo.
Ecci un segreto, ch'a voi dir si puote,
  Che la maschera è mè ch'un pappafico,
  E però il vento in van zufola, e scuote.
Dissemi non è molto un nostro amico,
  Ch'a casa ritrovossi alla presenza,
  Ed io per bocca sua ve lo ridico:
Ch'or fa duoi anni, quando da Fiorenza
  Passar quei gentiluomin Ferraresi,
  Nessun della Città si partì senza.
Poi soggiunse (s'io già non lo frantesi)
  Che l'avean comperate solamente
  Pel vento, e pel stridor di quei paesi.
Sì che freddo con esse non si sente,
  Anzi si suda, e vedesi per prova,
  Se'l sudor della faccia non ne mente.
Ma de' lor altri effetti assai mi giova,
  Che si parla con esse in contrabasso,
  E'l medesimo nome ognun si trova.
Maschera ognun si chiama, e vassi a spasso
  In compagnia di musiche, e buffoni,
  Di Liuti, e sonagli in gran fracasso.
E i saltabecchi con gli scapezzoni
  Fan salti, e spaventacchi, e'nsieme vanno
  Signore, Ninfe, e Cortigian perloni.

Che

Che profumar le maschere si fanno,
 E d'acque lanfe empir le caraffine
 Per spruzzarle a qualunque incontreranno.
Roccetti bianchi, e belle bacchettine;
 Turchi, Mule, Chinee, Giannetti lindi
 Con guarnimenti di velluto fine.
Con sciugatoi Moreschi, Arabi, e Indi,
 Allegramente dispensando il tempo,
 E passano, e straccorron quinci, e quindi.
Ma sopra ogni altro è dolce passatempo
 N'un trebbio, in sulle nozze, e n'una festa
 Ammascherato comparir n'un tempo;
E purchè porti bella sopravvesta,
 Ognun va bucinando, quello è tale,
 E ti squadra da' piè fino alla testa.
E tale è reputato un gran cotale
 Sotto quei panni ricchi, che scoperto
 Resta poi zugo, zugo, e l'ha per male.
Ma che direte voi, ch'ogni diserto
 Arcipoltron diventa Rodomonte,
 Com'egli è dalla maschera coperto:
Che doppiamente può mostrar la fronte;
 Ma alle maschere s'usa aver rispetto,
 E rado è chi le noje, o chi l'affronte.
Può uno ammascherato entrar pel tetto,
 Per le finestre, in casa ogni persona;
 Che l'uscire, e l'entrar non gli è disdetto.
E se bene e' disembricia, e smattona
 Li tetti, e' muri, e butta fuor bagaglie,
 Ognuno se ne ride, e gli perdona.
         Non

Non vi crediate, che qualunque faglie
  Avesse da sua posta tanto ardire,
  Che inerpicasse su per le muraglie:
Che la Maschera sol lo fa salire,
  Come fa anche correr le chintane,
  E romper lance grosse da stupire:
La materia mi cresce tra le mane,
  Ed io ho 'l capo, e i piedi all'ambulare;
  Ma il resto vi diranno le Befane.
Allor potrete e vedere, e provare
  S'egli è ver quel ch'ho detto, e sopra tutto
  Quando voi vi volete mascherare,
Sia 'l viso bello, e 'l resto non sia brutto.

CAPITOLO CONTRA

LO SBERRETTARE,

AL SIGNOR MOLZA.

Signor Molza, e che sì, s'io me la 'n capo,
  Che mi vedrete andàr senza Berretta,
  Per non l'avere a trarmi ognor di capo?
Bisogna, ch'io la cavi, e ch'io la metta,
  E che contra mia voglia ad ogni passo
  Faccia con questa, e quello alla civetta.
E forse ch'e' non è qualche bel spasso
  L'avere a svilupparsi della cappa,
  E giucar delle braccia or alto, or basso?

Tom. II. H For-

Forse ch'a questa festa non t'acchiappa
　Ogni cortigian maghero rifatto,
　Che per farsi inchinar, s'inchina, e frappa?
Forse che tutto giorno io non m'abbatto
　A chi va sberrettate mendicando,
　E ne fa volentieri ogni baratto?
Con un dir servidor, mi raccomando,
　Bacio le mani a Vostra Signoria,
　E mille bei mottuzzi di rimando.
Voglion pur certi, che l'usanza sia
　E buona, e bella, poichè la guarisce
　Del sfaccendato un uom, bench'e' si stia.
Diavol' è, che chi l'ozio intisichisce,
　Ha pur qualche faccenda, s'ei fa questa,
　Che 'l dì comincia, e a sera non finisce.
Ond'a me cosa pare assai molesta,
　Come tu scontri amico, o altra gente,
　Quello avere in persona una richiesta,
Discoprirti la testa immantinente,
　E scontorcerti tutta la persona
　Per riverirlo più inchinevolmente.
Chi dice, che l'usanza è bella, e buona,
　Dio gliel perdoni, buono, e bel mi pare
　Vivere a caso, e ire alla carlona.
Son molte volte, ch'e' si crede fare
　Piacere ad uno a farli riverenza,
　E se li fa dispetto singulare.
Imperochè abbia, o nò tua conoscenza,
　Egli è forzato a renderti lo scambio,
　E bisogna, ch'egli abbia pazienza.

　　　　　　　　　　　　Ma

Ma color, ch' alle Mule danno l' ambio,
   E portano il cappel piova, o non piova,
   Non rendono ogni volta il contraccambio.
Oh come mi rid' io, come mi giova
   Di quel cerimonioso dir copritevi,
   E pur la Sberrettata si rinnova.
E nelle braccia pure allora apritevi
   Con la Berretta alquanto spenzolone,
   E poi dire copritevi, e scopritevi.
Forse che non si fa distinzione
   Da uomo a uomo, e che sì strana baja
   Non ci fa star su la riputazione?
Quando s'accenna appena, ch'e' si paja,
   Quando si cava tutta, ed il ginocchio
   Con essa si ripiega, e la giogaja.
Anch' io per non parer qualche capocchio
   So fare a sì bel giuoco, e spesso, spesso,
   Sto per cavarmi stranamente un occhio,
Che 'l dito grosso, e quei, che stanno appresso,
   Alzo con tanta furia in ver la fronte,
   Ch' io sto per far, com' io diceva adesso.
Farò scommessa, che da Zecca a Ponte,
   S' io vo far motto a tutti i conoscenti,
   Un passo non istò con le man gionte.
Io conobbi un tra gli altri più valenti
   Infingardacci, come sono anch' io,
   Che in man se la portava tra le genti,
E dicea solo a rivederci, a Dio,
   Con un chinare, o un' alzar di mento,
   Per non avere a ritornar in drio.

A cavarsela, e metter più di cento
  Volte per ora, il che non serve a fiato,
  Se non a dar disagio, anzi tormento.
Guardate che costume scostumato,
  Ch'e' bisogna ogni pò far di bonetto,
  Parlando a ogni zugo di Prelato.
Talchè per più fastidio, e più dispetto,
  E la berretta, e 'l tempo si consuma,
  Per tener tanto la mano al ciuffetto.
E però il naso, vi so dir, mi fuma
  Quand'io m'abbatto a quei, che ne son ghiotti,
  Più che il sonno del scuro, e della piuma.
Lasciamo star, che voi, e gli altri Dotti
  Meritate ogni onor, ma mi sa male
  Di certi ondeggiator di ciambellotti.
Che per servire un qualche Cardinale,
  O un qualche grandissimo Signore,
  Per votar, verbigrazia, un'orinale:
Voglion cotal tributo a grande onore;
  Io per me s'io'l do pur, dico pian piano,
  Venir vi possa un canchero nel cuore.
Non ch'io volessi, ma mi par sì strano
  Il trar di testa, ch'io non curerei
  Di trovarmi in quel punto senza mano.
Ch'almanco tanta stizza non avrei,
  E sol con certi general saluti,
  Con le musate me la passerei.
Che privilegio è quel delli starnuti,
  Che vogliono anche lor la Sberrettata?
  Non basta, che si dica, Dio v'ajuti?
                                            Che

Che strana foggia è quella, e che bajata
  Trarsi di capo come arriva il lume?
  Non basta buona notte alla Brigata?
Questi Signori han preso anche un costume
  Di Sberrettarsi al dar l'acqua alle mane
  Innanzi pasto, o pur dopo l'untume.
Ma, che peggio è, levato il sale, e'l pane,
  Accompagnata col buon pro vi faccia,
  Questa festa di dietro a far rimane.
In somma ell'è una cerimoniaccia,
  Un fastidio, uno storpio, un disagiarsi
  Del capo, delle spalle, e delle braccia.
E non ci è quasi modo a liberarsi;
  Poich'abitando sotto questo Cielo,
  Bisogna a suo dispetto accomodarsi.
Un ch'abbia nastri, cordellina, o velo,
  O per gala, o per vento, o per corrotto,
  In Berretta di panno, o terzo pelo:
Mettendola, e cavandol sopra, e sotto,
  La gola, e'l viso, e'l capo si strofina,
  E nel pigliar licenza, e nel far motto,
A chi è calvo, o chi per pelatina
  Ringiovanisce, e' non si può far peggio,
  Che farli sfoderar la cappellina.
Che disagio crudele è, quand'io seggio,
  L'avermi a sollevar volta per volta
  A Sberrettar qualcun di quei, ch'io veggio.
Va dì, ch'e' si possa anche andare in volta
  Senza aver tanto impaccio, io per schifallo
  Ho dato a un canton spesso la volta.

                                      Ma

Ma chi trovasse il modo a bilicallo
 Sarebbe un schifanoja, e faria bene
 Un contrappeso d'un mazzacavallo:
O una qualche molla nelle schiene,
 Che la Berretta senza altra fatica,
 E cavi, e metta quando ben ti viene.
Sarebbeci un rimedio, ire in lettica,
 Se non che l'è pur cosa da gottosi
 Gente degli agi, e de' buon vini amica.
Quanto a me farà ben, che ne' piovosi,
 E ne' tempi sereni io vada fuora
 Senza Berretta, e per sempre la posi,
Poichè ci è quest' usanza traditora.

CAPITOLO SOPRA LA SALSICCIA

A GAINO SPENDITORE.

UN Pedante fu già, che confortato
 A murar, disse, nò nò, il mio murare
 Vò, che sia solamente nel palato.
Come quel, che sapea, che il trionfare
 Divinissimamente in ogni pasto,
 Importa molto più, che l'abitare.
Ma siccome il martel proprio è d'un guasto,
 L'occhial del naso, il cul delle mutande,
 E de' piati lo spendio, ed il contrasto:
Così del trionfar son le vivande
 Acconce ben secondo la Stagione,
 E più sorte di vin piccolo, e grande.
                                        Ma

Ma tra ogni perfetto, e buon boccone,
  Caìn, io trovo poi, che la Salsiccia
  Non ha superior, nè paragone.
L'è buona calda, e fredda, e lessa, e arsiccia,
  Innanzi pasto, e dopo, e la Vernata
  Giova più ch'un buon fuoco, e la pelliccia.
Per un bisogno sta sempre attaccata,
  E si vende, e si cuoce con l'alloro,
  Perchè l'è degna d'esser coronata.
Questa de'cacciatori è gran ristoro,
  E son correlativi il rocchio, e 'l pane,
  Siccome l'uva, e 'l vin, lo spiede, e 'l foro.
Qui non è osso da buttare al cane,
  E 'l suo santo panunto è altra cosa,
  Che l'impepato, ovvero il marzapane.
Egli ha quella midolla bambagiosa,
  Morbida, crogiolata, e saporita,
  E la corteccia arsiccia, e dilettosa.
Da leccarsi le man, non che le dita,
  Da far tornar la sete alla quartana,
  Che l'ha, secondo i Medici, smarrita.
Ma tu, Caìn, che ci hai sì buona mana,
  Non sai tra gli altri della gola un passo,
  Se l'uom per cortesìa non te lo spiana.
Dicon, che la midolla del panunto
  Incartocciata come un cialdoncino,
  Talchè sopra, e di sotto appaja l'unto,
E un boccon sì ghiotto, e sì divino,
  Che se lo provi, ti parrà migliore,
  Ch'un beccafico fresco, e grassolino.

H 4   E tut-

E tutto poi procede dal liquore
　　Della Salsiccia sola, or pensa s'ella
　　Ha nel suo rimanente altro sapore.
Un sol tagliuol di questa, e sei granella
　　D'uva, fan nel palato una composta,
　　Ch'io non so la miglior, nè la più bella.
Lasciamo star, che molto ella non costa,
　　E che l'è necessaria per le ville
　　Più che'l bicchier di State, e che la rosta.
Serve per insalata, è buona a mille
　　Cose, a mille servizj, e immantenente
　　La cuocono una fiamma, e due faville.
Ma ci è un modo da tenerlo a mente,
　　Che la si cuoce senza senza fiamma, o fuoco,
　　E un pedante l'usa assai sovente:
Il qual perchè non usa tener cuoca,
　　Ad un forno vicin due buon mattoni
　　Fa far roventi, e suvvi a poco, a poco,
La Salsiccia fregando rotoloni,
　　Da sè, a sè la cuoce in poca d'otta:
　　O bella delle belle invenzioni!
Così si trova la Salsiccia cotta,
　　La man si scalda, e lecca, e poi con essa
　　Sguazza, e trionfa, ch'è una cosa ghiotta.
Questa scusa prestinto, essendo lessa,
　　Dà condimenta a intingoli, a guazzetti,
　　Ed è tutta servente di sè stessa.
Senz'essa i tordi, i merli, e gli uccelletti
　　Sarien come i tartufi senza pepe,
　　E come senza zucchero i confetti.

Con

Con questi abitator di boschi, e siepe,
  La s'inframmette per miglior ripieno,
  Come tra l'altre erbucce il scarsapepe.
Hannone necestà nè più, nè meno,
  Che'l pajuol del treppiede, e del pestello
  Il mortajo, e la Salsa del rimeno.
Questo non è già pasto da tinello,
  Ma da ricchi Signori, e gran Prelati
  Che volentier si pascon del budello.
Sappiate, buona gente, io ho imburchiati
  Questi tre versi, abbiate pazienza
  Poichè ci stan sì bene accomodati.
Ma per tornare a sua Magnificenza,
  Non credo, che per altro la si metta
  In mezzo al piatto, che per riverenza.
E forse, che via punto se ne getta,
  Anzi un certo avaron per masserizia
  Del pepe ne traea le granelletta:
E tutto l'anno poi n'avea dovizia,
  Che senza oprarlo solamente basta
  Metter sempre da canto all'avarizia.
Or s'io volessi metter mano in pasta
  A raccontar la sua manifattura,
  Non basteria di fogli una catasta.
Che mille bei segreti di natura
  Sono in quella sua forma lunga, e tonda,
  Nell'impinzarla, e nella legatura.
E tanta altra materia soprabbonda
  Delle sue varie spezie, e spezierie,
  E della trasparenza sua gioconda:

Che

Che illustra le cucine, e beccherie,
  Dell'esser profumata, e del finocchio,
  Oltra mill'altre sue galanterie.
Talch'a lodarne degnamente un rocchio,
  Anzi, per parlar meglio, un boccon solo,
  Io so, ch'i' m'avviluppo, e ch'io arrocchio.
Dice qualcun, che 'l cacio ravigiuolo
  Con l'uva è un mangiare in modo ghiotto,
  Che mille scudi vale ogni tagliuolo.
Altri dicon, che questo è un vero scotto,
  Buon cacio, buona pera sementina,
  Vin vecchio, e pane il giorno innanzi cotto.
Chi loda il pollo freddo, e la salina,
  Il pescatore il cacio, e la cipolla,
  Con quella fame più che contadina.
In somma la Salsiccia, e la midolla
  Dal suo panunto, e d'uve un grappoletto,
  Par, ch'ad ogn'altro cibo il pregio tolla.
E se non credi a me, credi all'effetto;
  Che la conforta, diletta, e nutrica,
  Vie più ch'uno indorato morselletto:
E se la dà buon bere, Iddio tel dica.

CAPITOLO DELLA MALA NOTTE

A M. BARTOLOMEO GIUGNI.

Un tempo bujo, bujo, e strano, strano,
  Da fare addormentar le Sentinelle,
E da far rincarare il vino, e'l grano:
Un' acqua da catini, e catinelle,
  Per chi non ha la testa bene acconcia,
  Un' acqua più da zoccol, che pianelle:
Che dal Ciel ne vien giù con le bigonce,
  E farà un gran pezzo da versiera;
  Onde mille faccende saran sconce:
Un esser mezzo giorno, e parer sera,
  Il ricordarmi d'una mala Notte
  Vegghiata, e passeggiata intera, intera:
Saran, ragion, che in cambio delle gotte
  Io ve la mandi scritta appunto, appunto,
  In queste rime a venvera dirotte.
Or ascoltate in buon' ora, e in buon punto,
  Io mi partì di Roma un non sò quando,
  Basta, ch' un giorno fu, che vieta l'unto,
E con un Mul, ch' andava saltellando,
  Con dirli sempre, o tu dài, o tu crepi,
  E tuttavia gli sproni insanguinando.
A due ore di notte giunsi a Nepi,
  Terra fu già dall' unico Aretino
  Governata, or da fior d'uose, che siepi.
Era-

Eravi tutto il Gregge Palatino,
  Ed il Santo Pastore, ond'era pieno
  Ogni Palagio, ed ogni chiassolino.
Chi alloggiava in paglia, e chi nel fieno,
  Altri s'era impancato, o intavolato,
  Ed io mi raggirava a quel sereno.
Andava interrogando in ogni lato,
  Se per danari, o per misericordia,
  Io potessi alloggiar nell'abitato.
Il popol tutto di comun concordia
  Mi diceva, e' non ci è luogo pe' mezzi;
  Onde per tutto ci è qualche discordia.
Dissemi un, se volete, ch'io v'ammezzi
  Una mia proda, che siamo tre n'un letto,
  Non adoprate alloggiar altri mezzi.
Avrei quasi accettato vi prometto,
  S'indovinato avessi ciò, ch'avvenne,
  E possuto adagiare il mio muletto.
Ma della bestia compassion mi venne,
  E dettimi alla busca, e feci tanto,
  Che, per valor dell'argentate penne,
Io trovai pur da metterla n'un canto
  D'una stanzaccia da tener carboni,
  E le detti dell'orza non so quanto.
Acconcia ch'ebbi lei, così in isproni
  Stivalato, infeltrato, e col cappello,
  N'andava per la terra brancoloni.
E s'io intoppavo alcun dicea, fratello,
  Sapresti insegnar per mici danari,
  Dov'io potessi fare un sonnarello?

S'al-

S'alcun pietoso albergator m'impari,
   Io ti resto obbligato in sempiterna
   Secula, che da Morte mi ripari.
Alfin condotto fui n'una taverna,
   Taverna dico, perch'avea la frasca,
   Ma la mesceva allora alla citerna.
Com'io fui dentro, l'oste pur m'infrasca,
   E mi conforta ad aver pazienza,
   Di quella, ch'ogni giorno aver m'accasca:
La terra è poca a tanta concorrenza
   Di Brigate, mi dice, tutta volta
   Vedrò di farvi star per eccellenza.
E subito si messe a ire in volta,
   E mi buscò due uova in barbagrazia,
   Alle quai senza sal detti la volta.
L'oste pur si dolea della disgrazia
   Più mia, che sua, ch'avea voluto, ch'io
   Giugnessi tardi un'ora verbigrazia.
Strinsi le spalle, e dissi, sia con Dio
   A ristorarvi domattina: e bene
   Che ristorato fui, ch'è un disio.
Ma per tornare alle sue stanze piene,
   Che sono un sol terreno, e un camerotto,
   Dove il vin, quando ei n'ha, col letto tiene;
Erano in quel terren sette, over'otto:
   Non so, s'io conto me, perch'era altrove
   Col pensiero in tal luogo allor ridotto:
Ma s'io debbo contarmi, eramo nove,
   Ed eranvi due panche, e un desco solo,
   Col cammin pien di legne belle, e nuove.
                            Onde

Onde ogni pezzo avea'l suo fumajuolo,
   Ed il cammin per maladetta usanza,
   Con nostro danno, e lagrimoso duolo,
Spandeva il fumo per tutta la stanza,
   Onde le mura pajon d'orpimento,
   D'inchiostro il palco, e d'eban quel ch'avanza.
Tutta volta l'avere alloggiamento,
   L'esser pure al coperto in quel frangente,
   Rendeva men nojoso ogni tormento.
Eransi posti già diversamente
   Quei compagnotti pover cortigiani
   Sul desco, e panche a dormir sodamente.
E chi s'era prosteso, e chi le mani
   Si teneva alle guance, e chi alla testa:
   Chi'l capo nascondea come i fagiani.
Pensando al fatto mio veggo una cesta
   Assai ben lunga in un canton nascosta,
   Piena di paglia d'orzo, e qualche resta.
Ed avea già la fantasia disposta
   Di far là il pianto, e'l sonno, eccoti l'oste
   Che pian piano all'orecchie mi s'accosta,
E dice, or che le genti si son poste
   A dormir tutte, io voglio ire alla stalla
   A governar due bestie delle poste,
E quella cesta fè mettere in spalla
   Ad un garzon per farmi villania,
   E disse presto avviati a trebbialla.
Hai tu pensato, dico a fatti mia,
   Dove vuoi tu, ch'io dorma? voi'l saprete,
   Rispose in una furia, e tirò via.
                                              Volen-

Volendo dir, come gli altri fareta,
  Se desco, o panca vi farà per voi,
  Quando che nò, per guardia servirete.
E così m'intervenne poco poi,
  Che tornò l'oste, e andossene a dormire,
  E lui sol dormì me' che tutti noi.
Potetti arrangolar, potetti dire,
  Ch'ordin non ci fu mai, che d'una proda
  Del letto suo volesse altrui servire.
Scorsemi mi pens'io per mala coda,
  Over ebbe timor della postema,
  Che porta n'un benduccio, e ben l'annoda.
Gran parte della notte era già scema,
  Sonava a mattutino ogni crestoso
  Gallo, e galletto con voce suprema.
E gli occhi avean bisogno di riposo,
  Ma per mancare al cul dove sedere
  Passeggiai tutta notte sonnacchioso.
Pensate or voi, s'io ebbi un bel piacere,

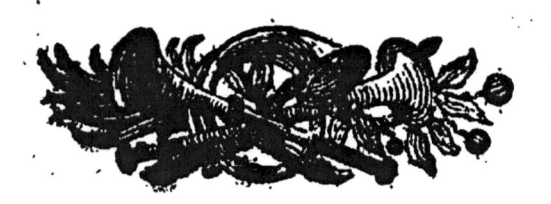

G A.

CAPITOLO AL SIGNOR MOLZA,

CONTRA IL PARLAR PER VOSTRA SIGNORIA.

NEl tempo, che quest'era un'altra Roma,
   E che quelli omaccioni a tutto'l mondo
Avevan messo il basto con la soma:
E che'l ricciuto, il calvo, il bianco, e'l biondo
   Giva d'ogni stagion senza berretta,
In stato sì felice, e sì giocondo:
Era pure una vita benedetta,
   Priva di cerimonie, e sberrettate,
Che fan ch'altri le braccia si scommetta!
Che le man quasi sempre infaccendate,
   Il collo torto, scoperta la testa,
E le ginocchia stian mezzo piegate.
Onde quanto l'usanza sia molesta
   Vi dissi, Molza, in quella Berta mia,
Alla qual per sorella io vò dar questa.
Quest'è il parlar per Vostra Signoria,
   Cosa non punto manco fastidiosa
Del Sberrettare, e s'usa tuttavia
Nel ragionar, ne' versi, e nella prosa,
   Talchè le lingue, l'orecchie, e le carte,
S'empion di voce sì cerimoniosa.
O te felice allor popol di Marte,
   Ch'a tu per tu dicevi i fatti tuoi,
Con fatica minore, e maggior arte!
                        O quat-

O quattro volte, e fei mifer dipoi
Che per onor d'un fol con tuo dolore
Incominciafti a dar al tu del voi!
O te caduto in condizion peggiore!
Poich'oggi s'ufa al vecchio, come al putto
Dar della Signoria, e del Signore.
Quest'è dell'altre tue grandezze il frutto,
Veder tua Signoria fattafi ferva,
E fentir Signoria fonar per tutto.
Ma perchè quefta mia monna Minerva
Non s'allacci troppo alto la giornea,
A far fuor del fuo ftil qualche conferva.
Vò ritornar di fopra, ov' io dicea,
Che tal dir faftidiofo punto meno
Non è del Sberrettar, ch'io vi fcrivea.
Perchè tal cerimonia, anzi ripieno
Di zavorra, di fumo, e d'alterezza,
Sdilinquir ti fa tutto, e venir meno.
E forfe che la gente non ci è avvezza,
E ch'ogni barilajo, e acquajuolo
Non fa parlar, che è una Gentilezza.
Noi fiam pur' obbligati allo Spagnuolo,
Poichè con sì elegante elocuzione
Ci ha fatto Infignorir di qualche duolo.
Che fi terrebbe per conclufione,
Ch'egli abbia cotal modo ritrovato,
Per metter nel parlar confufione:
Che per torne l'orecchie infieme, e'l fiato,
A buon mercato pai, che la fi venda,
E fe ne dia nel capo a ogni fgraziato.

Eccoti poi l'Illustre, e Reverenda
   Tre volte, e molto più Signoria vostra,
   Che i Signori, e i Prelati hanno in commenda.
Ecco, ch'insieme poi fanno una giostra:
   Quella, la qual, con lei, e con la sua,
   E 'l parlar s'amplia, e 'l scriver più s'inchiostra.
Tantochè mille volte quelle dua
   Parole sole apportan discordanza
   A chi non avvertisce a casi sua.
Mutansi le persone per usanza,
   Parlasi in terzo al modo cortigiano,
   Con tanto stomachevole eleganza.
Ed essi fitto nel parlar Toscano
   Tal uso sì, che chi non l'osservasse
   Non avria 'l vero stil di cerretano.
Il tu serve oggi ad un, che s'adirasse,
   Che per furore, over per vilipendio,
   La Vostra Signoria, o 'l voi lasciasse.
E i pover servidor con poco spendio
   Son pagati del tu, e del furfante,
   D'aspettative degne d'uno incendio.
Il voi, c'ha del civile, e del galante
   Serve oggi solo per inavvertenza,
   La qual si ricorregge in uno istante,
Col rannestare una magnificenza,
   Una Signoria Vostra, una mercè,
   Una qualche Duchevole Eccellenza.
Lasciam star Papi, Imperadori, e Re,
   Signori, e Cardinal santi, e sereni
   Cristiani, Illustri, e Reverendi in sè,

                                 Ch'al-

Ch' allorchè fanno, ed hanno tanti beni,
 Sai anche ben, che d'una Santità
 Abbin sempre gli orecchi, e i fogli pieni,
E di Serenità, e di Maestà,
 Di Signoria, d'Eccellenza, e di quelli
 Superlativi titol, ch'ognun sa.
Ma egli è pure stran, scrivi, o favelli
 A qualunque si sia, che ti bisogni
 Ornare il dir con così fatti orpelli.
Credo, che'l Mondo stesso si vergogni
 A vedersi caduto in precipizio,
 E le nostre Grandezze essere in sogni.
Non mi sia dunque riputato a vizio,
 S'a Vostra Signoria per l'avvenire
 Do del tu, e del voi, come ab inizio.
Ch'io me la 'ngojo mezza al profferire,
 E non sendo forzato, io non la scrivo,
 Ch'io non sò, che la voglia poi 'nferire,
Se già senz'altro titol positivo
 D'Illustre, o Reverenda, o veramente
 Senza la pompa del superlativo,
L'V. e l'S. puntati solamente
 Non vogliono dir, voi stessi, i quai vi siete
 Fatti tutti Signor nulla tenente?
Nella mia Patria, onde'l trebbian bevete,
 Tra pochi della terra, e Forestieri
 S'usa la Signoria come sapete:
A forza pure, e di mal volentieri,
 Che'l libero animo dire espedito
 Scordar non può gli antichi suoi Messeri.

Sarebbe ora uno entrar nell'infinito,
  A dir, che 'nsin nel centro di bordello
  Tra le Signore donne di partito,
E in ogni stalla, cucina, e tinello,
  Tra i famigli, tra i guatteri, e i trincianti,
  E' tal modo di dir leggiadro, e snello.
Può far, che gli uomin sien tanto ignoranti,
  Ch'alle monete forestiere spesso
  Bando si dia, e son danar contanti?
E che sì strano, inutile inframmesso
  Non si bandisca? o nostro vitupero!
  Poich'altri non è liber di sè stesso
A dir tu, e voi, come gli Antichi fero.

CAPITOLO
D'UN VIAGGIO

A M. BENEDETTO BUSINI.

Com'io partii da voi, con voi rimasi,
  E con voi venni a caccia, e con la mente
  Con voi son stato in tutti quanti i casi.
Vedervi mi parea tra gente, e gente,
  Comandar' al bracchier qual capocaccia,
  O veramente suo luogotenente.
Girsene innanzi a gli altri cento braccia
  Ghiribizzoso, e con la montanara
  Stare a veder, se fiera si scovacchia.

Ed

Ed esserſi incapato qualche gara,
  Come dire una ſtrada, o una poſta,
  Poi metter dubbj in qualche coſa chiara.
Mangiare alla Turcheſca in furia, e'n poſta,
  Abborracciarſi ſenza altro bicchiere,
  E tirar ſu qualcuno a bella poſta.
Penſare al ragguagliare, ed al corriere,
  Far col Pagoli mio nuovi ſtatuti,
  Per dar nuova riforma al Cavaliere.
E ragionar col gentil Montaguti
  Della mia così ſubita partita,
  E di mille bei caſi intervenuti.
Ma mentre io col penſier ſcorgo infinita-
  mente ogni voſtra minima azione,
  Da Roma m'allontano alma, e gradita.
E ſe non che Pittagora un marrone
  Preſe, a tenor, che l'anima immortale,
  Fatta dal corpo la ſeparazione,
Come le piace più, d'ogni animale
  Pigli la forma, ed or diventi gallo,
  Or uomo, or altra ſpezie più beſtiale:
Io crederei, che queſto mio cavallo
  Foſſe l'Alma di Curzio viva, e vera,
  Tanto è precipitoſo, ond'io traballo.
Egli ha di piombo il piè, gambe di cera,
  Il capo è tal, ch'a reggerlo biſogna
  Non che briglia, brigliozzo, e muſoliera.
Non dico già, ch'e' ſia una carogna,
  Dico ben, ch'egli inciampa ſpeſſo ſpeſſo,
  Con pericolo mio, con ſua vergogna.

Pur tuttavolta in lui mi son rimesso,
  E se non mi sotterra in qualche fitta,
  Di profondarla ben gli ho già promesso.
E me ne vò con essa per la ritta,
  Disse il Panchera, accompagnato, e solo,
  Ma l'andar così solo è la diritta.
Che se da voi la mente non invola,
  Io non sò, che più dolce compagnia,
  D'un fedel caro amico, al Mondo solo.
Ma basta, basta, oh che via, oh che via,
  Oh che fanghi, oh che strani rampicolli,
  Ho io trovati, e trovo tuttavia.
Pur venni a Castelnuovo, e non mi valli
  Fermarvi, e passai via verso Rignano,
  Col pensier ritornando a i sette Colli.
Che mi sovvenne allor di Fra Bastiano,
  Che questa sera assiso in maestà,
  Onorerà la fava a piena mano.
E con perfetta sua divinità
  Il purpureo Rossello, e grassellino,
  Ed il sugnoso Lencio umetterà.
Vedo Messer Ferrando, e Messer Bino,
  Il Cidalgo, l'Ancona, il Ticcio, e'l Caro,
  Il Tolomeo, e'l Molza arcidivino.
Che con leggiadro stile ornato, e chiaro
  Del Re canta le lodi, e n'è ben degna
  Il pennel dotta, e'l suo disegno raro.
Tra gli altri ancora il gentil Fabio Segna
  Fia forse stato, e voi 'nsieme, ma vui
  Avevi però fatto altro disegno.

Or

Or mentre l'alma pensa a tutti i sui
    Cari amici, e Padroni, a Rignan giunsi
    In sul scoccar de' tocchi ventidui.
Onde più innanzi la giumenta punsi,
    Talch'era appena tramontato il Sole,
    Che al Borghetto arrivai, e la gola unsi
Con un pollastro, a cui le callajuole
    Si teser per pigliarlo, e così frollo
    Venne con un guazzetto di parole.
Appresso poi più stracco, che satollo,
    Ebbi dall'oste un sudicio riposo,
    E detti sul piumaccio un gran tracollo:
E così tutto fiacco, e sonnacchioso
    Ho dettato infin quì, e farò il resto
    Di mano in mano, in mentre ch'io mi poso:
L'altra mattina io non fui prima desto,
    Che dall'oste partii con sì stran vento,
    Ch'era a gli orecchi, e al naso assai molesto:
Appena era ito passi cinquecento,
    Ch'il capperon del sdrucio trapunto,
    Col quale a voi pare essere il Secento,
Fu da una gross'acqua sopraggiunto,
    Che durò fino a Otricoli, onde il Varchi
    Vi mandò quel Sonetto, e non men punto.
Gli osti, ch'al profferir mai non son parchi,
    Volean, ch'io scavalcassi a sì mal tempo,
    E m'offerivan fuoco, e saltambarchi.
Ma io mel presi per un passatempo,
    E passai le due terre Narni, e Terni,
    Come dice il Zoppin, d'antico tempo.

I 4   Que-

Questi due luoghi son sì mal governi,
 Ch'in buona parte, e le case, e le mura
 Avrebber gran bisogno de' moderni.
Giunsi un pezzo dipoi 'n Val di Strettura,
 Volsi mandar tartufi al Favarella,
 E non ve ne trovai per isciagura.
Ma se granchi non ha ne la scarsella,
 Troverà in Ponte quasi sempre a Maggio
 Da darne una satolla alle budella.
Ma per tornare al resto del viaggio,
 La sera io me n'andai a cena a Spoleto,
 E dormii sodo sotto un cortinaggio.
E per non vi tener nulla segreto,
 Tutta notte sognai Banchi col Banco,
 E quello spasseggiare innanzi, e 'ndrieto.
Vedea quel Gobbo condottiere al fianco
 Di qualche buona borsa, e dir, voi sete
 Questa sera aspettato senza manco.
Sentia discorso far delle Comete,
 Della Tregua, del Turco, e del Concilio,
 E d'altre cose, che voi vi sapete.
Vedea passar con torvo supercilio
 Qualche Satrapo tronfio, ed appoggiato
 Al tappeto n'andava invisibilio.
Ma così desto, come addormentato,
 Perch' io mai non mi scordo degli amici,
 Ho costì il capo, e i piè n'un altro lato.
Voi, se'dì vostri sien sempre felici,
 Dite al Molza di grazia per mia parte.
 E scongiuratel per le Beatrici.

Che

Che si degni talor di farne parte
Delle divine sue composizioni,
Mandatele dipoi con vostre carte.
E qui fo punto, e affibbiomi gli sproni.

CAPITOLO

A MESSER FABIO SEGNI.

Segno, s'io sogno Banchi, io sogno voi,
Perocchè Banchi, e voi sete tutt'uno,
Siccome io tutto son di tutti duoi.
Che voi vi state, e farollo, e digiuno
Col Rontin, col Ginoro, e Ansonietta,
Nè vi stancate a intrattenere ognuno.
Che se siete col fisico perfetto,
Discorrete i segreti di natura,
Con quel suo divinissimo intelletto.
Ed anche insieme dell'Architettura
Ragionate, e di linee, e prospettive,
E di fare al vin greco una congiura.
E quando accade, che 'l Ginoro arrive,
Non vi manca però da intrattenello,
Per ammazzarlo con le donne vive.
E col nostro Ansonietto tutto snello
Fate discorsi sopra le medaglie,
Con cui bisogna, e pratica, e cervello.
E così sopra mille altre Anticaglie,
Teste, torsi, cammei, grottesche, e pili,
Bronzi, vasi, fragmenti, e cianfrusaglie.

Ed

Ed io, mentre voi in questi ovver simili
 Siete discorsi, vado discorrendo
 Varj paesi, e varj campanili.
E perchè tosto d'arrivare intendo
 Là, dove io sono atteso, dopo pasto
 Di Fuligna a Sestina il cammin prendo.
E se 'l disegno non mi sarà guasto
 Dall'ore cento andrà a Colle fiorito,
 Quantunque col pensier costì rimasto.
Bench'io mi son già mezzo sbigottito,
 Che questa via non ha nè fiti, nè fondo,
 E 'l fango sene va nell'infinito.
Pur con la briglia in cautela abbondo,
 E 'l caval pure inciampa, e pur si ficca,
 Per lasciarmi, cred'io, nell'altro Mondo.
La creta, come pania, se gli appicca
 A i piedi, ed ei pur ansa, io pure spronò,
 Ed ei pur nuovamente vi si ficca.
Ringraziato sia Dio, vè che ci sono,
 Sono a Colle fiorito, oh vè Paese,
 C'ha sì bello epiteto, e sì bel suono.
Qui sono assai più boschi, che maggese,
 Ed un bel pantanaccio, e sette case,
 Ch'a i viandanti fan magre spese.
Qui il martedì alla posta si rimase,
 Qui non volsi cenar per istracchezza,
 Nè l'oste pure il ber mi persuase.
L'altra mattina dopo buona pezza
 Serravalle s'aperse a gli occhj miei,
 E poi Castel Ramondo, e sua Fortezza.

Qui

Qui mi fur cotti rocchi cinque, o sei
   D'una salsiccia tal, che se lodata
   Già non l'avessi, io la biasimarei.
Mentre io pranzo, domando la Brigata,
   Quant'è di qui alla Serra, ognun mi dice,
   Da qui a là si va'n mezza giornata.
Se così è, io son, dico, felice,
   Monto a cavallo, e Matelica passo,
   E poi Cereto, ed ogni sua pendice.
Or perch'io v'ho sentito far fracasso,
   Di volere anche voi quando che sia
   Andarvene alla Serra per ispasso;
Non vi venisse fatto tal pazzia,
   Che come amico vostro io vi protesto
   Danno, o'ntercesse, e una trista via.
Non tenghiamo conto adesso di quel resto
   Della strada, e diciam sol della Rossa,
   Ch'è un fiumaccio pazzo, e disonesto.
Passasi, se la piena non vien grossa,
   Poi servon d'ogni banda per sue sponde
   Sassose montagnacce, ch'ei si addossa.
Vassi lungo esso, nè puossi ir d'altronde,
   Per stta via, che dura ben due miglie,
   Onde par, che si caschi, e si profonde.
Bisogna sempre aver l'occhio alla briglia
   Per così strane balze, e chi sen' esce,
   N'esce pien di spavento, e maraviglia.
Dunque per cotal via, che s'rincresce,
   S'arriva alfine alla famosa Serra;
   Voi sareste all'andarvi una nuova pesce;

L'uo-

L'uomo si stracca, ed il caval si sferra,
  E non so se s'è in poggio, o se s'è in piano
  Quella Badìa, e la prefata terra;
Là dove mai non capita Cristiano,
  Nè altro v'è di buon, se non due cose,
  Fonte di piazza, e fonte di Griziano.
Io pur per strade ripide, e sassose,
  Mi vi condussi, e due notti, e un giorno,
  Tenermi l'Allegretto si dispose.
Dite, che matt'io sia, s'io vi ritorno,
  Che non ostante tutte le carezze,
  Io prima eleggerei di star n'un forno.
Silvestro vi dirà l'altre fattezze,
  Se voi lo stuzzicate punto punto,
  Purchè più il ver, che l'Allegretto apprezze.
Dunque non vi pigliaste un tale assunto
  D'ire alla Serra, perch'allora, allora
  Vi pentireste, che voi foste giunto.
Il primo di Febbrajo all'aurora
  Partii di là, ed infino all'Oreto
  Fu la strada assai lunga, e traditora.
Ma per tornar parecchi passi indrieto,
  Tutta massime dalle, dalle, dalle,
  Del fiume quasi sempre lungo il greto.
Per fangoso, sassoso, e trito calle,
  Jesi poi'l fiume, e santa Maria Nova
  Passai, dov'io credei romper le spalle.
E guai a me, perch'ivi non si trova
  Medico, impiastro sì, ma sol di fango,
  Che qual fiume per pioggia si rinnova.

Quan-

Quando dicea tra me, or quì rimango
Impantanato, or quì rovino, or casco,
Or ne vo ben, se tutto non m'infrango.
O, s'io non rompo il collo, com' un fiasco,
Ed in cotai pericoli, e bei pressi,
E con un tempo fatto sì burrasco,
Acciocchè l'acqua al fango s'aggiugnessi;
Vidi prima Osmo, e poi Castel Ficardo
Due ore pria, che notte si facessi.
Onde plus ultra spinsi il mio Baiardo,
Ed andai nell'Oreto alla campana,
Nè fu mica giornata da 'nsingardo.
Ma se non che la mia sorte puttana
Volse, ch'io vi trovassi l'Acciajuolo,
Per me saria sonatosi a mattana.
Non ha natura il più dabben figliuolo,
Talchè mi parve stran l'altro mattino,
Ch'ei venne a Roma, ed io restato solo,
Inverso Ancona seguitai il cammino.

CA.

CAPITOLO
A MESSER ANNIBAL CARO

Caro mia caro, io so, che voi sapete
   A i quanti dì è San Biagio, e perch'io 'l dica
   Poco di sotto vè ne accorgerete.
Che fa tutta la schiera nostra amica
   Di casa, e fuore? il Signor Molza nostra
   Come corteggia, e come s'affatica
Per celebrar con sì purgato inchiostro
   Il suo sacro Signore, e com'è in grazia
   Di quella, che per grazia il Ciel gli ha mostro?
Messer Gandolfo ha fattone ancor grazia
   Di mostrarvi le stanze sue divine,
   Ch'io non potei veder per mia disgrazia?
Che fan quell'altre genti Tramezzine?
   Evvi nessuno Antimaco novello,
   Nessun matto Uccellaccio fine fine?
Voi come vi stillate ora il cervello
   Dietro alle Muse, e le traduzioni,
   O qualche strano pesce, e nuovo uccello?
Come state voi spesso in canti, e suoni?
   Come và spesso il mio Pagoli attorno
   Co' suoi can sì sgraziati, e così buoni?
Che fan Vico, e Mattio? son forse intorno
   A qualche passo? anch'io studio ne' passi
   Oggi, ch'è San Biagio, e 'l terzo giorno.
                            Jeri-

Jerisera fu forza, ch'io restassi
Nella Città d'Ancona col Berardi,
Quantunque prima all'oste scavalcassi.
Andai veggendo infinchè si fe tardi,
E le piazze, e le Chiese, e sì bel porto,
E la Fortezza, e tutti i Baluardi.
Presi poi soavissimo conforto
Della cena, e del letto, e il dì seguente
Perchè 'l tempo mi caccia, e 'l giorno è corto,
E la strada è lunghissima, e dolente,
Partii d'Ancona, ch'era appunto dì
Con un Lombardo tutto inframmettente.
Ciarlò gran pezzo, e dicea pur savi,
Io, che ponevo al solito una vigna,
Non l'intendeva, e dicea pur, sì, sì.
Così musorno, e con la faccia arcigna,
E col capo stivato di pensieri,
Che per aria mutar non si traligna,
Per la pesta de i muli, e mulattieri,
Fangosa un pezzo, e 'l resto ghiaja, e rena,
Lungo della Marina i bei sentieri,
A Sinigaglia giunsi, ch'era appena
Sonata Nona, e poi trascorsi Fano,
E Pesaro mi dette albergo, e cena.
E così tuttavia più m'allontano
Da voi, cari fedeli amici miei,
E s'io v'ho a dire il ver, mi pare strano.
S'io non credessi almen fra mesi sei
Vedervi, o non pensassi farmi male,
Rinnego il Mondo, ch'io m'ammazzerei.

Ap-

Appunto in sul più bel del Carnovale
Or guazzo fiumi, or passo barche, or ponti,
E valmi aver ben unto lo stivale.
Or scorro varj piani, or varj monti,
Ed ogni sera a qualche vecchio albergo
Or fo nuove posate, or nuovi conti.
Questo dì quarto io m'ho lassato a tergo
Pesaro, e ne vo in verso la Cattolica,
Mentre Poltiglia al Capperon dispergo.
Passai la detta, e venni alla diabolica
Città in parte di Rimini, e mi stetti
La sera ivi pasciuto all'Appostolica.
Nè in tutta notte mai dormir possetti,
Quantunque il sonno ne venisse a volo,
E la cuccia mancasse di difetti.
Sola mercè di sì lungo oriuolo,
E della guardia, che raddoppia i tocchi,
Ed ha proprio natura d'assiuolo.
Ch'e' non debbe la notte chiuder gli occhj,
E grida a chiamar guardie, e sentinelle,
Come tratti di corda avesse tocchi.
Come fu giorno, s'inforcar le selle,
Ed a Cesena dopo Savignana
Si giunse ad ora delle campanelle.
Dopo pranzo per strada piano piano,
E fangosa fangosa, e lunga, lunga,
A Furlì fui condotto dall'Alfana.
Non vi pensate adesso, ch'io ci aggiunga
Questo, ch'io vi dirò di fantasia,
E succiatelo su, com'acqua spunga.

Fine.

Fummo alla posta, idest all'Osteria,
  Cinque, duoi Romagnuoli, un Ferrarese,
  Ed io, l'altro non so donde si sia.
Lodava ciascheduno il suo paese,
  Io d'aria, d'acqua, e vin lodai Fiorenza,
  Il Ferrarese allor per più riprese
Disse, il vin nostro è buon per eccallenza,
  L'acqua del Po è miglior della vostra,
  Dell'aria io non vi vegga differenza.
Or mentre l'un coll'altro così giostra,
  E ridendo garreggia, eccoti l'oste,
  Che dice intesa là disputa nostra;
E' non è molto, ch'io tenea le poste
  In Ferrara, e per sorte un'Aretino,
  S'alloggiò meco per la Pentecoste,
Il quale altrove non bevea vino,
  E parendogli l'acque dolorose,
  Se ne fece portare un centellino.
Ma non prima alla bocca se lo pose,
  Non per la novità, ma per grassezza
  Dell'uve squaqquerate, e pantanose,
Che sentita sì strana morbidezza,
  Lo sputò, venne manco, e di Ferrara
  Partio con una subita prestezza.
Per questo non finia la nostra gara,
  Se non ch'i Romagnuoli avean gran seti
  Di saper da me nuove a centinara.
Io, che ne parlo come voi sapete,
  Con un non so risolsi ogni domanda,
  E la mozzai con dir: voi non beete?

Tom. II.   K   Tan-

Tanto ch'il sonno a letto ce ne manda:
   Poi a Faenza con un'acquitrina,
   Che mi passò dall'una all'altra banda,
A pranzo mi condussi la mattina:
   La sera a cena a Imola, e per tutto
   Son tristi i pozzi, e trista ogni cantina.
Questo settimo dì sudicio, e brutto
   Con tanta broda, ch'era una vergogna,
   Mezzo stracchiccio, e 'ncavardato tutto
Venni a Bologna, e son fuor di Bologna.

CAPITOLO

A MESSER BENEDETTO BUSINI.

BUSINO, io credo pure a salvamento
   Andar senza imbarcarmi a Cortisella,
   Ed anche senza far la via da Cento.
Io ho pur mosso il culo in su la sella
   In compagnia di duoi Signor scolari,
   Solamente Spagnuoli alla favella.
Ho di Bologna pur co' mie i danari
   Un magro cavallaccio di rimeno,
   Non di quei buoni, buon, ma di quei cari.
Egli ha la testa sua nè più, nè meno,
   Che par d'un qualche bue stentato, e vecchio,
   E la tien bassa, e come fitta in seno.
Trovasi mozzo l'uno, e l'altro orecchio,
   E gli occhi ha birci, ed è mezzo leardo,
   Con certi crin, che pajon di capecchio.
                                           Di-

Dinanzi ei non è già troppo gagliardo;
   Ma in su la schiena ha qualche guidalesco,
   E le spronate mostran, ch'è infingardo.
Che le gambe non son di barbaresco,
   Ma sì ben pinze, e pregne di giardoni,
   E trotta da Pollacco, e da Tedesco.
La schiena è veramente da cestoni,
   Da sacca, da bardella, e da barili,
   La groppa è da scoregge, e da bastoni.
E brama, che la biada si rinvili,
   E d'aver sempre, perch'e' grida Maggio,
   La paglia erbosa, e i fien molto sottili.
Ma, per finire il resto del viaggio,
   Con esso a i nove uscii fuor di Bologna,
   Co' i prefati Spagnuoli, ed un lor paggio.
E a Cortisella andai colla carogna,
   Poi a San Giorgio, e a San Piero in casale,
   Sempre co' i spron grattandoli la rogna.
In Casal si pranzò, ma stemmo male,
   Poi giunti al poggio pigliammo un per guida,
   Ch'era nel campo, e lasciò zappe, e pale.
E per tragetti così ben ci guida,
   E sì per prati, ed argini ci mena
   La scortissima nostra scorta fida.
Che i mali passi schifar della Catena
   Ci fece, e poi senz'esso lungo il Po
   Pure in Ferrara cen'andammo a cena:
Della qual le fattezze io non dirò
   Per non peccar nella topografia,
   Ed anche i suoi buon vin mi tacerò.

Basta, che quasi al fin son della via,
 E le contrade, e l'ore ho trapassate,
 Collo stare accigliato, e 'n fantasia:
Col spronar via per far buone giornate,
 Star al fuoco, isbrattarsi, e dar la biada,
 Far conti, pagar Osti, e benandate:
Domandar delle miglia, e della strada,
 Sperar di migliorare, e trovar peggio,
 E stare in dubbio, che'l caval non cada:
Mutar vin, mutar letto, e mutar seggio,
 Chiedere all'Oste le lenzuola bianche,
 Cascar di sonno in mentre io poteggio:
Aver cura, che nulla non mi manche,
 Imbisacciare, e sbisacciare spesso,
 Ispezzarsi le braccia, e romper l'anche:
Parermi sempre di trovarmi presso
 Alla posata, ed esservi lontano,
 E pur di nuovo dir, quanto ci è adesso?
Ritrovar spesso qualche passo strano
 Di lavorecci, di fitte, di fossi,
 Di vecchi ponti, e di nuovo pantano:
Domandar la mattina dove puossi
 Iscavalcar, per istar ben la sera,
 Bever vin bianchi tristi, e peggior rossi:
Fare a una tavolata allegra cera,
 E di varj discorsi un guazzabuglio,
 Raccontar qualche nuova, ò falsa, o vera:
Sentir talor con l'Oste far garbuglio
 Su i pagamenti, e 'n sul più bel dormire
 Le bagaglie aver tutte in un mescuglio:

Ed

Ed appena finirsi di vestire,
 Ch'è montare a cavallo, e piedi, e mane,
 E freddi, e aggranchiatissime sentire.
Con tali spassi in due gran settimane,
 E le terre, e le Ville sopraddette
 Ho passato per strade, or erte, or piane.
Oggi, ch'appunto ha giorni diciassette,
 Ch'io mi partì di Roma, io sono in barca
 Che stassera Vinezia ci promette.
La Lascura è un ponte, onde si varca
 Il Pò tre miglia presso à Francolino,
 Al qual ponte il Paron tutti c'imbarca.
Gherofali, la Zocca, e 'l Saracino,
 La Pulisella, con la Guardicciola
 Passa col suo Burchiello, o poi Crispino.
A Casalnuovo, a Villanova vola,
 Le Papozze, le Borbole, e 'l Mazzorno
 A gli occhj n'apprefenta, e poi n'invola.
Io stava in barca al solito musorno
 Tra una cassa, e certo carratello,
 Dove imbocca il Paron per ire attorno.
Eram fra tutti sette in quel Burchiello,
 Nel mezzo stava un quadro focolare,
 Suvvi qualche scheggiuzza, e ceppatello.
Cominciò tramontano a zufolare,
 Onde non si poteva ire a seconda,
 Alfine, iscatenare le palare,
A Loro, già passata la seconda
 Ora di notte, e mezzo intirizzati,
 Facemmo fuoco, e cera assai gioconda.

K 3   Ivi

Ivi proprio da Re fummo trattati,
　Se non ch'il vin non v'era molto buono;
　Ma io ho tutti gli Osti licenziati:
E mi rincoro, che condotto sono
　Dopo la Bebe, a Chioggia, e Malamoco
　E già vedo Vinezia, e ne ragiono,
E sono in acqua, e bramo essere al fuoco.

CAPITOLO

A MESSER LUCA MARTINI.

LUca, non tanto, per gli suoi Studianti,
　Nè per le mura è Padova famosa,
　Quanto per l'eccellenza de' suoi Guanti.
Tengasi Ocagna la sua concia oliosa,
　E bianca, e gialla, e la sua cucitura,
　Perchè la Padovana è altra cosa.
Ma io non penso a la manifattura,
　Nè a le varie, e infinite sorti,
　Ma sol de' Guanti all'util portatura.
Usansi questi massime in le corti
　Più che l'inganno, e l'adulazione:
　Che 'l Diavol l'uno, e l'altra sene porti.
Ma in ogni luogo, e in ogni stagione,
　O scempi, o doppi, o puri, o profumati,
　Fanno mille servizj alle persone.
Usangli a cose sante i Preti, e' Frati,
　Servono a tutti gli altri in mille affari,
　Insino a' morsi de' cani arrabbiati.

　　　　　　　　　　　　Ma

Ma per venire alli particolari,
  L'anno di verno col soffiarvi drento
Scaldan le man senz' altri focolari.
Dalla pioggia difendonte, e dal vento,
  La State dalla polvere, e dal sole,
  E da ogni puntura, e graffiamento.
La Primavera di rose, e viole
  Un mazzolin da innamorar l'amore,
  Così ne' Guanti in man portar si suole.
Ma per ogni stagion senz' altro fiore
  Turan la strada a i puzzi, e a l' offese,
  Se 'l naso minacciasse un tristo odore.
Il Guanto è poi di se tanto cortese,
  Ch' al naso serve ancor per moccichino,
  S' umor distilla, e faccisi palese.
Serve per iscarsella, e borsellino,
  Che nelle dita così spenzoloni
  Si ficca tutto di qualche carlino.
Ma che più? alle Chiesa, e a' Perdoni
  Questi, le calze risparmiar ne fanno,
  Quand'altri si vuol metter ginocchioni.
I Guanti sempre accompagnati stanno,
  Iscompagnati fan qualche servizio
  Di quei, ch' ha detti, e quei che si diranno.
Un Guanto solo è buon nell' esercizio
  Della palla, e s' adopra a far ditali,
  E di piastrelli un largo benefizio.
E tra l'altre virtù sue principali
  Si manda per segnal del comparatico
  In certi luoghi, non so appunto quali.

K 4   Cre-

Credo nel Forlivese, e Cesenatico.
   Un Guanto ancor si manda per disfida,
   Come fa appunto ogni soldato pratico.
Serve per guardia vigilante, e fida
   Che se in Chiesa lo pon sopra una panca,
   Non è chi'l levi; e nel tuo luogo affida
Qualche persona sudaticcia, e stanca;
   Che in quel punto la rosta non avessi,
   Co i Guanti arrosta, e vento non le manca.
E chi le scarpe spolverar volesse,
   Senza pigliare il lembo della cappa,
   Le strofina, e le spolvera con essi.
Chi gli rosecchia dunque, e chi gli strappa,
   Che ne son pure un numero infinito,
   E' un'uomo indiscreto, e dalla zappa.
Venghiam più oltre, un ch'abbia anella in dito,
   Non suol vezzosamente far la mostra
   Sotto un galante taglio, over stravcito.
Servono allo sparviere in scherma, e'n giostra,
   E la vernata qualche abbrividato
   Con essi tratteggiando il foglio inchiostra.
Questi ancora a chi fosse un smemorato
   Ricordan bene spesso i fatti sui,
   Con qualche foglio in essi ripiegato.
Così volesse il Ciel, ch'ancora a nui
   Ricordassero il resto delle lodi,
   Com'e' ricordan le faccende altrui.
Ma poi, ch'altro non so, di ch'io gli lodi,
   Dirò siccome morbide per questi
   Si trastullan le mani in mille modi.

Quan-

Quantunque tutto quel, ch'a dir ne resti
Spero, ch'un altro lo dirà per me,
Acciocchè 'l resto ancor si manifesti.
Chi ragiona con altri, ovver da sè,
E che i Guanti si batta in sulle mane,
Mostra di stare in collera, o infra tre.
A chi ha la rogna più che l'acqua, è 'l pane
Son necessarj, per non dar ne gli occhi
Con quelle bolle pizzicanti, e strane.
Che più? non fanno dir sino a capocchi
Proverbiando, ch'amor passa il Guanto,
Com'acqua lo stival, carne gli stocchi?
Ed è vero il proverbio, ma non tanto,
Ch'amore abbia sì forte dell'aguzzo,
Che passi altrui dall'uno, all'altro canto.
Quant'egli è, perchè 'l cieco fanciulluzzo
Ne trastulla gli amanti, e spassa spesso,
Purchè sian profumati con buon puzzo.
Or quanto al profumare io vi confesso,
E vi concedo, che i Guanti d'Ocagna
Son da torgli, non ch'altro, ad interesso.
Perchè molt'acqua, che li purga, e bagna,
Sogliono, e musco, e ambra incorporare,
S'altri dal profumier non si scompagna.
Ma i Guanti Padovan non hanno pare,
Portate in somma un pajo, ch'io vene mando,
Sappiatemi poi dir che vene pare,
E qui la mozzo, e così mi raccomando.

CA-

CAPITOLO SOPRA LA POSTA,

A MONSIGNOR DANDINO.

Voi, quale ogni dì più perdiam di vista,
   Se Dio vi guardi d'ogni caso strano,
   Nè cavalchiate mai giumenta trista.
Ma che senza tirar punto a la mano,
   Corra da sè, sicura, e riposata,
   Per fanghi, sassi, ghiacci, e monte, e piano.
E quando far volete la parata,
   Per darle fiato, o per vostro conforto,
   Si fermi senza darvi una sbalzata.
E s'in questo viaggio in tempo corto
   Andiate, e ritorniate a salvamento,
   Con qualche felicissimo reporto.
Non è la Posta un gran sollevamento?
   Un correr da Prelati veramente?
   Un far lunghi viaggi, e senza stento?
A voi, che la correte di presente,
   Il render conto di questo mestiere,
   Se ben può parer forse impertinente:
Credo però non debba dispiacere,
   Ch'io dica parte delle lodi sue,
   Essendo stato anch'io mezzo corriere.
Qualunque d'essa il primo inventor fue,
   Se bene allora si correa a bardosso,
   Senza cuscino, e con le gambe gnue,

Me-

Meriterebbe una statua, un colosso,
  E ch'ogni Maſtro di Poſte il teneſſe
  Dipinto, ove ſi tien quel corno d'oſſo.
Queſta, acciò l'uomo al lungo andar reggeſſe,
  Dannando la ſuperchia diligenza,
  Moſtrò, che bellamente ſi correſſe.
Queſta n'inſegnò ancor la continenza,
  E preſſo ch'io non diſſi la fortezza,
  La vigilanza inſieme, e la prudenza.
A regger ben sè ſteſſo l'uom s'avvezza
  Speſſo ſopra cavalli, i quai non hanno
  Provato mai, che'l baſto, e la cavezza.
Li fiumi, i precipizj non ne fanno
  Invilir punto, e diventi animoſo,
  Quanto più li pericol ſopraſtanno.
Preſo la notte quel poco ripoſo,
  Che t'è conceſſo, o ſpogliato, o veſtito,
  Ti parti, ancorchè mezzo ſonnacchioſo:
Contenti d'una zuppa l'appetito,
  O di due uova, e penſi tuttavia
  Dopo una Poſta l'altre aver finito.
Ama queſto Meſtier la compagnia,
  Però i Maſtri di Poſte han per uſanza,
  Che t'accompagni ſempre chi che ſia.
E' nemico mortal dell' arroganza,
  Dell' avarizia vie più, però ſono
  Me' trattati quei, c'han miglior creanza.
Queſti avran quaſi ſempre il caval buono,
  Per la dolce maniera, e per la mancia
  Data al Poſtiere, e alla guida in dono.
                                    Tocca

Tocca a gli altri qualcuno, o che si lancia,
   O che trotta, o ch'inciampa, o che si muove
   Appena per gli spron fitti in la pancia.
Dalla Posta s'han sempre cose nuove,
   Perchè come ministra della fama,
   D'or in or le riceve, e manda altrove.
Ancorchè questo l'asserata brama
   Non spenga alli mercanti, e cortigiani,
   Con cambj, e benefizj assai gli sfama.
Ella sempre ne viene a piene mani
   Con rimesse, vacanze, e provvisioni,
   Da intrattenere agenti, e capitani:
Da far pagare altrui le pensioni,
   Le quai son sicurissimi denari,
   Purchè se n'abbia buone cauzioni.
Questa di mille dubbj ne fa chiari,
   Per questa, io 'l dirò pur, di tutto 'l mondo
   Si trattano i maneggi più preclari.
Le lodi sue non han nè fin, nè fondo:
   Stran non è dunque, se co' miei concetti
   Alla parte miglior non corrispondo.
Lasciamo il dir di selle, e cucinetti,
   Di feltri, di stival, di scuriate,
   Di guanti, di cappelli, e di colletti.
Cose a questo Mestier tutte provate,
   E secondochè son varj gli umori,
   Di varia foggia, e varia qualitate.
E diciam, quando corrono i Signori
   Con dieci, venti, con trenta cavalli,
   Strascinandosi dietro i servidori.

Accadon mille casi, ch' a contalli,
  Non ch' a vederli, in fatto se ne piglia
  Gran piacer: chi dà 'n terra delle spalli,
Chi resta addietro, e chi a tutta briglia
  Passa d'avanti, e chi da ogni passo,
  Come stanco domanda delle miglia.
Ma sopra tutto parmi un grande spasso
  Il sul primo discendere alla Posta,
  Per conto de' cavai far quel fracasso:
Chi all' orecchie al Postiglion s' accosta,
  Chi lo chiama, chi corre nella stalla,
  Chi affretta, che la sella gli sia posta:
Chi domanda per nome la cavalla,
  Ch' egli ha sentito dir, ch' è favorita,
  Poi partendo chi trotta, e chi traballa.
E quando a colezion l'ora n'invita,
  Vedi fare un' assalto alla leggiera,
  Col pane in bocca, e 'l bicchier fra le dita:
Che senza pur cavarsi la baviera,
  In furia, in furia si piglia un boccone,
  Con isperanza ristorarsi a sera.
Ma molte volte, che così il Padrone
  Vuole, e comanda, quasi tutta notte
  Si va al lume, o di luna, o lanternone.
Dopo un lungo spronar, poichè ridotte
  Son le genti alla Posta, al fuoco, a mensa,
  Asciutte, riposate, sazie, e cotte:
Perocch' al dormir molto non si pensa,
  Chi conta i casi, o luoghi del cammino,
  Chi a Primiera i suoi denar dispensa:
          Chi

Chi accomanda il capo al valigino,
   E sopra panca, o tavola distesa
   Fa sodamente un dolce sonnellino:
Chi, per esser dal freddo me' difeso,
   Si siede, e si rannicchia intorno al fuoco,
   Altri procura mantenerlo acceso.
Altri le sue bagaglie in qualche loco
   Pone in disparte, altri fa la rassegna
   Del mobil suo, ancorchè n'abbia poco.
Altri asciugar li suoi stivai s'ingegna,
   Che sia di Verno avete a presupporre,
   E quando il Ciel di nugoli s'impregna.
A mano, a man si fa furia di porre
   Su le valige, e ciaschedun s'affretta,
   Di capparsi un cavallo, e via si corre.
O vita sopra ognaltra benedetta!
   Mentre si corre, almanco non si scrive,
   Se bene il calamajo sempre n'aspetta.
Mille piagge in un giorno, e mille rive
   Vedi, e gli animi, e gli occhi sollevati,
   Come in villaggio, o terra grossa arrive.
Per ristorarci stanno apparecchiati
   Li pollastri, il buon vino, e l'uova fresche,
   E per reprimer fumi i cotognati.
Non mancan li sergenti, e le fantesche,
   A 'ntrattenerti, e massime al velluto
   Corron le trombe, i piffer, le moresche.
Ogni corriere, o nuovo, o conosciuto
   Dovunque passa, o di notte, o di giorno,
   E' sempre accarezzato, e ben veduto.

Che solamente ad un sonar di corno
　Ogni porta se gli apre, ogni Maestro
　Di Poste il smonta, il serve, e li sta intorno.
Nel più nevoso luogo erto, e alpestro
　Stan preparati marroni, e ramazze,
　Strascinate all' ingiù con un capestro.
Chi crederebbe, che tra quelle mazze
　Appiè pari s'andasse, e così presto
　Per vie precipitose, e così pazze!
S'io vi fossi fin qui stato molesta,
　Perdonatemi prego, acciocch' io possa
　Dirvi con buona grazia questo resto.
Che piacer è, passando qualche fossa,
　Sentire andare al basso i più valenti,
　Senza offesa però di carne, o d'ossa?
E veder scavalcare incontinenti
　Ad ajutar rizzargli, e poi ridendo
　Mostrargli ammascherati all' altre genti?
Ma non è bello ancor, quando dovendo
　Trapassar l'alpi, ognun s'arma, e prepara,
　Per la bufera del vento tremendo?
Qui si scorge quant' è la vita cara,
　Chi raddoppia camice, e chi stivali,
　Chi ha di calzetton due, o tre para.
Chi alle tempie si fascia gli occhiali,
　Chi sopra i berrettin s'impappafica,
　Chi i marron manda innanzi a far viali:
E dove sia bisogno si districa
　La strada, per andarne per la pesta,
　Senza molto pericolo, o fatica.

　　　　　　　　　　　　　　　　Non

Non mi pare anco, se non bella festa,
   L'avere a piedi a camminar sul ghiaccio,
   Dando in terra or del culo, or della testa:
E se gli stivaloni dan qualche impaccio,
   E tante sopravveste, per ritegno
   La briglia del caval mettersi al braccio:
E' lite ancor tra uomini d'ingegno,
   Se la Posta è miglior la State, o 'l Verno,
   Ond'io di terminarla non disegno:
Ma se l'Estate il correrla, un' Inferno
   Par forse, per la polvere, e la sete,
   E per il Sol di fuora, e 'l caldo interno:
Ad ogni Posta nondimen bevete,
   E con zuccher di Candia per la strada,
   E con un sciugatojo v'intrattenete.
E se la non è cosa, che v'accada
   Far diligenza, quasi il giorno intero
   Potete starvi in sulla Posta a bada:
Poi la notte da bravo cavaliero
   Correrla tutta, ed anche fino à terza,
   Finchè 'l Sol non infiamma l'Emispero.
Se 'l Verno forse a sicurtà si scherza
   Con la Morte tra fiumi, ghiacci, e nevi,
   Mentre si sprona arditamente, e sferza;
Pure essendo li giorni così brevi,
   Si passan tosto, e dattorno ogni cura
   La notte, come il fango anche ti levi:
E s'a molti, quand'ella è troppo scura,
   Non piace andar tentando la fortuna,
   Il cammin torcia, o lanternon sicura.

                                         Ma

Ma mentre il lume altrui presta la Luna,
    Non è più bello andare a rinfrescarsi,
    Massime quando il vento il ghiaccio aduna.
Sì che volendo da cava staccarsi,
    Bisogna dislegar col fuoco il piede.
    La Posta infin appien non può lodarsi,
E roco è 'l corno suo per farne fede.

CAPITOLO SECONDO

SOPRA LA POSTA.

A MESSER ANNIBAL CARO.

MULTIPLICA la Posta in infinito:
    Io non parlo di quella, giucatori,
    Che da voi sta aspettando il primo invito.
Nè della Posta, che con sciugatori
    Stesi a finestre, o altro contrassegno,
    Si dà per compimento degli amori.
In queste non riesce il mio disegno;
    Se la prima si tira alcuna volta,
    L'Anella pur alfin restano in pegno.
L'altra d'amor, quando d'averla colta
    Si pensa, e quasi d'essere in sul fatto,
    Da qualche strano impedimento è tolta.
Io parlo della Posta, che n' un tratto
    In varie parti li Corrier traporta,
    Facendo de' cavai spesso barratto.

Tom. II.   L   Io

Io parlo della bestia, e della scorta,
  Ch'arditamente galoppa, e sonando,
  A seguirla d'appresso ne conforta.
Se t'affanna il caval forse trottando,
  Cambiar si può parendo colla guida,
  Che quel c'ha sotto, è sempre al tuo comando.
Non è ingannato, se non chi si fida,
  Cinghiatelo però di vostra mano,
  Acciò non nasca caso, che si rida.
Da prima trattenetelo pian, piano,
  Fin quasi a mezza Posta, acciò la lena
  Li duri, e sfangar possa ogni pantano.
Chi se lo sente gagliardo di schiena,
  Due, e tre Poste fa senza smontare,
  Ma chi l'ha stracco, ne fa una appena.
Non usan molti dinanzi affibbiare
  Il Cucinetto, acciò nelle cadute
  L'uom si possa più presto sollevare.
Mi vien voglia di dir, che le battute,
  Ch'i Musici con mani, e piedi fanno,
  Dal correr della Posta sien venute.
Con sproni, e con la sferza a tempo danno
  Le battute li piedi, e le mani anco,
  Che in su la briglia or basse, or alte stanno.
Acciocchè il moto venga a offender manco,
  Molti si cingon qualche fasciatura,
  Che li stringa ben bene il petto, e'l fianco.
Altri per testimon che s'hanno cura
  Par, che si sottomettino un brachieri,
  Che li riguardi d'ogni crepatura.
                        Non

Non usan questo i pratici Corrieri,
  Non sia chi dica forse aver le gotte
  Per li disagi di cotal mestieri.
Diane la colpa al troppo aver la notte
  Corso nel letto, e quasi a tutto pasto
  A voler vin perfetto, e cose ghiotte.
Di qui le gotte, e 'l stomaco hanno guasto,
  E trafitte, ed affanni di tal sorte,
  Che tardi giova viver sobrio, e casto:
Quello andare a giornate è una Morte,
  Massime sopra bestie, o di rispetto,
  O le quai non camminin troppo forte.
La Posta è un andar plusquam perfetto,
  E solamente aver cura bisogna,
  Della borsa, di sè, del cucinetto.
Se forza è pur montar qualche carogna,
  Gran fatto è, se gli spron, la scuriata
  Non la fanno condur senza vergogna.
Alla Posta la via per tutto è data,
  Ognun si scansa, sol per farle onore,
  Ed è quasi da tutti riguardata.
Che Mercurio sia stato l'inventore
  Di questa, ho nuovamente ritrovato
  In un certo antichissimo Scrittore.
Qual dice, che quel suo Galletto alato
  Altro non è, che da Corrier cappello
  Con code di fagiani impennacchiato.
Quel di due serpi cinto bastoncello
  Non altro, ch'una sferza avvolta pare,
  E non del Caduceo finto modello.

L 2   *Quell'*

Quell' ale de' talari altro mostrare
  Non voglion', dice, che stivali, e sproni,
  Ch' al Mondo l' Imbasciate il fan portare.
In Ciel cavalca varj nugoloni,
  E che sopr' essi ne va tuttavia,
  Qual sopra basto mulattier bocconi.
Per vostra fè non è la Poesia
  Un proprio andare in Poste co' capricci,
  E sbizzarrirsi della fantasia?
Tu padre Apollo, Dio de' biondi ricci,
  Ch' altro fai con li quattro tuoi cavalli,
  E negli umidi giorni, e negli arsicci:
Se non col sempre in Poste cavalcalli,
  Menar via 'l tempo, e per dar luce al Mondo
  Velocemente or quà, or là voltalli?
Vengo or di Cielo, a cader giù nel fondo,
  Muse, del vostro fondo di Parnaso,
  E forse troppo addentro mi profondo.
Da voi, Madonne, non fu fatto a caso,
  Ma con misterio, che come gli uccelli
  Volasse quel caval vostro Pegaso.
Ch' or l'una, or l'altra a svegliar questi, e quelli
  Correte più che'n Poste, acciocchè desti
  Per piacervi si stillino i cervelli.
Non so s'io dica d'esser un di questi,
  Che se la mia si lassa rivedere,
  Par che tutta la notte mi molesti.
A raccontarvi, Caro, il gran piacere,
  Ch' io sento sopra bestia accomodato,
  Che volentier mi venga a sostenere.
                                    Som-

Sommi ben qualche volta iscorrucciato,
   Quando a mezzo il cammin, senza finire
   La Posta, iscavalcar m'è bisognato.
Chi sta ben, non si debbe mai scoprire,
   A chi pur tenta sii montato bene
   Rispondi, o che la bestia non può ire,
O che la t'abbia già rotto le rene,
   O che l'abbia un galoppo corto, corto,
   O che la sbalzi, quando si ritiene.
Che per invidia d'ogni tuo conforto
   Ti levan la cavalla fin di sotto
   Certi indiscreti, ch'anno pure il torto.
Per più acconciatamente esser condotto,
   Chi può, tenga una sella fatta a posta,
   E sopra un cucinetto morbidotto.
Quest'è senza tardar levata, e posta,
   E come a posta fatta un pò larghetta,
   Ad ogni bestia serve, e se gli accosta.
La poca pazienzia, e molta fretta,
   Fanno, che fuor della comune usanza,
   La compagnia ben spesso non s'aspetta.
Ma sopra tutto parmi d'importanza
   Non perder tempo, perocch'altrimenti
   Nel corso di gran lunga ognun t'avanza.
Quando insieme la corron molte genti,
   Chi della guida va presso alla groppa,
   Tengo che sia di quei Corrier prudenti:
Che chi degli ultimi ultimi galoppa,
   Se ben non ha di dietro chi l'affretti,
   Non ha anche chi'l rizzi, s'egli intoppa.

Sì che la bestia in terra te lo getti;
   Ma anche in questo caso, con destrezza
   Par ch' altri ritto su vi si rassetti:
Che tanta è delle staffe la larghezza,
   Cotale è il duro dello stival grosso,
   E simil delli sproni è la grossezza:
Che quantunque il caval ti caschi addosso,
   Staffi il piede, rimonti, e per istizza
   Fai l'uno, e l'altro spron gocciar di rosso.
Chi di natura è gagliarda, e rubizza,
   Farà in un giorno sette, o otto Poste,
   E poi a mezza notte anche si rizza.
Sopra bestie, ch'a' fianchi han mille croste,
   Come pericolose nessun monti:
   Ma restin nella stalla addosso a l'Oste.
Perocchè come prima tu ne smonti,
   O le t'hanno sbucciato tutto quanto,
   O gli ossi per dolor quasi disgionti.
Raddoppiasi il piacer più ch'altrettanto
   Nel raccontar del corso i varj modi,
   Che t'hanno or sostenuto, ed ora infranto.
Biasmi l'una cavalla, e l'altra lodi,
   Scappucciò quella, questa assai ben corse,
   E col pensier di trapassarla godi.
Empie la Posta, e vota altrui le borse,
   In strane parti trascorrendo alloggia;
   E per conforto delle reni forse
Della sferza sul manico s'appoggia.

LET-

LETTERA
A Ser Pietro da Sezza.

Sezza, che già fa l'anno delle prime
   File, del mezzo, e dell'ultime foſſe,
   Nel paſſar d'Alpi le nevoſe cime,
E che correſte tante, e tante Poſte,
   Non oſtante, ch'ancor freſco del male,
   Vi biſognaſſe pagar fino a l'Oſte.
Non avete voi obbligo immortale
   A quel penſier, che vi levò del letto,
   E vi fè de' Corrier del Cardinale?
Credo, ch'abbiate udito, ſe non letto,
   Due filaſtrocche ſopra il Correr fatte,
   Mandate coſtà forſe dal Bianchetto.
Ma perchè reſtan molte coſe intatte,
   Dico di quelle del noſtro viaggio,
   Queſto foglio di nuovo a voi s'imbratte.
Che la memoria di quel buon coraggio,
   Che mi facevi, e di quello abreuzzo,
   Non ſo laſſato dove, o per oſtaggio.
O perchè d'acqua ogni minimo ſpruzzo
   Il paſſava vie più, ch'una gran ſcoſſa
   Non penetra ogni panno di peluzzo.
E la memoria ancor di quella foſſa
   Appiè del ponte rotto, ove cadeſte
   Nel fondo di quell'acqua così groſſa:

Di-

Dite il ver, Sezza, quanta ne beveste?
　Quanta vi parve d'esserne ito bene,
　Quando la notte poi ci raggiugneste?
Questa memoria, dico, che mantiene
　In sè dolcezza a dir di questa, e quella
　Cosa, che ne' viaggi sopravviene.
Fa, ch'io non possa mai scordarmi della
　Dolce notte, ch'avemmo in compagnia,
　Giunti da Pinarolo a Fenestrella.
Voi v'eri fermi lì per carestia
　Di cavalli, e così vi sopragiunse
　La nostra retroguardia all'Osteria.
Il cor di gioja tutto si compunse,
　Quando in una sol stanza tante genti
　Vidi ristrette, e nuove se n'aggiunse.
E pure scavalcato incontinenti,
　Stivalato, infeltrato, e senza cena,
　Avvezzo a tollerar simili stenti:
Nella prefata stanza così piena,
　Sopra un lettaccio avendo un lumicino,
　E la pancia appoggiato, e non la schiena:
Ebbi la notte un trastullo divino,
　Scrivendo quasi sempre al vario suono
　Delle genti ridotte in quel stanzino.
Dir non potrei quanto mi parve buono
　Il gracchiare, e 'l russar, che si sentiva
　Più d'alta voce, che di semituono.
Perchè chi divisava, e chi dormiva,
　Non mi ricordo di quai foste voi,
　Chi serrava la porta, e chi l'apriva.
　　　　　　　　　　　　　　Ma

Ma questo è nulla rispetto alli duoi
 Casi della Mosella, e la Carretta,
 Ma non credo, ch'allor fosse con noi.
Cavalcavamo allor con molta fretta,
 La qual però ci veniva impedita,
 Mentre il ritorno de' cavai s'aspetta.
Avevamo una gran costa salita,
 Quando ciascuno a gara con li sproni
 Il suo cavallo a galoppare invita.
A Don Camillo, e me, duoi sì poltroni
 Toccò, che corsi un tiro di balestro,
 Feron segno non esser di quei buoni.
Sprona, sferza, rivoltali dal destro,
 Dal manco lato, niente giovava,
 E tanto manco in luogo così alpestro.
Ciascun di noi gridando s'affannava,
 Che quei dinanzi ci desser soccorso,
 Ma la distanza intender non lassava.
E le due nostre Rozze aveano il morso
 Preso co' denti, a dir ch'appunto quivi
 Finia la Posta, e ch'avean troppo corso.
Noi d'ogni altra speranza al tutto privi
 Ci risolvemmo di tornare indietro,
 Come facemmo più morti, che vivi.
Quelle bestiacce allor senza divieto,
 Senza molte spronate ad un villaggio
 Condusser l'uno, e l'altro sano, e lieto.
Credeva Don Cammillo un personaggio
 Trovar lì, che sapesse l'hic, e l'hoc,
 E dirli il suo bisogno in quel linguaggio:
         Ma

Ma quivi sol si parla in languedoc
  Da genti barbaracce discorsesi,
  Inculte, e puzzolenti più d'un boc.
Pur con cenni a gran pena fummo intesi,
  E sopra una carretta strascinati
  Il me' si può, n' andavamo distesi.
Eransi gli altri in tanto dileguati,
  Dopo un gran pezzo di noi riguardando,
  S'accorgon pur, ch'addietro ci han lassati.
Ognun la cosa andava commentando,
  Chi dubitava di qualche disgrazia,
  Chi di pigrizia, e chi di contrabando.
Poichè nostro Signor ci fece grazia
  Di condurci tra gli altri, per conforto
  Ci aspettava un pan turco verbi grazia.
Pensai quella mattina restar morto
  Dal freddo, dalla fame, e dall' affanno,
  Oltre che fummo rabbuffati a torto.
Alla Mosella avemmo questo danno
  Da un Bergamascaccio arcipoltrone,
  Quale alla strada è stato lì qualch'anno.
Altro che pane, e noci a colezione
  Dar non ci volse, e'l medesmo la sera
  Ci apparecchiava questo zoticone.
Ma a suo dispetto ci fè buona cera,
  E credo per vendetta, che ci desse
  Quelle due rozze, per mostrar chi egli era.
Come lungo saria s'io vi dicesse
  Il resto, così il carro di Lovania
  Sarebbe error, se si pretermettesse.

Voi

Voi (l'ultimo i. caſſate) in Aquiſgrania
  Credo eri andato, e noi a mezza notte,
  O per più diligenza, o per più inſania,
Noſtre bagaglie inſul carro condotte,
  Valige, ſpade, ſelle, e cucinetti,
  Nel mezzo, e negli ſtremi anche ridotte.
Rannicchiati, accoppiati, ſteſi, e ſtretti,
  In ſcorci, in attitudini diverſe
  N' andavam per quei freddi maladetti.
Quando allo 'ncontro un carro ſi ſcoperſe,
  Onde per dare all' altro un pò di ſtrada,
  Andò 'l noſtro ſozzopra, ed ei coperſe.
Sette eravamo, e non mi par, ch' accada
  Dirvi di tutti li nomi, e 'l timore,
  Ch' a queſta Poſta l' ultima ne vada.
Ma come piacque a Dio noſtro Signore,
  Forſe perchè cademmo in ſu la neve,
  Neſſun ſi fece mal fuor del maggiore.
Quel voglio dir, che ricordar vi deve,
  Che per un' altra ſimil diligenza
  Fu per far la ſua vita aſſai più breve.
Quando per quella troppa impazienza
  Di mezza notte volſe ramazzarſi,
  E la ramazza per inavvertenza
Nella neve il tuffò, ch' a ſollevarſi
  Ebbe che fare, e molto più fatica
  Fu dall' intenſo ghiado a liberarſi.
Il reſto non accade, ch' io vi dica,
  E quanto piacer porti il ragionare
  Liberamente con perſona amica.
                            E per-

E perchè vostro amico esser mi pare,
 Questa v'invio, e se v'occorre mai
Vi prego mi vogliate comandare:
E mi raccomandiate pure assai
 Al virtuoso gentil Cavalcanti,
 La Cortesia del qual sempre adorai.
Gli amici vostri stan ben tutti quanti,
 Sino al buon Cavaliere, a chi in quel ghiaccio
 Non giovò 'l lupo, nè li doppi guanti.
Io vivo, e scrivo, e sin di qua v'abbraccio.

CAPITOLO

A MONSIGNOR MAFFEO,

Che poi fu Cardinale

SOPRA LA BORIA.

OR ecco, ch'io vi scrivo della Boria,
 La quale in petto, e in persona ne viene,
Non per ostentazione, e vanagloria:
Ma per farvi conoscer, quanto bene,
 E quanta fiamma mandi fuor quel fumo,
 Qual tutta baldanzosa in sè ritiene.
Dire appien le sue lodi io non presumo,
 Ma solamente per un bel parere
 L'inchiostro, e 'l tempo a dir di lei consumo.
La Boria fa perfetto ogni mestiere,
 Come fa anche la dilettazione,
 Che si sforza nell'opere piacere.

Tie-

Tiene amicizia con l'ambizione,
  Qual non si debbe biasimare affatto,
  Poichè cammina alla riputazione.
Giove di Boria, e diletto ipso fatto
  S'empiè, creati li quattro elementi,
  E l'uom vestito del terreno imbratto.
Le Stelle, il Sol, la Luna, sì lucenti
  Si dimostran per questa al Mondo, e fanno
  Infiniti servizj a tutte genti.
La Primavera, ch'è Boria dell'Anno,
  Sparge alli campi, alle piante, i suoi fiori,
  Che poi l'usura delli frutti danno.
Quest'è puntiglio, e pregio degli onori,
  E però in acqua, e 'n terra han trattenuto
  Tante genti li Re, e gli Imperadori.
Da lei vien quell'andar sì risoluto
  Al ferro, al foco, al vento, a varie imprese,
  Per essere in eterno conosciuto.
Dà questa a Nani, e a Buffon le spese,
  A Musici, a Filosofi, a Soldati
  Fa tavola, e dà loro un tanto il Mese.
Perchè questi Signor, questi Prelati
  Ancorchè quasi sempre sien falliti,
  Oltre a tener per Boria i Litterati,
Danno ajuto, e ricetto ad infiniti
  Altri, ch'in altro modo al viver loro
  Avrebber carestia di buon partiti.
Quest'è la madre, l'erario il tesoro
  Di quante belle cose furon mai
  In marmo, in Bronzo, in Argento, ed in Oro.
                              Gli

Gli antichi avoli nostri pure assai
    S'affaticaron valorosamente,
    Sol per farne medaglie a centinai:
Cammei, Statue, Colossi, e parimente
    Lassar pien di stupor l'architettura,
    Fabbricando così superbamente.
Per Boria espressa, l'arte, e la natura,
    Insieme garreggiando, hanno insegnata
    La Pittura perfetta, e la Scultura.
Mirate pur la volta, e la facciata
    Del divin Michelagnolo, e suoi marmi,
    Che con l'arte natura ha superata.
Onde la Boria ad onorarlo, parmi,
    Che intorno li stia sempre, e che li dica:
    Altri che tu non può viva mostrarmi.
Considerate dunque in che fatica,
    Ed in che laberinto io mi sia messo,
    Per compiacere a gentile alma amica.
Tutta volta io dirò, che'l Mondo stesso
    E' pien di Boria, e ch'ella il regge tutto
    Con la riputazion, che le sta presso.
L'indovinar del molle, e dell'asciutto,
    Li varj de' Filosofi discorsi,
    L'arti, e scienze sarien perse in tutto:
Se non foss'ella, che viene ad opporsi
    Al tempo, e libri antichi, e cose elette
    Conserva, e delli marmi insino a Torsi.
Quant'Opre resterebbero imperfette,
    Se non fosse il suo studio, ch'a finille
    Par che i Mastri solleciti, e affrette!

Que-

Questa spende i ducati a mille a mille
  In adornare il Mondo di Palazzi,
  Di bei giardini, e di superbe ville.
Che farebbe senz' essa de' suoi arazzi
  La Fiandra, e l' Inghilterra di sue lane?
  Che faria la Calauria de' suoi mazzi
Di seta? che farebber mille strane
  Provincie, di lor roba, e mercanzia,
  Di pappagalli, scimie, ed Ambracane?
Se molti stiman pure esser pazzia
  Lo spender troppo, perchè la natura
  Par, che contenta del poco si stia:
La Boria della spesa non tien cura,
  Corami, drappi, arazzi a i muri spiega,
  E riccamente di vestir procura.
Se non foss' ella, che in oro le lega,
  Starien le gioje ascose nelle casse,
  Pur' altri fin su gli occhj se le frega.
Acciocchè spesse volte non s' errasse
  Infra tanti Giovanni, Antonii, e Pieri,
  Ma ch' al primo l' un l' altro si trovasse:
Con Fiori, Aquile, Lune, Ale, e Quartieri,
  Orsi, Leoni, e Croci divisate,
  In campi Gialli, Azzurri, bianchi, e neri:
Per più distinzion delle Brigate
  Con varj nomi, e con diverse insegne,
  La Boria ha ritrovato le Casate.
Quel litigar per morsi, o per risegne,
  Lo spendere il presente pel futuro,
  Ancorch' altri s' indebiti, e s' impegne;

La

La gara, e Boria fan, che non par duro,
 Anzi par ti consoli assai col dire,
 Quand'io perda a ragion, non me ne curo.
Questa, per bella in campo comparire,
 In caccia, in giostra, cani, arme, e cavalli,
 Di paesi diversi fa venire.
Questa in conviti, in maschere, ed in balli,
 Liberal si dimostra in tanti modi,
 Che l'abbaco non basta a raccontalli.
Intra te stesso Borioso godi
 Delle spese, dell' abito, e destrezza,
 Come senti qualcun, che te ne lodi.
Da questa, perchè roba non apprezza,
 Fu ritrovato quel mandare i Doni,
 Che ritengono in se Boria, e grandezza:
La Musica perfetta, i dolci suoni
 Delle voci raccolte in varie parti,
 E de' conserti unicamente buoni.
In somma tutte le scienze, e l'arti,
 Riconoschin da te la loro essenza,
 Se gratitudin voglion dimostrarti.
Perchè di molte si potria far senza,
 Ma tu pur l'intrattieni, e l'accarezzi,
 Per mostrar tanto più la tua eccellenza.
Acciocchè tanti vasi non si spezzi,
 Di terra dico, quest' ha fatto fare
 In quel cambio d'argento tanti pezzi.
Quali oltre al magnifico illustrare
 Le credenze, e le mense, presto, presto
 Si posson n'un bisogno contrattare.

         Que-

Questa alli putti tien l'ingegno desto,
Nell' imparar, che fanno nelle Scuole,
Sol per l'emulazion di quello, e questo.
Non si vedrebbon mai belle figliuole,
Perchè le madri le terrien rinchiuse,
Ma la Boria altrimenti intende, e vuole:
Che con mille pretesti, e mille scuse,
Se non altro, le lassan pur vedere
A quelle gelosie così socchiuse.
Di qui l'amore accorto balestriere,
Bolzona qualche giovane galante,
Ch'ammartellato, l'amor suo godere
In prima si comincia dalla fante,
E con qualche presente sotto mano
Se la fa amica, e grata in uno istante:
Le parole ella poi mena pian, piano,
E se trova tentando buon riscontro,
Il resto si conchiude a mano, a mano.
Ho detto assai, nè credo aver riscontro
In quel, che forse avevi disegnato,
Ch'io scrivessi di Boria un bello incontro:
Una sottil camicia di bucato
Trapunta di turchino, o nero, o rosso,
O ricamata con oro filato:
Un giubbon dal sartore allor riscosso,
Pien di trine, frastagli, e ricametti,
Che qualche Ninfodor si stringa addosso:
Con calze lussuriose ne' taglietti,
Scarpe, e berretta, o cappel di velluto,
Fregiato di dorati puntaletti:

Tom. II.   M   Con

Con un sajo garbato, e pettoruto,
  E la cappa attillata, e ben guernita,
  Scopata sì, ch'un pel non sia veduto.
Con guanti profumati, che le dita
  Or coprino, e or scoprin con bacchetta
  Diritta, e 'n ogni modo ripulita:
Giuochi con sè medesmo alla Civetta,
  Brami, ch'ognun l'addite, e lo rimire,
  Mentre si pavoneggia, e si raffetta.
Non so, se disegnavi colorire
  Così la Boria, o quella, che col specchio
  Piglian le donne in quel lor ripulire.
Parlo io di questa, ch'empie altrui l'orecchio
  Di zucchero, e di mel, mentre s'ascolta
  Lodar qualche tuo fatto, o nuovo, o vecchio:
Se ben va spesso adulazione in volta.

CAPITOLO

IN LODE DELLO SPAGO.

Quel, che così appunto infilò l'ago,
  E vestì doppiamente l'orinale,
Non potette distenderci lo Spago.
Perchè le Parche, che stame vitale
  Ammatassan filando, il suo taglioreo,
Senza riguardo di far tanto male.
Io, che mel vedo a tutte l'ore intorno,
  E leggo, e sciolgo lettere, e ricordi,
Pur su capricci a scriverne ritorno.
Acciocchè quel, ch'importa, non si scordi,
  Lo Spago al dito, e all'anello avvolto
Serve alli smemorati, ed a i balordi.
Senza lui ogni libro staria sciolto,
  E spesso, sendo i quaderni in confusa,
Un per un altro ne verrebbe tolto.
Non s'avrebbe cestin, che fosse chiuso,
  Tutte le robe, ed altre mercanzie,
Che si mandano attorno per nostro uso,
Resterebbono sparse per le vie:
  Esso ne fa le balle, e stringe, e serra
Fagotti, con diverse mercanzie.
Senza lui non starebbe quella serra,
  Di che i mastri per l'Artiglieria
Fanno le fanne, e sondanle sotterra.

M 2   Per

Per quanto scuopre altrui la Notomia,
 I nervi non son'altro che spaghetti,
 Che s'allungano, e scorcian tutta via.
Non si può senza Spago fare archetti,
 Ragne, giachj, lungagnole, e strascini,
 Da pigliar pesci, lepri, e uccelletti.
Come farien senza esso i contadini
 In tanti lor bisogni? per infino
 In adoprarlo, come i ciabattini.
Lo Spago acconcia cerchj a botte, a tino;
 Perocchè dove Spago non si trova,
 Esso supplisce a conservare il vino.
Questo, nè paja a udirne cosa nuova,
 A tesser panni, e drappi, e far broccato,
 In mille nodi, e lacci si ritrova.
Serve anco all'archipenzolo attaccato,
 Che dalli Scarpellini, e Muratori
 Venga ogni sasso a piombo accomodato.
Esso alli falegnami, e segatori
 Di nero, o rosso lineato i legni,
 Non lascia del diritto uscirgli fuori.
Questo a sparvieri par che mostri, e 'nsegni,
 Quando da prima se li dà la concia,
 Ch'al fischio sopra il pugno se ne vegni.
Chi va in viaggio, portine qualch'oncia,
 Che come stringhe s'adoprano spesso,
 Fino a staffili, e redini racconcia.
Come farebbon gli Speziai senza esso
 Gli stoppini alle torcie? adunque lume
 Al bujo fa, con fuoco, e cera appresso.

Que-

Questo alla ripa di fossato, e fiume
In cima d' una canna spenzolone,
Con chiocciole, lombrichi, o qualch'untume,
Piglia ranocchi a lenza pel boccone,
Laschette, barbi, ed altro nuovo pesce,
Che benchè sguizzi, l' amo il tien prigione.
Ogni festa per lui verde riesce,
Spiega filze, ed accomoda gli arazzi,
E con frasche festoni addoppia, e cresce.
Di fiori, e frutti fa diversi mazzi;
Ed addoppiato fa canapi, e funi,
Che guidan navi, e guidan fino a pazzi.
Dove salci non son, ginestre, e pruni,
Strigne le scope insieme, e fa granate,
Acciocchè la immondezza non si aduni.
Attacca, apre, attraversa l'impannate,
Acciò non volin fuor colombi, e polli,
Tien le finestre con reti turate.
Distingue, accoppia, stende panni molli,
Onde le donne stan per lui sicure,
Ch' il vento la bucata non li tolli.
Gira le forme, fa varie armadure,
Come sarebbe a dir, quando si vuole
Di terra, o stucco lavorar figure.
Fa corpi di liuti, e di viole,
Fa tamburi, fa palle d' Appamondi,
Fa dardi da lanciargli fino al Sole.
Con sue matasse, e gomitol ritondi,
Si fanno scarpe, stivali, e colletti,
Valige, salsiccioni, e lunghi, e tondi.

Tiene i danari ascosi ne' sacchetti,
  O ne fa gruppi, per mandarli in volta
  A mille milion di strani effetti.
La Pittura saria quasi sepolta,
  Se lui non fosse, che lega i pennelli,
  E 'l piombo della riga anche ravvolta:
Onde si tiran linee, e fan modelli.
  I Cuochi se ne servono allo spiede
  Nel fare arrosto buoi, pesci, e uccelli.
Rincolla spesso ancora qualche piede
  Di vaso rotto, o di tavola antica,
  Come fra ferravecchi sene vede.
L'uva, ch'a la salsiccia è tanto amica,
  Da lui s'appicca, e conserva per quando
  Le vigne hanno de' cavoli a fatica.
Questo alle Chiese voti va attaccando,
  Ed a li palchi, provature, e pere,
  Prosciutti, e li finocchj ammazzolando.
Serve a scoppi, a balestre, a bombardiere,
  E da la tela distaccato, ancora
  Fa Prospettive, e Commedie vedere.
Coglie misure, li basti lavora,
  Selle, palle, sacconi, e materassi,
  E paternostri infilza, e li trae fuora.
Infila anche gli uccelli, e magri, e grassi.
  In somma fa servizj tali, e tanti,
  Ch'io non credo, ch' un banco li contassi.
Ma parmi ben, che sopra tutti quanti
  Gli abbin d'avere eterna obbligazione
  I Segretarj, insieme co' mercanti:

Qua-

Quali tengono aperta una ragione
  Di Banco, e con le lettere di cambio
  Accomodan danari a le persone:
Anderien spesso le lettere in cambio
  D'una parte, in un'altra, ma pur questo
  Avverte, non si faccia errore, o scambio.
Che separa, e unisce, acconcia a sesto
  Cedole, Bolle, Scritture, e li Spacci
  Serra distintamente, bene, e presto.
Fanno del Spago ancor questi puttacci,
  Ben spesso a che l'è fuora, e che l'è drento,
  Scaglie, sferze, zimbelli, e varj lacci.
Potete ricordarvi ancor, nel cento-
  Novelle del Boccacio il contrassegno,
  Ch'ei dava al piè legato, o stretto, o lento.
Quella Madonna, c'ebbe ardire, e 'ngegno,
  Del grosso bisogno, che si servisse,
  Benchè fosse per romperle il disegno.
Per paura, ch'egli ha, che non uscisse
  L'Anel largo di dito, ei te lo 'ngrossa,
  E lo ravvolge, acciò non si smarrisse.
Fa li sacchi, che cavan della fossa
  Il frumento, alli fiaschi s'accompagna,
  Acciocchè pane, e vino aver si possa.
Chi dell'altrui si vale, il suo sparagna,
  Scioglie co' denti, e con l'ungbie li nodi
  Del Spago delli mazzi, e sel guadagna.
Poi par, ch'insieme il ravvolga, e rannodi,
  Per far segnali al libro, accoppiar chiavi
  O perchè qualche maschera n'annodi.

M 4   O per-

O perchè attacchi alle finestre, o travi
Qualche gabbia con passera, o fanello,
Che ne faccia sentir versi soavi.
Quanto romor si fa per un cappello?
Lo Spago, il che dovete aver veduto,
Lo tiene a perpendicol su l'avello.
Io t' ho disteso, me' ch' i' ho saputo,
Spago, cavami or tu di laberinto:
Come che senza te fora perduto.
Trova un cortese amico mio, non finto,
E digli, a voi vi manda un capriccioso,
Che disegnato m' ha, se non dipinto,
Mentre passeggia tacito, e pensoso.

CAPITOLO

IN LODE DEL VIN GRECO,

A MESSER FABIO SEGNI.

PEr la dolce memoria di quel Greco,
    Che da Roma è venuto profumato,
  Di che sempre vorrei godermi seco:
Non prima alla Mirandola arrivato
    Fui, ch'ebbi, che non mai bevvi simile,
  La penna a schizzar versi temperato.
Ma sì buon Vino più leggiadro stile,
    E dottissima man meriterebbe,
  Ch'alzasse al Ciel l'amabil sua gentile.

Obbligo a gl' inventori aver si debbe
  Di molte cose. Cerer fu benigna
  Del Pan, che con le ghiande si farebbe.
Di proprie man piantò Bacco la vigna,
  Per non ber acqua di fonti, o pantani,
  Che gonfia i gozzi, ed al fianco è maligna.
Nè mai si gloriar tanto i Tebani
  De suoi trionfi, quanto fer di questa
  Pianta gentil de' Vin Greci sommani.
La corona di pampani contesta,
  E quel tralcio, ch'ei porta per insegna,
  Di tal Greco inventor lo manifesta.
Non si poteva con voce più degna
  Battezzar questo Vin, per dimostrare,
  Come tra tutti il Principato tegna,
Che con farlo per tutto nominare
  Greco di Somma. Già la Grecia dette
  Le leggi al Mondo, e l'arti più preclare:
Somme le cose eccelse, ampie, e perfette
  Diciamo, ed Epicuro il sommo bene
  Nel piacer di tal Vin poner devette.
Dicon, che Omero, le cui carte piene
  Son delle lodi del valor divino,
  Non di rosso, ma greco empiè le vene.
E ch'Ulisse sì saggio pellegrino,
  Trapanò la lanterna a Polifemo,
  Qual si spegne in un soffio il lumicino:
Gabbandolo col Greco, e dall'estremo
  Periglio si salvò fuor della tana,
  Di buona parte de' compagni scemo.

En-

Ennio sul foglio allor mettea la mana,
    Quando era dal divin furor commosso,
    Il quale infiamma ogni mente più sana:
Ma valeva anco lui Greco, e non rosso:
    Gli altri Poeti, che d'acque *Elicone*
    Si contentino sol, creder non posso.
Come non posso pensar, che *Catone*
    In sua vecchiezza, in Greto l'ha pur scritto
    Plutarco, e 'n Romanesco *Cicerone*,
Si mettesse a imparare *Offis*, e *Tito*;
    Ma stimo ben, ch'il Greco gli piacesse,
    E vi facesse dentro assai profitto.
M'a chi non piaceria? sol ch'ei vedesse
    Topazj fiammeggiar fra l'oro puro,
    Non ch'al naso, e poi a bocca sel mettesse.
Quanti nuovi Astrolabj del futuro,
    Quanti limbicchi di cervelli, e borse
    Tentano indarno dichiarar l'oscuro.
Fan giudizj, e caselle per apporse,
    Dicon, che pioverà, dirà, farà,
    Ed ogni cosa altrui mettono in forse.
Tutta l'Alchimia in fumo sene và,
    Nè altro oro potabile si trova,
    Se non il Greco di somma bontà.
Questa bevanda la vita rinnova
    A chi ne gusta, e la virtù raffina
    Quanti più anni addosso si ritrova.
Pausilipo, dizion Greca, e Latina,
    Dal vulgo errante, *Passilico* detto,
    Amena è presso a *Napoli* collina:

                                                                  Qual

Qual fa buon Greco, anzi Nettare fchietto;
 Sì ch' a ragion Paufilipo fi chiama,
 Sgombrando ogni triftezza fuor del petto.
Quefto è di pregio tal, di tanta fama,
 Che l'uom qual Parto, quanto più ne beve
 Crefcer più fente l'allettata brama.
Tal' eccellenza in sè ritener deve
 Quel sì purgato, a' dì paffati avuto
 Da chi piacere in far piacer riceve.
Parte donato, e parte n'ho bevuto,
 Col farvi fopra mille bei difcorfi,
 E fommamente m'è fempre piaciuto.
Greco, dicea, or vadino a riporfi
 Portercoli, Trebbian, Centol, Chiarelli,
 Razzefi, Malvagie, Vernacce, e Corfi,
Grechi, Sangiuvignani, e Mofcadelli:
 Ch' appetto a te, con lor fopportazione,
 Pajon tutti rannate, e acquerelli.
Null'altro ha'l fuo licor, fopra il popone,
 Su l'infalata, e fopra frutte ancora
 Superior fi trova, o paragone.
Miglior per te la pefca s'affapora:
 Ond' è difputa tra' gufti efquifiti,
 Ch' a' buon bocconi attendono ad ognora;
Se fopra li mellon, sì faporiti,
 O fu le pefche monde, e inzuppate,
 Con maggior gioja fazj gli appetiti.
Gli altri Vin, chi di Verno, e chi di State,
 Son buoni, tu fe buon di ftate, e verno,
 E ferbi fin nel fondo ogni bontate.
         Bene-

Benedette le viti, che ti ferno,
 Benedette le man, che ti infiafcorno,
 Benedetti color, che mi ti derno!
Tu fai ne più, ne men, qual d'ogni intorno
 Bella Donna, che tien di State fresco,
 Di Verno è come star dinanzi al forno.
Quel nemica mortal del Romanesco
 Avea ragion volerti a tutto pasto,
 E ne' discorsi, che si fanno a desco.
L'ultima man ponea 'n ogni contrasto
 Con dir: la sta così, venga una tazza
 Di Greco, che 'l chiarisca, s'io non basto.
La tua virtute è di sì fine razza,
 Che bollito col legno sei ricetta
 Di quel gallico duol, che storpia, e ammazza.
Tu, di chi sente la penosa stretta
 Del mal del fianco, sei la man di Dio,
 Purch'anime di pesche entro vi metta.
Ma per ora non è l'interno mio
 Ragionar di malati, e mie parole
 Solo a te sano, e stomatica invio.
Chi come stanco ricrear si vuole,
 Stanco dell'aver troppo la giumenta
 Spronato, pigliar te con l'uova suole.
La tua dignità si rappresenta
 Alle vigne, alli pasti, e su la caccia,
 Nè altro mai che Greco si rammenta.
Tu profumi, e conservi la borraccia:
 Per qualunque trambusto raffinisci:
 La tempesta del mare è tua bonaccia.

Or

Or vedi tu, quanto vali, e gradisci,
  Con grande stato ch' a di te la tratta:
  Ma pur del tuo valor molti arricchisci.
La Dogana di Roma si contratta
  Gran prezzo; ma la tua molta gabella
  Suol rinfrancar qualunque spesa fatta.
Ogni cantina se ne rinnovella,
  Ogni Prelato si sforza d' avere
  De la bevanda tua soave, e bella.
Ma solo a pasto dassene un bicchiere,
  A chi però si trova favorito
  Da Monsignore, o dal suo bottigliere.
Lucullo fu per te mostrato a dito,
  Perciocch' avendo già veduto i suoi
  In qualunque più splendido convito,
O fosse innanzi pasto, o fosse poi,
  Dare un bicchier di Greco solamente,
  Forse perchè quel fumo non annoi:
Tornando d' Asia alla sua patria gente,
  Ne condusse gran somma, e volse tutto
  Il popol trionfasse Grecamente.
Fu pur concetto debole, ed asciutto
  Di chi pregava il Ciel, che le fontane,
  In questo di quaggiù miser ridutte
Buttassero con l' acqua anco del pane:
  Ei poteva pur dir Greco, e melloni.
  Oh fallace sperar di voglie umane!
Prego anch' io Bacco, ch' i voti fiasconi
  S'empian di nuovo dell' almo licore;
  Ma non sono esaudite l'Orazioni.

Vince

Vince l' aureo tuo nuovo colore
   Spumante, e brillante entro un bel vetro,
   Dell' Aurora, e del Sol l'alto splendore.
L'odor si lascia tutta Arabia addietro,
   Lo dolce umor soave in sè ridotto
   Non potria lingua dir, prosa, nè metro.
Il valoroso, e già bel giovinotto
   Alcibiade fu molto famoso,
   Per berne assai, nè non divenir cotto.
Tant' è la tua bontà, Vin prezioso,
   Ch' i' ho per iscusato un Reverendo,
   Che per la bocca sua ti tiene ascoso.
Scriver ha fatto, per quant' io comprendo
   Di lettere majuscole alla botte:
   Brigata, io non ne dono, e non ne vendo.
Essendone le bocche così ghiotte,
   Ha pubblicato contra i servidori
   Scomunica, demon, fiamme, aspi, e botte,
S'una gocciola sol ne traggon fuori
   Di cantina, o di casa; onde paura
   Avendo pur di sì fatti romori,
Non gocciole, ma assai giusta misura
   Ne cavan spesso, e sguazzanlo sotterra,
   E dentro casa ammassan poi le mura.
In somma se 'l pensier, Greco, non erra,
   Se d'ogni tempo n'avessi, e bevessi,
   Non crederei, che fame, peste, o guerra,
O altro mal di Morte mi nocessi.

CA-

CAPITOLO

IN LODE DE' RINFRESCATOI,

A MESSER CARLO CAPPONI.

Quel, che fece uno, poteva anche duoi,
 Un dico del bicchiere, e l'altro fare
 Capitol sopra li Rinfrescatoi.
Ma volse campo a qualcun' altro dare:
 Ond' a me è venuta fantasia,
 Cappon, volergli in parte celebrare.
Chi stato d'essi primo inventor sia,
 La sete o'l caldo, o che è sia nova, o vecchia,
 L'invenzion, fastidio non ci dia.
Credo, che prima s'adoprò la secchia,
 In quel buon tempo del viver a caso;
 Adesso in altra foggia s'apparecchia.
Fu poi pensato di far più d'un vaso
 Di terra, rame, otton, cristallo, argento,
 Tanto, che l'oro appena ci è rimaso.
E nell' Estate per ricreamento
 Degli occhi, delle labbra, e de' polmoni,
 Il vino in fresco vi si mette drento.
A chi non piace, Dio glielo perdoni:
 Benchè non sia da farne maraviglia,
 Ch'a i goffi anche non gustano i poponi.
L'ingegno, ch'ogni dì più s'assottiglia,
 Di bicchier nuova foggia ha ritrovato:
 Chi bassetti, e sottil, chi lunghi piglia.
          Chi

Chi sol caraffe con quel corpo enfiato,
  E collo mozzo, dentro l'acque attuffa,
  E 'l vin propina così rinfrescato.
Qual di secco saper, di forte, o muffa
  Non debbe, se si vuol render onore
  Al vaso; onde 'l bicchier spesso si ciuffa.
Il più pieno ha virtute in sè maggiore:
  E per la gelosia, ch'ei non offende,
  E' sempre il primo ad esser tratto fuore.
E liquor nuovo subito s'infonde;
  Onde fa 'l vaso di sè largo dono,
  E qual Divino ogni suo ben diffonde.
Ballan dentro i bicchier con dolce suono,
  Allegramente invitando ciascuno,
  Con dir: me piglia, che più fresco sono.
Pieni di bianco, di rosso, e di bruno,
  Di trebbian, di bruschetto, e di leggiadro,
  Ondeggiando all'intorno ad uno, ad uno.
Un gottoso, un rattratto farien ladro
  De' lor topazj, balasci, e rubini,
  Da rallegrare ogni cor tristo, ed adro.
Ma più d'ognaltro i vasi cristallini
  Fanno per la lor chiara trasparenza,
  Che ciò, ch'è drento, agli occhj s'avvicini:
Scoprono altrui ogni divina essenza,
  E di frutte diverse un cornucopia,
  Che sta nel fondo per magnificenza.
Ma bisogna col fil della sinopia
  Come si dice, idest cautamente
  Maneggiar cosa da spezzarsi propia.
                                    Quest'

Quest'avvertenza occorre parimente
 In que' di terra, che son da taverne,
 Fuor certi bianchi, o pinti egregiamente.
Quelli di rame, e d'otton sempiterne
 Durerebbono età; se non che spesso
 Artiglierie se ne fanno, e lucerne.
Quei d'argento ben fatti, e dove espresso
 Sia qualche bel fogliame, e mascheretta,
 Son in pregio maggior, e lo confesso.
Pure il cristal men costa, e più diletta;
 Ma non si può, nè convien far la spesa,
 Ch'alli Prelati, e a' Signor s'aspetta.
Non so già, se sia meglio, o peggio intesa
 Da lor l'usanza, ch'egli han di tenere
 Con fune al pozzo legata, e sospesa
Il Vin, che per lor bocca voglion bere;
 E sol si servon de' vasi, c'ho detto,
 Per salvafiaschi, e per un bel parere.
Privansi, pare a me d'un gran diletto,
 Della fresca rugiada, che fuor mande
 L'acqua, e d'aver il vino al dirimpetto.
Chi del salnitro si serve, e chi spande
 Ghiaccio nel vin, la sanità in periglio
 Mette, e fa danno al stomaco assai grande.
Onde si tiene più cauto consiglio
 Quel de' Rinfrescatoi, e questi ancora,
 Che faccin danno ci è qualche bisbiglio.
Ma che danno può far nella buonora
 Quel che diletta, e piace? ancor che'l vino
 Dicon, che tratto di cantina allora,

Tom. II.   N   E d'ac-

E d'acqua chiara, e fresca un caraffino,
   E' più sicuro ber, pur star cotanto
   Su li riguardi, è un vivere meschino.
Li piacer, che non s'hanno a bramar tanto,
   E spontaneamente vengon fatti,
   Obbligati ci tengono altrettanto.
Vuol il Rinfrescatojo a tutti i patti,
   Che ti cavi la sete, e ti ricrei,
   E che 'l voto bicchier col pien baratti.
Forse ch' ad ogni tua posta non bei,
   Senza aspettare, e senza liquefarti,
   Nel domandarlo volte più di sei.
Se talor per ventura saran sparti
   Bicchier di vin nell'acqua, ecco che viene
   Nuovo vino, e nuov' acqua a rinfrescarti.
Il Tavoliero il dì fra dì si tiene
   A canto ad uno, o due Rinfrescatori,
   Onde l'uom si ristora, e s'intrattiene.
Ch'altro credete, sieno, o con colori,
   O con scarpel, le vasa stese, e scolte,
   Da che li fiumi distillano umori,
Se non Rinfrescatoi d'acque raccolte,
   Che con soave mormorio sen vanno
   Irrigando li campi in strane svolte.
Dicon molti, che più d'altri lo sanno,
   Che col model di questi rimboccati,
   Gli Architettor le gran cupole fanno.
La nostra, so io ben, tra gli onorati
   Templi la prima, ch'a ragion si chiama
   Rinfrescatojo delli scioperati:

                        Sa-

Sarebbe lunga, e troppo antica trama
  A dir, come con questi nel diserto
  L'Ebreo manna raccoglie, e se ne sfama.
Lodarli tento in van, secondo il merto,
  Però sól narrerovvi la cagione,
  Ch'a celebrarli m'ha la bocca aperto.
Trovandomi a Mont'Ughi all'Uguccione,
  Con certi amici, e con vostri parenti,
  Dabbene, e gentilissime persone:
Cominciàr dopo pranzo a i più ferventi
  Razzi a giucare alla palla, alla corda
  E durò'l giuoco presso all'ore venti.
Ond' assetato, e stanco ognun s'accorda
  A bere, e d'un buon fiasco di Trebbiano
  Un di lor nel bisogno si ricorda:
L'altro un Rinfrescatojo di propria mano
  Cristallino empie d'acqua, men che mezzo,
  E quel Trebbian vi versa su pian piano.
Poi fino a sei si trastullaro un pezzo,
  Pigliando a capo chin buone sorsate,
  E rivestiti se n'andaro al rezzo.
Io sendo a giuoco tutte le altre Brigate,
  Corsi nell'uccellar, che voi sapete:
  E ripensando, com'or, ch'è di State,
Un pien Rinfrescatojo spegne la sete,
  Di qualunque Stagione orna l'Acquajo,
  Dentrovi pesciolin sguizzar vedete:
A dir di lui costrinsi il calamajo.

CAPITOLO

SOPRA UN VIAGGIO FATTO COL PROCACCIO,

A SER BENEDETTO DI BARONE.

CREDIATE pur, Ser Benedetto mio,
 Che l'andar a giornate col Procaccio,
Sia'l più bel spasso, che non so dir' io.
Basta, a chi vuol fuggir qualunque impaccio,
 O pagare, o prometter quattro scudi,
 E fino a Roma torre un suo mulaccio:
Con patto, ch'ei s'adopre, affanni, e sudi
 A farlo trionfar di strame, e biada,
 E che non abbia i piè di ferro ignudi.
E provveda anche l'uom di quanto accada
 A pranzo, a cena, e di fuoco, e di letto,
 E che lo guidi per la buona strada.
Il mio, tolto così bravo muletto,
 Si porta fino a mò presso che bene,
 Trottando nondimen per suo diletto.
Ma benchè sia talor duro di schiene,
 Mi fanno pur passar la fantasia
 L'orecchie Archimidaice, ch'ei tiene.
Anzi mi par, che l'una, e l'altra sia
 Model di rote di mulino a vento,
 Che larghe, e lunghe scrollan tuttavia.
Pur non è poco, che il suo testamento
 Mi faccia erede di tal paramosche,
 Qual d'ogni banda fa sventolamento.
          E non

E non è poco ancora, o ch'ei s'imbosche,
   O sia per fiumi, o per monti, o per piani,
   Che la via buona a chiusi occhj conosche.
Così ci siam condotti a Siena sani,
   E non è stata piccola giornata,
   Cavalieri otto di paesi strani.
Bel prospetto a veder tutti in Brigata,
   Chi sopra qualche rozza vetturina,
   E chi sopra la sua mezzo spallata,
Girsen dietro al Procaccio, e chi cammina
   Innanzi, e chi ragiona, e chi musorno
   Alle calate la bestia strascina.
Cavalcasi così fin mezzo giorno,
   Allor Messer si ferma a rinfrescare
   Le bestie, e quei, che seco s'inviorno.
La providenza sua non prima appare
   A qualunque Osteria, ch'un gran schiamazzo
   Si sente: ecco il Procaccio, ecco il compare.
Quinci un famiglio vien, quindi un ragazzo;
   Chi la staffa gli tiene, e chi li scioglie
   La valigia, i fangotti, ed ogni mazzo.
L'Oste, i Garzoni, e la Fante, e la Moglie
   Si dan da fare, acciocché contentato
   Resti con gli altri a tutte le sue voglie.
Fate voi, perch'ancor non è passato
   Il caldo affatto, e si conosce, quanto
   Ristori il vin lo stanco, e l'assetato.
Per la venuta sua stava da canto
   Prima alle Tavernelle, e dipoi a Siena
   Un liquor conservato per incanto

Un Trebbian, dico, di sì forse vena,
   Che del Padre Oceano appena l'acque
   Il fuoco spegnieren, c'ha nella schiena.
Il vermiglio anche non punto ti piacque,
   Sendo torbido agresto, onde dubi forsi
   Cacciar la sete, acciò non si scioldoque.
Non è mai bene all'Oste contrapporsi:
   Pur alcun domandò, se vi era meglio,
   Ma bisognò per forza di quel torsi.
Scorgevasi in la fronte, come in speglio,
   Ch'alcun dicea tra sè, come alla mazza
   Gli avea condotti il Procaccevol veglio.
Pur n'ogni modo si trionfa, e sguazza,
   E si ragiona, che doman da sera
   La Scala averà vin di fine razza.
E domattina si farà gran cera
   A Bonconvento. Intanto Messer l'Oste
   Co' suoi briganti briga, e si dispera,
Ch'ancor non hanno le lenzuola poste
   Sopra li letti, e fa furia, che tosto
   Ciascun possa ire a voltolar le coste.
Due, l'un dall'altro non molto discosto,
   Dormon per letto, ogni uom le sue bagaglie
   Trofealmente ha n'un canton riposto.
E fino a tanto il sonno non l'assaglie,
   S'intrattien con diversi cicalecci
   Di negozj, d'amori, e di battaglie.
Io perchè di vendemmia i torcifecci
   Son più puliti, che non son ban spesso
   Cotai lenzuola, bianchi come vecci,

Co-

Così mezzo sfibbiato mi son messo
  A velar l'occhio al suon di più trombette
  Che con altri chiarin ronzanmi appresso.
Ma poco tal romor noja mi dette,
  Che dormii sodo fin presso al barlume:
  Allora una assai grossa arme si dette.
Oste, Padrone, una candela, un lume,
  Olà, metti le selle, porta a basso
  Quella valigia, ed ogni bagagliume.
A tal di busse, e d'uomini fracasso,
  Mi svegliai, m'allacciai, mi messi i sproni,
  E seguitai il Procaccio di buon passo.
Egli avea dietro quei duoi scatoloni
  Di Siminue, onde parea di quelli,
  Che incantan serpi, o vendon de' saponi
In Buonconvento (ma non si favelli
  Di così fatte robe per niente,
  Che te son propio incette da piastrelli.)
Venne una donna, tutt'inframmettente,
  Che dietro a pasto ci porse un paniere
  Di fichi eletti, e colti frescamente;
Ma nessun volse farle quel piacere,
  Di mangiar fichi dopo, sò ben ella
  Disse, che sono ancor buon dopo bere.
Lasciata in esso questa sgualdrinella,
  Ne venimmo tratton fino alla Scala,
  Ferventi balestrando il Sol quadrella.
Parte de' nostri assai parole esala,
  Per cavalcar più là fino al Ricorso;
  Ma del Procaccio il dir par, che prevala.

Il quale avendo già dato di morso
  Ad una pesca, e sopravi bevuto
  Certo Montepulcian, da pigliar l'orso.
E mostrando, che 'l vin gli era piaciuto,
  Forse per esser di quel di Fiorenza,
  Disse, scavalcar qui son risoluto.
Da che cenai con la Magnificenza
  Vostra, e del nostro Marian Guarnucci,
  Al qual parve allor ber per eccellenza.
Talchè mi par veder bombetti, e succi,
  Scoppi, strabili, e dica, quest'è cinia,
  E 'l voto fiasco odori, e dentro allucci.
Da che, dico, io partì, quest'è la prima
  Volta, che posso dir con verità
  D'aver gustato vin da farne stima.
Non vi pensaste, ch'a chi viene, e và,
  Se le non son persone segnalate,
  L'Oste voglia dar vin di tal bontà.
Ma nulla genti, nulla cavalcate,
  Quanto il Procaccia, e tutta la bestiale
  Sua corte, son sì ben per via trattate.
E perciò seco non si può star male:
  S'alcun dicesse, ch'ei cavalca forte,
  Vadane in coste con un vetturale.
Quel Capitan, che va primo alla morte,
  Alli stenti, a' disagi, ogni poltrone
  In quell'istante suol far bravo, e forte.
Onde ben è solenne infingardone
  Chi col Procaccio non regge a viaggio,
  Se ben si và talor forte, e trottone.

S'al

S'alcun dicesse, e' gli è fatto vantaggio:
 Ei passa franco, egli ha letto migliore,
 E pur fogli da ingosso, e beveraggio.
Pensare a questa mò sarebbe errore,
 Basta, ch'a salvamento ci conduca,
 Nè d'altra cosa si dè far romore.
Lunedì sera il prelibato Duca
 Alla Scala benissimo ci tenne,
 Senza che tutte le vivande adduca.
Una sola disgrazia c'intervenne,
 Che'l cuoco per la furia, abbronzò tutte
 L'ossa, le polpe, e sgnacci, e cotenne;
E le parti miglior tutte distrutte
 Fur d'un papera grassa, che'l galante
 Oste avea dentro pien di secche frutte.
Così trattò voi stesso quel furfante,
 Che mandò il vostro pero a Bracianese,
 Perchè voi non ne foste trionfante.
Il dabben Oste mi fu poi cortese,
 Di sì buon letto, e candido, che sopra
 Montavi, e per un pezzo non si scese.
Martedì per entrar più presto in opra
 Avanti l'apparire dell'Aurora
 Due ore, o più ciascun li sproni adopra.
E 'l Sole appena gli altri monti indora,
 Che ci trovammo scesi nella Paglia
 Sassosa, e quando piove, traditora.
Un buon ricordo or qui per me s'intaglia:
 Non la passate mai, quand'ella è torba,
 S'altri prima di voi l'acqua non taglia.

Par-

Parmi il puzzo sentir, che quasi ammorba
  Di tanti sventurati, ch'affogando,
  Ivi lasciar la Patria di lor'orba.
Ma ora il tempo è tanto venerando,
  Ch'in cambio d'acqua, troviam sassi, e rena,
  E sicuri l'andiam via trapassando.
Perchè senz'acqua non può venir piena;
  E ogni giorno più, da ch'io partì
  E' stata l'aria, e tranquilla, e serena.
Due ore, o prima avanti mezzodì,
  Giunti al ponte a Centina il postomastro
  Fè, che'l Procaccio scavalcasse lì.
Pelossi in furia allor più d'un pollastro,
  E tortole, e piccion furno arrostiti,
  E se ne fece a tavola un'impiastro.
Qui gli uomin son dal Ciel sì favoriti,
  C'han quasi tutte le lor membra d'oro,
  E li volti son proprio ori forbiti.
Fummo tentati rapire un di loro,
  Se non che ci fu detto, ch'a martello
  Non reggeria, di Zecca a far lavoro.
Anch'in Acqua-pendente qualche snello
  Volto amariglio fè di sè la mostra,
  E del suo giallo profumato, e bello.
Questo vantaggio ha pur Toscana nostra,
  Che vi son visi, c'han viso di perle,
  Nè con la Morte sì spesso si giostra.
Poco dipoi cominciossi a veder le
  Grotte, e poi dentro di Bolsena il lago
  Notar Folaghe nere, come merle.

Quai,

Quai, sendo ciaschedun di predar vago,
  Stavan sull'acqua intente, qual Narciso
  Gabbato già dalla sua propria immago;
A mirar d'ognintorno fiso fiso,
  Se qualche nuovo pesce poco accorto
  Entrasse loro in bocca all'improviso.
E pel lido arenoso entrammo in porto
  Di Monna Luna, ch'è fuor di Bolsena
  L'Osteria prima con bellissimo orto.
Ad onor del Proccaccio fu la cena
  In sulle ventitre sotto una fresca
  Pergola, e d'uva ancor gravata, e piena.
Ancorchè lo star quivi a niuno incresca,
  Pur per levarsi tanto più per tempo,
  E per più presto uscir di questa tresca:
Anticipando di dormire il tempo
  Ciaschedun s'astuffò nella sua proda
  Dicendo all'Oste, chiamaci per tempo.
In sulla mezza notte par che s'oda
  Un fracasso, ed era, ch'in la stalla
  Il mio muletto della mula coda,
Volendo cavalcare una cavalla,
  Li garzon con bastoni, e con forcine,
  Gli davan sulla testa, e sulla spalla.
Tanto che pur lo sbizzarrirno alfine,
  E già parendo, che di camminare
  Il tempo molto presso s'avvicine,
Cominciossi le camere alluminare
  E dir levate fu; che le valigie
  Si son portate a basso a caricare.

Al-

Allor chi nere, chi bianche, e chi bigie
  Calze si messe, e stival così grossi,
  Che passerebbon le paludi Stigie.
Ed a sì bel seren via cavalcossi,
  Che le Stella ne fer lucida scorta,
  Ed a Montefiascon tosto arrivossi.
Ciascuna terra il vanta, e pregia porta
  Di cose egregie, Siena ha fama, e corte
  Di Bericuocol forti, e dolce Torta.
Montefiascone il Moscadello a some
  Imbotta, e tutta l'Anno a chi lo paga
  L'Oste ne mesce, e volentier ne prome.
So, che la bocca vostra non è vaga
  Di moscadello, e fumoso, e biscotto
  Ma di Greco, e Ranzati talor s'appaga.
Pur sè venite in qua se non a scotto,
  Siete forzate a cavallo, a cavallo,
  Sol per poterlo dir, gustarne un gotto.
Dal monte, per assai lungo intervallo,
  Fino a Viterbo è larga la campagna,
  E non mai piede vi si mette in fallo.
Un gran Signore, il quale in Francia, in Spagna,
  Ha per Pubblica ben corso più volte,
  Ed è stato più volte in Alemagna,
Scorgemmo da lontano, e con lui molte
  Persone, e bracchi a levar fiere intenti,
  Acciocchè da levrier restin raccolte.
Per via salutai molte di sue genti,
  Ma perchè mia bestiaccia all'altre tira,
  Da discosto si fer gli abbracciamenti.

                              Las-

Lassati questi, gli occhj avean la mira
 Verso Viterbo, che dal detto Monte
 Quasi sempre su gli occhj si rimira.
Ma pria, che fosser là le bestie gionte,
 Per sì lunga pianura, e caldo Sole,
 Sudava lor le natiche, e la fronte.
Onde perchè di lor ci'ncresce, e duole,
 Ed ancor per rispetto d'obbedire
 A chi così comanda, e così vuole,
Mercore stemmo in Viterbo a morsire,
 E dopo-pranzo possette chi volse,
 E comprar sproni, ed alquanto dormire.
Sul Vespro appunto ogni bestia si volse
 Inverso Ronciglione, e a Monterosi
 L'Oste la sera lieto ci raccolse.
Là dove scavalcato allor mi posi
 A scriver questa lunga filastrocca,
 Acciò la penna doman si riposi.
Che fate conto, come Nona scocca,
 Sarem, piacendo a Dio, tutti Romani:
 E credo avere a storpiarmi la bocca
In quel tanto baciare, e gote, e mani,
 E dir, quando arrivai, cesti, canestri,
 E ch'io m'allegro veder tutti sani.
E converrà di nuovo, ch'io m'addestri
 A sputar spesso Vostra Signoria,
 Per non parer di questi uomini alpestri.
Sendo il Procaccio buona compagnia,
 E poich'io v'ho già fatto la spianata,
 Venite, sozio, venite pur via.
Alla

Alla persona, che non ci è più stata
  Si può dir, che Baccano e'l primo doppo
  Monteruosi, e poi l'Isola affamata,
Dalla qual fino a Roma andrebbe un zoppo.
  Altro non vi dirò, se non che letti,
  E giumente addestrate sul galoppo,
Avrete, se venite, e vin perfetti.

LETTERA

A MESSER JACOPO SELLAJO.

Salvo la vostra, come caro pegno
  D'amistà nuova, e dal suo bel modello,
  Schizzo in risposta questo mio disegno.
S'Apelle, o Michelagnolo il pennello
  Avesser preso, non avrien potuto
  Ritrarvi, come voi fatto a capello:
Ond'io, che già per fama ho conosciuto
  Il bel Sellajo, or lo conosco espresso,
  E fin di quà l'ammiro, e lo saluto.
E potrò dir scontrandolo, gli è desso,
  Il che, perchè di me possiate fare,
  Mandovi un spolverezzo di me stesso.
Saper gli anni non dee molto importare,
  Massime che la mia rivoluzione,
  Non accade altrimenti astrologare.
Se malinconica ho complessione,
  Mi sforzo in buona parte, se non tutto,
  Che l'umor non alloggi a discrezione.

Nè

Nè Nan, nè grande son, nè bel, nè brutto,
  E per farmi da piè di gamba il fuso,
  Oltra ch'è lungo, maghero, e asciutto.
Dal ginocchio si piega alquanto ingiuso,
  Pur di dentro le cosce assai ben scarne
  Reggono appena il peso, che v'è suso.
Ma questo, che rilieva? a dimostrarne
  L'effigie, onde da piedi al capo torno,
  Per non vi discoprir tutta la carne.
Il capo mio pare uno spazzaforno,
  Ch'egli è tra bianco, e nero abbaruffato,
  Affumicato, arsiccio d'ognintorno.
La fronte, e gli occhj fan vario smaltato
  D'Agate, e grinze, e'l naso in prospettiva
  Ne mostra un barbacane sforacchiato.
La bocca è quasi da sonar la piva,
  E di merli ha levato assai difese,
  Tra'l naso, e'l labbro tal massa deriva.
Di cornuti mustacci all'Albanese,
  Che calafatterieno il Bucentoro,
  Sì ch'a le labbra fan doppio palvese.
Il mento ha nel bel mezzo un certo foro,
  Onde la barba nera, e discomposta
  In due parti scomparte un stran lavoro.
Questo, quanto al di fuor, serve in risposta,
  Quanto al di dentro, son anch'io de' vostri,
  Perchè l'ambizion non mi si accosta.
E se non dico Ufizj, e Paternostri,
  Lodo però, che sia felice vita
  Schivar de' vizj gli scogli; e li mostri.
                                  E per-

E perchè l'ozio è d'essi calamita,
  Bench'io mi goda dopo molti affanni,
  Qualche riposo, e libertà gradita:
Studio, e procuro, che li maturi anni
  Non si spendino indarno affatto, affatto:
  E così fuggo del Mondo gli 'nganni.
Con la Fortuna spesso anch'io combatto,
  Che come l'onda sopravviene all'onda
  Da più venti sospinta in un sol tratto:
Così dopo la prima, la seconda
  Disventura mi seguita, e la terza
  Rinfresca, cresce, innalza, e soprabbonda.
Ma come avvien, che la su in ciel si scherza,
  Or questa, or quella Stella intorno all'Orsa,
  E rota, e gira qual paleo per sferza.
Così fortuna incostante ne inforsa
  L'umano stato, or l'amaro addolcisce,
  Or gioja affrena, troppo in là trascorsa.
Ma se più oltre non incrudelisce,
  Ben soffrir posso la passata guerra,
  Oprando, quanto al mio genio aggradisce.
Che del mio vivo nella patria terra,
  E così vivo, picciola stanzetta
  Il più del tempo mi nasconde, e serra.
Se voi mai foste in quella cameretta,
  Dov'or Messer Anton Mirandolano
  Col divino Aristotil si confetta.
Ed io di già, ma non vi paja strano,
  Se dico d'esser stato Palatino,
  Le notte intere vi giucai di mano.
Simil

Simil a quella è questo mio stanzino
  Pieno di libri legati, e slegati,
  Quali mi fan star spesso a capo chino.
Sonvi due tele, ovver quadri attaccati,
  Nell'un Mercurio portator di nuove,
  Che li Talari ha per fretta scordati,
Ed ha lassato ancor la borsa altrove:
  Onde gli ho messo appiè Carniera, e Sproni,
  Quali han già fatte sanguinose prove.
Nell'altro Apollo sta tra due Leoni,
  Tiengli un la lira, e l'altro le saette
  Gli salva bellamente con gli unghioni.
Questi più che divin far mi promette,
  Debbe forse voler dir mosto cotto;
  Però non so, se questa offerta accette.
Quegli offerisce di tenermi a scotto,
  Se mi dispongo di tornare in Corte,
  E me ne fa dar spesso qualche motto.
Vengo di là pur ora, e la mia sorte
  Non accade provar s'è buona o rea,
  Basta, ch'io viverò fino alla Morte.
Che importa o qui, o altrove io mangi, o bea,
  Che, come ben ne dite, la natura
  D'ogni poco si nutre, e si ricrea.
Riputo felicissima ventura
  L'esser ricco d'amici, e tal guadagno
  M'accresce nuovamente la figura
Vostra, qual dell'idea non iscompagno:
  Resta, che se per voi posso covelle
  Vi serviate di me senza sparagno,
E seppellite questa fra le selle.

Tom. II.   O   LET.

LETTERA

A LORENZO SCALA.

Cortese Scala, di Febo, e d'Orfeo
 Il dolce canto, e tante penne, e mane,
 Quanto ha la fiera all'oche, e Briareo,
Non vi potrien di quelle Simiane
 Ringraziare a bastanza, ond'io vi resto
 Schiavo in catena, finchè mangio pane.
Non vi pensate dunque, che con questo
 Fiascon di Greco, qual vi mando, i' voglia
 Scior dell'obbligo il nodo, presto, presto.
Ma perch'io so quanto piacer vi soglia,
 Parte vi fo di sua somma bontà,
 Talchè possiate trarvene la voglia.
Nella prima dell'oro antica età,
 Allorch'il Ciel serviva per mantello,
 L'acqua pel vino, se così la stà:
Le ghiande in vece di pan fresco, e bello,
 E li prati per letto sprimacciato,
 E le grotte servivan per ostello.
In quel viver da tutti celebrato,
 Sendo ad uso comun qualunque cosa,
 Ma quasi niun di poi l'ha seguitato.
Forse perchè allo stomaco è nojosa
 L'acqua, le ghiande ingrassano i prosciutti,
 Su la piuma più morbida si posa.
        Tra

Tra gli antichi costumi il più di tutti
   Era quel barattar zucchero a mele,
   E di monte, e di pian frutti con frutti.
Chi volea pesche, dava delle mele,
   Chi volea fichi, dava de' baccelli,
   Chi volea brache, dava delle tele.
Non bisognava stillarsi i cervelli,
   Per buscare oro, o d'argento moneta,
   Nè com'ora, eran tutti trafurelli.
Viveasi la Brigata tutta lieta,
   Sapendo, che con semplice permuta,
   L'un l'altro ogni sua roba nessun vieta.
Tal buona usanza in fumo è risoluta;
   Per denar fansi ognor più brutti imbratti;
   Tanto la sete dell'oro è cresciuta.
Serve or di benefizj a far baratti,
   Di fuor l'onesto di permute nome,
   Dentro disonestissimo ne' fatti.
Il mio con voi bazzarro non so come
   Ha pizzicato anch'ei di Simonia,
   Acciocchè, come ei merita, io lo nome.
Ed è stata troppo util mercanzia,
   Per poco inchiostro cotante Susine
   Aver da vostra immensa cortesia.
Ell'eran grosse poco men che Pine,
   Fiorite, grosse, fresche, stagionate,
   E rugiadose vie più che le brine.
Onde s'arrivan ben condizionate,
   Sola vostra mercè, forse d'Adone,
   Ch'a gran ragion, quanto più puossi, amate.

Acquisto in Corte tal riputazione,
  Ch'a vista mi faran provveditore
  Di così belle prune, e così buone.
Ma io con sicurtà, per tal favore
  A voi ricorrerò, perchè altramente
  Non saprei donde poter farmi onore.
Or per finirla; con voi solamente
  Starò fino a Domenina, dipoi
  Mi raccomando; e se posso far niente,
Servitevi di me, com' io di voi.

LE TERZE RIME

DI STRASCINO DA SIENA,

ALLA PASQUINA.

POICHE', Pasquina, sei pur maritata,
   Io mi vò disperare affatto, affatto,
   Per non tener più a tedio la Brigata.
Non mi voglio ammazzar, ch'io sarei matto,
   Nè manco disperarmi per disdita,
   Ch'a far più ben, che mal mi trovo adatto.
Manco vo stare in solitaria vita,
   Perchè, s'io non vedessi mai persona,
   Sarei come una pecora smarrita.
Al Mondo non vò far più cosa buona,
   Dir male, e bestemmiare, e maladire,
   Com'uom, che perde a giuoco, e sempre intuona.
Sia maladetto, non so che mi dire,
   S'io mi dico la guerra, e l'armamento,
   O bestemmio il passato, o l'avvenire.
Io prego il Ciel, che quando e' tira vento,
   In qualche balza giù sì mi rovina,
   Ch'io non possa guarir, s'io non allento.
Sia maladetto il giorno, che Pasquina
   Non m'accettò per suo caro sconsorte,
   Ch'ogni mio male avria la medicina.

Io prego il Ciel, che quando e' piove forte,
  L'acqua m'acchiappi senza il capperone,
  E ch'io sia quasi a pericol di morte.
I' maladico Venere, e Giannone,
  Palla, Scupido, le Dee, e gli Dei,
  E nell'inferno Cerbero, e Poltrone.
Poichè non hai pietà de'fatti miei,
  Chiamerò Morte, e se la non mi vuole,
  Quand'ella vorrà me, non vorrò lei.
Io vorrei ch'ogni dì scurasse il Sole,
  Quando Rosquina si lava la testa,
  Che la non si nasciughi, come suole.
Io prego ancor, che venga la tempesta,
  Non solo all'uve, e fichi del suo sposo,
  Ma a boccalli, e ciò ch'altro v'è di resto.
Io prego il Ciel, quando sono in riposo
  Nel letto, che si sfondi la lettiera
  In sul più bel del piacere amoroso:
Poichè, Pasquina arrabbiatella, e fera,
  A chiamar Morte m'affatico in vano,
  Io chiamerò Tesifone, e Megera.
E prego ancor, che quando sega il grano,
  Che con la falce gli venga sfallita,
  E che si tagli un dito della mano.
Io prego ancor, quand'ella è col marito,
  Ch'a lui non si risvegli mai 'l bestiame,
  E a lei cresca maggiore appetito.
Io prego il Ciel, che pensi all'altre dame,
  E pagandole sempre di doppioni,
  Lei si muoja di freddo, e lui di fame.

Tan-

Tanto pregherò 'l Ciel inginocchioni,
  Che verrà sopra lor qualche sciagura,
  Che saranno esaltati i miei sermoni.
Almen sapess'io far qualche fattura,
  Ch'io priverei pur lui del naturale,
  E lei farei più ampla di natura.
Nessuno ha compassion del mio gran male,
  Lor si danno piacere, ed io meschino
  Bestemmio sempre il mio destin fatale.
Io prego ancor, che quando va al mulino,
  Che uno sterpo se gli appicchi al sacco,
  Che il gran si versi tutto pel cammino.
Sia maladetto Ceneres, e Bacco,
  Che non gli scalda per modo la schiena,
  Che lui stracchi le man, com'io le stracco.
Vulcan facci di ferro una catena,
  E leghi il suo marito tanto forte,
  Che lei venga à trovar me per la pena.
Quel che stuzzica il fuoco per diletto,
  Chiamato Jupiter, una fornace
  Gli faccia sopra il cuore à suo dispetto.
Marte, che se' nemico della pace,
  Dagli d'una lomparda nella testa,
  E fa guerra à costei, poichè gli piace.
Giove, c'hai le saette in tua potestà,
  Tragliene sforamando una dozzina,
  E piglia le più sode della testa.
O se gli è sù nel Ciel maggior rovina,
  Tra gl'altri Dei Venere, e Mercurio,
  Caschino addosso tutti alla Pasquina.

O 4   Co-

Così sieno per lei pessimo augurio,
  Gufi, Corbi, Civette, e Loccajoni
  Venghin tutti a cantar nel suo Togurio.
Idre, Vipere, Arpie, Tigri, e Dragoni,
  Quegli animai diventi, ch'ella ha addosso,
  E quei di casa Orsi, Lupi, e Leoni.
Vorrei dir molto peggio, ma non posso:
  Se non quando la va nell'altro Mondo,
  Non trovi nè Caronte, nè Minosso.
E così caschi al bujo profondo
  Lei, e 'l marito, e per maggior dispetto
  Pensin sempre, ch'io stia lieto, e giocondo
Con l'altre donne a godermi nel letto.

CAPITOLO

DELLE BELLEZZE DELLA DAMA.

Dappoi in quà, ch'io m'ebbi a innamorare,
  Sempre mi son sentito il batticuore,
  Che più non dormo, e non posso vegliare.
Almanco foss'io un bel cantatore,
  Ch'io li potessi dir l'animo mio,
  A chi m'incalappiò col suo splendore;
Ma pur vi darò dentro ancora io:
  Avendo un dì sarchiato il poponajo,
  Mi ritornavo a casa al mio sollo:
Io riscontrai la figlia del mugnajo,
  Di fatto, ch'io te l'ebbi sbilerciata
  Tutta addobbata, com'un bel pagliajo:
                                    La

La ne veniva alla ritonda alzata,
La mi mostrava que' due bei pedoni,
Ch'ognun pareva una zolla scalbata.
Un pò più su l'avea due gamboni
Dritti, distesi, come due calocchj;
Bianchi, ulivigni, come due tizzoni.
Va poi più su, l'aveva due ginocchj,
Ch'ognun pareva una cipolla intera,
Ed odoravan come due finocchj.
Le cosce lustran, come una lumiera;
Tutta pelosa assai più ch'io non dico;
Pensa quell'altra cosa, com'ella era.
Di sopra la vid' io fino al bellico
Rivolto in su, com'una copertoja,
Con un picciuol maggior d'un grosso fico.
Il corpo grande avea, com' una stuoja,
Tutto disteso, come un bel carniere,
E pendolava come una tettoja.
Le costole vid'io intere, intere,
Come un gratticcio tutte strette stavano,
Torte come un balestro sul teniere.
Due fianchi, come mantici soffiavano,
Grandi, e badiali, come ch'è il bue,
E come il lardo al Sol che luccicavano.
Le poccie le vid' io intrambe due,
Che come due vesciche eran gonfiate,
Come alla capra penzolavan giue.
Le braccia aveva lunghe, e sperticate,
Rimunitocce con non troppa rogna,
Le man come un rastrello roncinate.

Il

Il collo lungo, come una cicogna,
  La bocca larga, come una bureggia;
  E 'l mento se lo rade per vergogna.
Ogni dente pareva una barbeggia,
  Avean le labbra sua, ch'eran frescotte;
  E 'l naso come il becco della acceggia.
Due gote, che parevan due ricotte,
  E gli occhj, che parean d'una civetta;
  La fronte a modo di fondo di botte.
La treccola l'avea legata stretta,
  Ogni orecchio pareva un gran berzaglio,
  Così la vidi andar sola soletta.
Talch'io per lei mi trovo in gran travaglio;
  Non sò, s'io mi son vivo, o s'io son morto,
  E in ogni cosa sempremai abbaglio:
Considerate questo giglio d'orro,
  O com'io debbo spegner i miei danni:
  Sol toccando tal cose e 'l mio conforto,
S'i' posso poi lavar la carne, e panni.

CA-

CAPITOLO SECONDO

delle Bellezze della Dama.

Tu mi pari oggi la Deia Driana,
　Tu sei più fresca, che di Maggio un majo,
　Tu matti Elena, e la Fata Morgana.
Hai quel capoccia, che pare un pagliajo,
　Quegli occhi strafulgenti, bianchi, e neri,
　Che mi stralucon quanto un lampanajo,
Quei cigli come archi da tenieri,
　E quel nasin, tanto ben bucherato,
　Che pare un sampognin da far cristeri.
I denti a filo, come uno steccato,
　E quel bocchin par quel d'un campanello,
　La lingua pare il battaglio attaccato.
Quel bel mentino auzzo, e tonderella,
　Che mel par mille volte aver veduto
　In casa sul acquajo, sul piattello.
Quando io ti miro, io sto mezzo perduto,
　A contemplar le belle spalle, e 'l collo
　Pare una canna fitta in uno 'mbuto.
O s'io mettessi un pò quel becca in mollo,
　Ancor direi d'un'altra tua bellezza,
　Che l'hai n'un lato, e non vò dirlo, e follo.
Quando ci penso, sento una dolcezza,
　Ch'avanza al Mondo ogni altra melodia,
　E mele, e fichi, e latta, ed uva mezza.

Tu

Tu mi vai oggi tanto a fantasia,
 Perchè tu hai una certa natura
 Buona, che si confà proprio alla mia.
Io ho pensato una certa mistura,
 Che se tu vorrai far quel, che vogl'io,
 La potrebbe esser la nostra ventura.
E stu vuoi, ch'io ti conti il mio disio,
 Perch'io son sul comprar la masserizia;
 Vorrei commetter con te tutto il mio.
Benchè tu n'abbi più di me dovizia,
 Io vò, che ognuno abbia il dover suo,
 Per mantener insieme l'amicizia.
Metterò tutto il mio per mezzo il tuo,
 Acciocch' ognun si possa contentare,
 E così farem buono intrambo duo.
E se tu mi volessi anco provare
 Un mese, o due, egli è giusto, e dovere;
 So, che di me te ne potria lodare.
In questo mezzo io lavorrò'l podere,
 E porrò degli annesti, e farò fosse:
 Se tu mi provi, n'avrai gran piacere.
Ci porrò le più belle fave grosse,
 Che fanno l'anno que' bei baccelloni:
 Sai, che n'ho d'una sorte, che son rosse.
T'assegnerei più di mille ragioni
 Che questo potrebbe esser il tuo bene,
 Sai che non pongo bene anco i piantoni.
Tu m'hai inteso, orsù sai come gli ene,
 E vale il mio più di trenta fiorini,
 Tu l'hai da far più volentier di mene.
        E son

E son fornito bene in panni lini,
 E se vuoi, farem fatti, tu'l vedrai,
 Ch'io ho ancora un Asin con gli uncini.
Ogni dì crescerà 'l mio pure assai,
 Io ho ancor da someggiare un mulo.
 Orsù che presto mi risponderai,
Se tu'l vuoi far, se non grattati il culo.

CAPITOLO

DI MESSER PIETRO ARETINO

ALLA SUA DIVA.

MAdonna, ognun mi dice, ch'io vi faccio
 Quello piacere, e pascomi di fole,
 E nulla stringo, e tutto 'l Mondo abbraccio.
Le son pasto da libri le parole,
 Bench'io conosco, ch'io son in errore,
 Che 'n tutto è orbo, chi non vede il Sole.
Io mi sento crepar l'anima, e 'l cuore,
 E temo di morir, benchè si dica,
 Che bel fin fa chi ben amando muore.
Di Mastro Amor la legge è mia nemica,
 Aggiunga pur col mal, che Dio gli dia,
 Di Cielo in terra universale antica.
Ma torniamo al proposito, io vorria
 Farvi un piacer compito, e avrei già mosso
 Semiramis, Bibli, e Mirra ria.
        E s'io

E s'io potessi un dì salirvi addosso,
   Vi direi io con sodo naturale,
   Che per più non poter, fo quant'io posso.
Ma più presto n'andrò nell'Ospedale,
   Con dir, o ser amanti arsi di fede,
   Deh restate a veder qual è'l mio male.
Voi promettete i moggi di mercede;
   Ma le promesse non mi son capaci:
   Ch'a gran speranze uom misero non crede.
O ser Stallon poltron, quanto mi spiaci:
   Pur dirol, send'imposte per mio merto,
   Dolci ire, dolci sdegni, e dolci paci.
Bench'io sia un minchion, goffo, e diserto
   A consumarmi per piacer altrui
   Con speranze dubbiose, e dolor certo.
Son pazzo incatenato, e savio fui,
   E nel polmon continuo duol mi pasce;
   In questo stato son, Donna, per vui.
E Dio 'l sa, quanto odiato ho le bagasce,
   Pur piacendo al Signor del Mondo eterno,
   Sua ventura ha ciascun dal dì che nasce.
Son ammalato, e da sano ho'l governo,
   E la carne mi scanna all'ombra, e lume,
   E tremo a mezza state, ardendo il Verno.
Ed ammi avvezzo a così mal costume,
   Con la beltà, che fa gli uomini schiavi,
   La gola, il sonno, e l'oziose piume.
E s'io fossi un di questi amanti bravi,
   Vi sforzerei, se voi foste ben chiusa
   Sotto mille catene, e mille chiavi.

Anzi 'l vò fare, e faccione mia scusa,
 Che questo tener uno, or dentro, or fora
 Già s'usà fra le donne, oggi non s'usa.
Ma gli è cacapensier chi s'innamora,
 E poi che l'uomo è cotto, dievi drento,
 Ch'un bel morir tutta la vita onora.
Io son per voi biscotto, e me ne pento,
 Che se ben vel facessi alla distesa,
 Mille piacer non vagliono un tormento.
E perchè siete tanto buona spesa,
 A me direi, godendovi un tratt'io,
 Non lasciar la magnanima tua impresa.
Dunque dite di sì, caro cuor mio,
 Ne specchierommi in voi Turca assassina,
 Dove io veggio in me stesso, e 'l fallir mio.
E se mi date un sì, Ninfa divina,
 Quel furfantin d'Amor potrà ben dire,
 Grazie, ch'a pochi il Ciel largo destina.
Ma se un nò v'ha della bocca a uscire,
 Io mi voglio ammazzar oggi, o stassera:
 Che ben può nulla, chi non può morire.
Misericordia d'un, che si dispera,
 D'un, che conosceria fra tanti, e tanti
 La disiata vostra forma vera.
Io vaglio più ch'un milion d'amanti,
 E vadisi impiccar, e non motteggio
 Lancillotto, Tristano, e gli altri erranti.
La notte in sogno i' vi tocco, e maneggio,
 E tal dolcezza prendo in quel bel giuoco,
 Che se l'error durasse, altro non chieggio.
          Dis-

Disfammi il mio sognar qual unto al foco,
  E tanto è 'l latte, e 'l mel, che mi dimena,
  Che è meglio assai tacer, che dirne poco.
Io non ho più bambagia nella schiena,
  E s'io mi muojo in sì dolce pastura,
  Colpa fia vostra, e mio 'l danno, e la pena.
Bench'io sia un minchion aver paura:
  Che i ghiotti temon la Morte sì strana,
  C'hanno posto nel fango ogni lor cura:
Caso saria trovar qualche magana,
  Che in man mi desse quel bastardo cane,
  Fatto Signore, e Dio da gente vana.
Vorrei sapere, avendol nelle mane,
  Perchè contro di lui, frasca superba,
  Vie più dolce si trova l'acqua, e 'l pane.
Ma stoppato ha la mia bravata acerba
  Costui, che non so che di canovaccio
  Cleopatra legò fra' fiori, e l'erba.
Con il bravar, ch'ora a credenza faccio,
  Trovar farammi lui dietro, e dinanzi,
  Rose di verno, a mezza State il ghiaccio.
Chi si cruccia con lui, fa pochi avanzi,
  E ognun, che vuol far seco alla mistia,
  Sogno è d'infermo, e fole di Romanzi.
La gentil creatura ognor cincistia:
  Però dicemi spesso la gran foja,
  Pazzo è colui, che 'n tal giuoco s'arristia.
Egli è 'l vero, che fa vita da boja
  Un amante impazzito, il qual vaneggi,
  E nessun sa, quando si viva, o muoja.
                                        Mi

Mi dan per Dio dolor con lor motteggi
Certi zughi, che dicon da balocchi,
Ben non ha 'l Mondo, che 'l mio mal pareggi.
Coſtoro al Mondo ſon carne con gli occhj,
E ſi credon, che gli uomini ſien marmi:
Che infinita è la ſchiera degli ſciocchi.
Torniamo al quia, egli è forza, ch'io m'armi,
E cerchi alla mia Dea dar qualche ſcoſſa,
Che ben s'acquiſta pregio, altro che d'armi.
Io ho la fantaſia tutta commoſſa,
Per farglielo ſegreto, e di naſcoſo,
O ſpirto ignudo, o nom di carne, e d'oſſa.
Ma ſe la finge aver il Mal Francioſo,
O 'l tempo ſuo, ſopra cotal bisbiglio,
Tanto gli ho a dir, che cominciar non oſo.
La voglia, ch' ho d'incarnarmi n'un figlio,
Mi tenta in la luſſuria, e ciò n'accade:
Conoſco il meglio, ed al peggior m'appiglio.
Benchè l'imputtanirſi in la beltade
Coſa è da gran balordi, ond'io ti ſcarco
Tutta la mia fiorita, e verde etade.
Peggio l'Imperador Ceſare, e Marco
Fer, che non io, in tal cagion bizzarro,
Di vituperj come un Aſin carco,
Vien catenato Giove innanzi al carro.

Tom. II.   P   CA-

CAPITOLO

IN LODE DEL BICCHIERE,

DI M. BINO.

SIre, questo è un vaso non da bere,
 Nè da esser bevuto, ma col quale
 Si beve, e da noi chiamasi un Bicchiere.
Ed è di vetro, e di statura tale,
 Ch'a voi, che siete Medico, col busto
 Sol servirebbe ancor per orinale.
Di vetro è dico, schietto, e assai giusto
 Di statura, le quai due cose fanno
 Ber con gran sicurezza, e con gran gusto.
Certi altri meschinelli, e certi, c'hanno
 Tanti lavori intorno, e tanti imbratti,
 Danno un ber pien di sospetto, e d'affanno.
I Bicchieri han da esser così fatti,
 Corpacciutoni, e alti di mascelle,
 Alti, e fondi, e non bassi, come piatti.
Quei Bicchierin, che come campanelle
 Vanno sonando come infrescatoi,
 Son da fanciulli, e da donne novelle.
E fan, ch'il vin non si bee, ma s'ingoi,
 E si tracanni, come tuorli d'uova,
 E più che prima s'abbi sete poi.
Cosa, che non diletta, e che non giova,
 Perocchè il ber si debbe assaporare,
 Come chi qualche cosa assaggia, e prova.
          Non

Non può l'uomo con questi a furia andare,
  Nè berseli ad un fiato, ch'altrimenti
  E' potrebbe ire a rischio d'affogare.
Buoni son que' da risciacquare i denti,
  Da giel di cotognate, e da speziali,
  Che in una man talor n'han più di venti.
Questi son Signorili, Imperiali,
  Da un Re, come la Maestà Vostra,
  E da Signor magnifici, e reali.
All'età degli antichi, e alla nostra,
  Molti Principi a mensa n'hanno usato
  Assai più ch'elmi, scudi, e lance in giostra.
Voi non so già se l'avete provato,
  Ma ben mi dicon, ch'il vostro Paese
  Per questo conto è molto nominato.
E ch'a gara fa spesso col Francese,
  E che di qui si stima, che fuora nasce
  Tante guerre fra lor, tante contese.
Perocch'ognun vuol le cose pregiate,
  E gli Italiani sono ancor di quelli,
  Affinchè voi soli esser non crediate.
Questi perchè son grandi, ancor son belli,
  Sendo poca beltà senza grandezza,
  Quei pajon fraccurradi, e spiritelli.
Per ciaschedun, che di questi si spezza,
  Se ne rompe di quelli un centinajo,
  Perocch'ognun man quei, che questi apprezza.
Quelli imbrattan, questi ornano un'acquajo,
  Questi son da Padron, quei da famiglia,
  Da Signor questi, e quei da tavernajo.

P 2   Però

Però non se ne faccia maraviglia
  La virtù, se nel far sì gran presente
  Io avessi allentato un pò di briglia.
Ma l'esser grande il Bicchiere è niente
  Appetto all'esser puro, chiaro, e netto,
  E che paja lisciato con un dente.
Perocchè i lavorati, come ho detto,
  E sia di che ragion lavor si voglia,
  Recan noja a chi bee, ombra, e dispetto:
E a lavarli bene è una doglia,
  A costole, a cantoni, a martellati
  Non ci lascian mai fico, c' habbia foglia:
Messi a oro, dipinti, profilati,
  A liste, a reti, a reticelle, a nodi,
  Son da dar medicine a gli ammalati.
Vedere in questi il vin, par che l'uom godi,
  Ne' lavorati somiglian bevande,
  Come cervoge, polli pesti, e brodi.
Un Principe, e un Re, come voi Grande,
  Debbe aver cura di bere in un vaso
  Chiaro, e lucente da tutte le bande.
Acciocchè s'entro vi cadesse a caso
  Qualche cosa, o vi fosse messa a posta,
  Se ne avvegga con gli occhj, e non col naso.
Un di quei lavorati un mondo costa,
  Benchè a un Re come voi, ciò poco importa,
  Di questi ognun può comprare a sua posta.
Giova, unisce il vedere, e lo conforta
  Il vetro puro, con tanti colori
  Varj, l'abbaglia, e 'n più luoghi il traporta.

Que-

Questa varietà sta bene a' fiori,
  E per tal variar natura è bella,
  Ma non già ne' Bicchieri, o lor lavori.
La vostra Magna, o Fiandra è tutta quella
  Parte, che beve in stagno, e in argento,
  Potria così por bocca alla cannella.
Mai non si può veder quel che c'è drento,
  Se non ispesso un certo sudiciume,
  Peggio che feccia, inchiostra, e orpimento.
Ben è ver, che qualcuno ha per costume
  Bere a chiusi occhj, senza porvi cura,
  Ma s'io bevessi, i' vorrei veder lume.
Io intendo ancor, che l'argento più dura,
  Ma maggior è, che non si rubi questo,
  Che che 'l vetro si rompa la paura.
Ancorch' al vetro si trovò già sesto,
  Che non si saria rotto più ch' un piombo,
  Ma quel Maestro morì troppo presto.
Il Verazzan talor trasse, e Colombo,
  Dell' Indie con un vetro più tesoro,
  Che le bombarde lor col suo rimbombo.
Cioè con un Bicchier senza lavoro
  Di vetro, di che dar suol quella gente
  Ogni gran massa, un pozzo, un mondo d'oro.
Il bere in rame, in bronzo, ha del saccente,
  In zucca, in legno, in terra, in cuojo, in corno,
  Di corno, cuojo, terra, e muffa sente.
Ber con man non ha punto dell' adorno,
  Col grifo è un fucciare una minestra,
  E far stomaco a quei, che stanno intorno,

P 3   Sì

Sì ch' il vetro a dar bere più s'addestra,
   Ch' altro, ma chiaro, che traluca tanto,
   Che'l vin stia dentro, e paja alla finestra.
Però saria gran bene a por da canto
   Tante fogge di Beri, e di Bicchieri,
   E usar questa, che ne porta il vanto.
Tante dico, ch' i vostri bottiglieri
   Fan con essi un mescuglio, e un romore,
   Che par, ch' a spade giuochino, e brocchieri.
Il che non è nè util, nè onore
   A vostra Maestà, nè si conviene
   Alla virtù, che tanto avete a cuore.
Il Padron dunque mio, che vi vuol bene,
   Ed io con lui, perchè vi veggo spesso
   D' erbe, piante, e radici le man piene:
Questo don vi facciam, perchè con esso
   Vi moderiate, e non torniate a fondo
   Poichè tant'alto la virtù v'ha messo:
Dicendo, che chi vuol viver giocondo,
   Per dichiararvi ciò, c'ho detto addietro;
   Senza altre pompe, o vanità del Mondo,
Spenga la sete sua con un bel vetro.

GA-

CAPITOLO DI ANDREA LORI

IN LODE DELLE MELE,

A LUCA VALORIANI.

SE tu vuoi, che io t'accenda le candele,
   E ch'io ti tenga, e per questo t'adori,
   Ricordati di me, Luca, a le MELE.
Io non dico di quelle de gli amori,
   Che tu non intendessi a tristo senso,
   Ma di quell'altre, che ricoi di fuori.
Quelle di dentro, affè, ch'io non ci penso,
   Ma le tue dal poder, che tu dicesti
   Già di mandarmi, io n'ho pieno ogni senso,
Lascerò star, che me le promettesti,
   Benchè potresti dir, non è ancor tempo:
   Io tel ricordo acciò in mente ti resti.
Ed anco noi siam già vicini al tempo,
   Ed ho voglia cotal del caso loro,
   Che mi morrò, se tardan troppo tempo.
Ogni volta, ch'il lor nome sonoro
   M'esce di bocca, un piacere infinito
   M'occupa l'alma, ond'io quasi ne moro.
Quando io le gusto poi, mi fo sì ardito,
   Ch'io provo, e sento, quanto ha ben la notte,
   E tocco il ciel col piè, non che col dito.
Non han seco che far cardi, o ricotte:
   Ma che ne vuoi tu più? ch'agli ammalati
   Si vieta il pollo, e dan le Mele cotte.

Ben se ne sono accorti certi Abati,
 Che se ne fan portar sempre dinanzi
 Da certi giovanetti lor creati.
E non creder, ch'a alcun di lor n'avanzi,
 E se ne chiedi stiman tue parole,
 Sogni d'infermi, e fole di Romanzi.
Anco le pesche entro le loro scuole
 Hanno gran spaccio, ma senza tai frutte
 Son qual tenero fiore al caldo Sole.
E a dire il vero, entro le Mele tutte
 Son le gioje, e i piacer di questo mondo;
 Ma più, e men quanto più belle, o brutte.
Quivi è l'ovato, il quadro, il lungo, e 'l tondo:
 Quantunque a me la forma circolare,
 C'abbia il suo largo il lungo e 'l suo profondo,
Mi par a me, che si possa trovare;
 E lo prova col Rosso l'indovino,
 Del quale è guasto il tuo dolce Compare.
Or tornando a quel Frutto almo, e divino,
 Io ne son guasto, e s'io 'l sapessi certo,
 Ch'io l'alzerei per fino al Ciel turchino;
Ma il mio poco valore, e il lor gran merto
 Mi tengono a stecchetto, e la fatica;
 Ch'io direi pur di loro allo scoperto.
Pur s'io crepassi, e' convien, ch'io ne dica,
 Se ben mi desse il mastro una palmata;
 Ch'al mio dir troppo è veritate amica.
Non può negar già questo la Brigata,
 Se ben la mi negasse tutto il resto,
 Che senza lor non si può far pomata:
   Che

Che serve altrui più che l'olio, e l'agresto,
   Ma gli arrosti, e gli intingoli ove sono?
   E che faria 'l finocchio senza questo?
Questo è un Frutto troppo bello, e buono,
   E quando un poderin n'ha qualche pianta
   Giovane, e fresca, è di lui proprio dono.
Senza Frutta così soave, e Santa,
   Che spasso a Zanni sarebbe la sera,
   Mentre che alcun non recita, e non canta?
Quivi si scorge altrui con lieta cera
   Poi c'ha gittato il buon, cercar col torso
   Tirando cor qualcun nella visiera.
Altro è così nell'ingordigia incorso,
   Che non ch'il torso, e' non ne getta punto,
   Anzi se la trangugia a morso a morso.
Ecci ben gran dolcezza nel panunto,
   E per segno di ciò, gli dicon tanto;
   Ma non m'ha, quanto questo, il cor compunto.
Il fico già portò de' frutti il vanto,
   Per la qual cosa certe Donne sagge,
   Se ne nascoser per fin sotto il manto.
Ma 'l tempo, ch'ogni cosa al suo fin tragge
   Ha mostro al Mondo il valor delle Mele,
   Ond'ogni uom poi n'ha posto per le piagge.
Le Donne al primo steron sul crudele,
   Dicendo lor pastocchie sopra il fico,
   Poi ancor esse han calate le vele:
E si son risolute a qualche amico
   Delle Mele, ch'elle han, che è sì buon frutto,
   Dar, per non fare il lor giardin mendico.
On-

Onde si scorge oggi il Melo per tutto
  Usarsi, e fino a' putti, ed a' pedanti,
  Che vanno spesso in zoccol per l'asciutto.
Leggi in Galieno, in Ipocrate, e in tanti
  Altri, che fur dottor di medicina,
  Perchè di questo io non vò dir più innanti.
Aconzio, che fu già d'una Fantina
  Innamorato, come fea, s'in questo
  Non gli scopria la sua vita meschina?
Per Atalanta Ippomen vivea mesto,
  E fea bue Fiesolan, perocchè mai
  Non era al correr sicom'ella presto;
Ma questo frutto lo cavò di guai,
  Che come vide lei sì bella cosa
  Disse, questo vò io, che tanto amai.
Ed in vece di acanto, giglio, e rosa
  Ne coronò il capo del marito,
  Onde per quel n'andò gonfia, e pomposa.
Ma dimmi, ove si fece mai convito,
  Banchetto, o nozze, o pur solo un cenino,
  Che di Cibo cotal non sia fornito?
Fra due Mele il finocchio, e un centellino
  Di vin, t'acconcia lo stomaco guasto,
  E ti fa 'l fiato, e 'l celabro divino.
Son buone innanzi, in mezzo, e dopo pasto,
  Ma sopra tutto dinanzi io le voglio:
  Benchè altramente io fo poco contrasto.
Luca, io mi scorgo aver già pieno il foglio,
  E non ho detto di loro una parte,
  Ch'al mio scarpello è troppo duro scoglio.

Ma

Ma per dir anco di loro una parte,
 Quanto hanno onor, com' hanno preminenza:
 Il dirò, se 'l mio dir dal ver non parte.
Alle fiche si và con riverenza,
 Senza niente in capo, ove tu vedi,
 Ch' allor ti traggon con grande accoglienza.
Ma ch' abbin più di onor le mele credi,
 La cagione è, ch' i fichi basso, e nudo
 Ancor ti piglian, benchè non sia in piedi.
Ma le Mele gentili, al malo scudo,
 Ritto bisogna stare sempre, e dietro,
 Ch' altrimenti non s' hanno, io ti conchiudo.
S' aprono allora, e con sì dolce metro
 Ti piglian con dolcezza tale, e tanta,
 Che l' usa infino a Gianni, Cecco, e Pietro.
Onde Frutta così soave, e tanta
 Tener si dee con quella ambizione,
 Che 'l confortino, onde la turba canta.
Sarecci a dir, com' ella si ripone,
 Acciò la non si guasti, e si mantegna;
 E quai fra le miglior sien le più buone:
E qual terra a piantarle è la più degna:
 Benchè la basti giovin, bianca, e soda,
 A voler ch' il buon nesto in sè ritegna.
Come usar deesi, e qual d' esse ha più loda,
 E come corla nel montar sul frutto,
 A voler ch' altri sue dolcezze goda:
Come tener si dee pulito, e asciutto
 Il magazzin, dove le stanno ascose,
 E che non sien percosse sopra tutto:
Ed

Ed altre, ed altre ancor con queste cose;
Ma non finirei l'opra in sette volte;
Ed io son stracco, e convien, ch'io mi pose:
Ma le Mele aspett'io, come l'hai colte.

CAPITOLO DI M. LUCA MARTINI,

A VISINO MERCIAJO.

Già era il Sole all'Orizzonte giunto,
  Quand'io di Pisa venni quì stamani;
  Or si truova a Merigge di bel punto.
Ed ora ho desinato, e fra i Tafani
  Parmi sentir le Muse giù da'monti,
  Venute a diportarsi pe'pantani.
Ma se le non si parton mai da'fonti,
  Avran mandato qualche fattoraccio,
  Che riscuota l'entrate, e tenga i conti;
Poich'io mi sento un capo pien d'impaccio,
  Che razzola il cervello, e manda fuori
  Quel ch'io lor debbo come Poetaccio.
E s'io non son fra i rivi, o'nfra gli allori,
  Son n'un palude, e'n fra le sue cannucce,
  Che mi bagna, e difendon dagli ardori.
E quì scrivo, Visin, queste cartucce,
  Per mandarle in iscambio delle nuove,
  E farem, come dire alle mammucce.
Io sono in un paese, e non so dove
  Si salga l'erta, o si scenda la china,
  Nè per l'asciutto ancor, nè quando e'piove.
                              Che

Che quì per tutto è stato già marina,
    Nè si può dir nè 'n quaggiù, nè in lassù;
    Doti, che rado il Ciel largo destina.
Perchè s'tu te ne vai con l'acqua in giù,
    Per altra via in su torni con essa,
    Che non l'intenderebbe va quà tu.
La stanza è bella, e ciascun lo confessa;
    Ma ecci sol un mal, per dirlo in prima,
    La gente è poca, è molto male avvessa.
Questo vocabol mi sforzò la rima
    A dirlo alla Pisana, dove il Zeta,
    Com' a Firenze il sia, è in poca stima.
Ma lasciamo ir: quì corre ogni moneta,
    Ciascun si caccia ciò, che vuole addosso
    In casa, e fuor, a Terza, ed a Compieta.
Quì si rode la carne infino all'osso,
    Nè si fa caso da pesce a ranocchi,
    Che non importa molto a chi bee grosso.
Quì ci son savj assai, e molti sciocchi,
    Larghi, ed avari, e villani, e gentili,
    Poveri, e ricchi, e chi fa delli scrocchi.
Fra lor son litiganti sì sottili,
    Che di nessun si scorge la ragione,
    Che ci hanno il torto infino a campanili:
Ecci lo studio, sonci le magnone,
    Che ci empiono il contado, e tutta Pisa,
    Parte di bestie, e parte di persone.
E ti farebbe morir delle risa
    Un certo bravo messer lo Dottore,
    Ch'è fatto tutto quanto alla divisa:
                                        Ei

Ei medica, ei consiglia, ei fa all'amore,
 Ed ha Galieno, e Gin, Cupido, e Marte,
 Tutti su per le dita, e 'n mezzo al cuore.
Ogni Scienzia qui s'impara, ogni arte,
 Ogni esercizio ei fa gran guadagno,
 Ed ogni bel piacer ci ha la sua parte.
Qui è fiume reale, e mare, e stagna,
 Un monte, che circonda la pianura,
 Ond'escon fonti, ed un salubre bagno.
Questo paese è 'l cucca di natura;
 Mal governo da' suoi, e da' vicini,
 Pur ora ha ritrovato sua ventura;
Col Duca, che gli ha posto i suoi confini
 Per li bestiami, e fatto esenzioni,
 Comodi, e privilegj a'contadini:
Fa fabbricar di nuovo abitazioni,
 Ristaurare le vecchie, e dar lor vita,
 E delli paschi far possessioni.
Abbonisce, spaluda, e dà l'uscita
 A tutte l'acque, e le conduce al mare,
 Chè la diritta via era smarrita.
Da sè Sua Eccellenza livellare
 Le vuole, e le dispone, e le disegna,
 E di sua borsa ogni lavor fa fare.
Quella mi mostra ogni cosa, ed insegna
 Quanto si debba fare, e come, e quando
 Per condurre alla fine opra sì degna.
Io, che debbo seguire il suo comando
 Per tutte le cagioni, a questo attendo,
 Fatto l'altre faccende, e cavalcando,
       Me

Me ne vo per paludi rivedendo
  I lavor, che si fanno, e bene spesso
  Penso di desinare, ed io merendo.
Il caldo ci è grandissimo, ed appresso,
  Ci fa gran sonno, e non si può dormire,
  Senza pagarne un buon mal d'interesso.
E per non dar alle genti che dire,
  Un ben gli sta, se io m'addormentassi,
  Ti scrivo questo sol per non morire.
Ma però non vorrei, che tu pensassi,
  Che quest'aria di Pisa fosse trista,
  Ch'io parlo sol di questi luoghi bassi.
Nel resto la miglior mai non fu vista
  In ogni tempo; s'un non s'abborraccia,
  Sia gentiluomo, o villano, o artista.
Pur s'un ci ammala, in pochi dì si spaccia,
  O e'guarisce, se'l mal non è lungo
  Esce di briga, e gli altri non impaccia.
Basti questo per or, s'io non mi allungo,
  Incolpa l'ora, che vuol, ch'io mi muti,
  Per andarmene a Pisa via a dilungo.
Godi, caro Visin, che Dio t'ajuti,
  E'n grazia della tua bottega pommi:
  Pregandola a mio nome, che saluti
Li suoi compagni più noti, e più sommi.

CA-

CAPITOLO IN LODE DI PEGLI,

Villa del Signor Adam Centurioni.

Io credo essere stato ne' più begli
   Luoghi di Villa, ed al giudizio mio,
   Gli hanno a far poco, o non nulla con Pegli.
Chi lo vedrà, come l'ho veduto io,
   Possa esser fatto schiavo, s'ei non dice,
   Che gli è uscito delle man di Dio.
Gli è posto quasi in piano, alla radice
   D'un monte, e gli rasenta la marina;
   Che 'l fa del tutto bel, grato, e felice.
La State, il Verno, il giorno, e la mattina
   Vi si ritrova dolce Primavera:
   Doti, che rado il Ciel largo destina.
Io son d'opinion via più che vera,
   Che dove Adamo ebbe da Eva il fico,
   Con questo sia la ronfa del Vallera.
Gli è ben d'Adamo il luogo, ch'io vi dico;
   Ma buon per noi, se questo era quel primo,
   Che non l'avrebbe ingannato il nemico
Per mezzo della moglie, e così stimo,
   Perchè gli è savio, e pria che muova 'l piede,
   La pensa bene, il che fè poi quel grimo.
Questo suo Peglio è l'idea, e la fede,
   Di gentilezza, e d'ogni bel costume,
   A chi con diritto occhio ben lo vede.

Qui

Qui splende la virtù, ch'a i buon fa lume,
 E qui discaccia a tutti, e manda via,
 La gola, e 'l sonno, e l'oziose piume.
Li frutti, i prati, il parco, ed ogni via,
 Le fonti, l'uccelliere, e l'altre cose,
 Son poste a sesta, è con Geometria.
Nel palagio vi son maravigliose,
 E comode le stanze oltra misura,
 E mica non sognò, chi ve lo pose.
Che vi si vede buona Architettura,
 Ed è dipinto di storie, e grottesche,
 E vi son pietre, e marmi di Scultura.
L'acque vive lucenti, dolci, e fresche,
 Ch'escon di fonti, e di scogli, e di sassi,
 E che fanno vivai, ed altre pesche.
Nel risguardarle, e nel sentirle non stassi
 Lieto, e smarrito tanto dolcemente,
 Ch'e' non s'avvede, e ferma gli occhi, e passi.
E tanti bei concetti nella mente
 Gli vengon d'ora in or, di punto in punto,
 Ch'al Ciel trasumanar tutto si sente.
Quand'io fui sopra il pian d'un lago giunto,
 E visto un Isolotto gittar acque
 Con dolce melodia di contrapunto,
Maraviglia, e dolcezza al cor mi nacque,
 Talch'io diss'io per lui, come il Petrarca:
 Non al suo amante più Diana piacque.
E vi si va di dietro con la barca,
 E per terra si gira tutto fuore;
 Piacer, ch'ogni dolor dal cuor discarca.

Tom. II.   Q   la

Io non son nè Poeta, nè Dottore,
   Come disse quel nostro Fiorentino
   E mi venne il capriccio dell'umore.
Quest'è, diss'io al nostro Rinuccino,
   Un'esca di virtù, e calamita
   D'ogni anima gentile, e pellegrina.
Che Musica, Signor, v'ho io udita,
   Che ballar visto, e che dolci pensieri,
   Sentiti dir da compagnia gradita!
Chi non vi fosse stato volentieri,
   Vada fra morti a sospirar di guai,
   E passeggi sol Chiostri, e Cimiteri.
Io per me vi so dir, che consolai
   L'anima, e'l corpo, quanto alcun ne volle,
   E da canto i penser tutti lasciai.
Messer Gregorio ci tenne a panciolle
   Con tavole fornite da Signori,
   Che vo da tener sempre il becco in molle!
E tante cortesie, e tai favori,
   Ci fece il giorno, ch'io restai prigione
   Di così gran carezze, e grandi onori.
Nel ringraziarlo, ei mi disse, il Padrone
   M'ha imposto, che così sempre si faccia,
   Com'or a voi, a tutte le persone.
Io restai vinto, e abbassai la faccia,
   Ma il buon Vinci soggiunse, e lieto disse,
   Iddio l'accresca, e sempre lo compiaccia.
Mi son restate nella mente fisse
   Le cortesie, il luogo, e'l gran diletto,
   Più che se in marmo, e'n bronzo un le scolpisse.
                                              Ben

Ben mi dolgo di me, e m'ho in dispetto,
 Non saper con la penna almanco un poco
 Contar l'istoria, e dirne il mio concetto.
Ch'io non saprei più dir di quel dappoco,
 Che mangiò gelatina di Gennajo
 Con le finestre aperte, e senza fuoco.
Ma s'io sapessi far col calamajo,
 Versi, come i Poeti daddovero,
 Che ne conosco vivi più d'un pajo,
Scrivendo mostrerei a tutti il vero
 Del luogo, e del Signor maraviglioso,
 E di ciò me n'andrei lieto, e altero.
Chi l'ha veduto, per presuntuoso
 Or mi terrebbe, ch'io direi nonnulla
 Appetto al vero, e parrei un basoso.
Chi no, direbbe, e va per una frulla
 Ciarlando troppo questo barbagianni,
 In sulla pesta d'Anton Carafulla.
Però standomi stretto ne' mie' panni,
 Insieme goderò questa memoria
 Col Vinci, s'io vivessi ben mill'anni.
Ch'a chi l'ha visto, non bisogna storia:
 Chi no, là vadia, che gli sia mostrato
 Cortesemente, e vedrà, s'io ho boria
Con gran ragion, d'essere a Pegli stato.

Q 2   GA-

CAPITOLO IN LODE DEL MORTAJO,
di S. B. a Lorenzo de Bardi.

Quando ripenso alle lodi immortali,
  Che si son date a Cardi, a Pesche, a Fave,
  A Fichi, a Ghiozzi, a Anguille, e Orinali.
E chi cantò del Forno sì soave,
  E de' capricci più d'un centinajo:
  Soggetti tutti da persone brave.
Ma che non si sia detto del Mortajo,
  Della circunferenza, e del pestello
  Che se n'adopra ad ognora un migliajo.
E come sia uno strumento bello,
  E come vi si adopri, e meni drento:
  Materia da Petrarca, e da Burchiello.
E che non sia stato messo al cimento,
  Al paragon d'ognaltra masserizia,
  Mi maraviglio, e per quinto elemento.
E ne fanno le donne una letizia
  Quando gli è forte, come s'appartiene,
  E pur ch'egli abbi pestello a dovizia.
Perchè questo ritrova ben le vene
  A noci, e a castagne, e a nocciuole,
  Per far tocchetti, e sien menate bene.
E che si facci un tic, tac, e vuole
  Esser molto gagliardo della stiena
  A maneggiarlo, e'l resto son parole.
Io ho visto talor, che si dimena
  Una fantesca, o la Padrona arrocchia,
  A menar fava la sera per cena.

Fa ch' il pestello abbi buona capocchia,
 E una presa nel mezzo a due mani
 A chi tiene il mortajo fra le ginocchia.
E l'usa ancor certi uomin grossolani
 Via dietro a la natura col pescare,
 Da gente grossa fra nostri Taliani.
Perchè costor non si voglion fidare,
 Nè creder, che la fante facci netto
 Savore, o falsa, che voglin mangiare,
Sel fanno fare a qualche ragazzetto,
 O servidor pulito, o dilicato,
 Che tengono un mortajo per tale effetto.
Questo modo da me mai fu lodato,
 Perchè mi pare usizio da persone,
 Che fanno il pan, la cucina, el bucato.
E mi son mosso per questa cagione
 A ragionar del Mortajo, e pestello
 D'una mia fante, c'ha molta ragione.
Io non aveva nè brutto, nè bello,
 E uno amico me ne prestò uno
 Sudicio, vecchio, e sverzato il cerchiello:
E putiva anco, che recere ognuno
 Averebbe fatto, e uscir gli occhj di testa
 A ogni Frate, che fosse digiuno.
Quand'io arrivo in casa, o bella festa,
 Sento le grida, i romori, il lamento,
 Con dir l'amico v'ha servito a sesta;
Ma sopra gli altri eran gravi tormenti
 Dicendo, del pestel com' ho da fare?
 Non mangerete facere altrimenti.

Perocchè in queste non ve lo vò fare,
  Non conoscete sporcizia fratina?
  Mandatel via, fatelo riportare.
Io feci il tutto, e poi l'altra mattina
  Io la provvidi a pestello, e mortajo:
  Talchè la cosa va bene in cucina.
Or delle lodi sue, per qualche pajo
  Dir mi bisogna, e che vi si fa drento,
  Per non esser tenuto un favolajo.
Io credo, che le passin più di cento
  Per tanti cibi, e per variati modi,
  Purch'il pestel non sia menato a stento.
Prima si fa savor liquidi, e sodi,
  Secondo il gusto a chi debba servire,
  A carne, e funghi, in tocchetti, o in brodi.
E delle salse che volesse dire
  Di tutti i modi agrestini, e guazzetti,
  Farebbe ogni oste, ogni ghiotto stupire.
Per uso delle torte, e de' confetti,
  Che si fanno in composta, e mandorlati,
  Con pillole migliaja ne' mortajetti.
A quante cose l'adoprano i frati?
  E così i Monisteri, e gli Spedali,
  In certi lor guazzetti, ed erbolati.
Potriano irsene a casa gli Speziali,
  Se non avesser pestello, e mortajo,
  Che val lor quasi più ch'i servizjali.
O che bel costo avrebbe un fornajo:
  O dove si merrebbe ognor le fava,
  Co' sonagli al pestello allegro, e gajo!

Ho

Ho già sentito una fante, una stiava
  Dir col pestello in mano una canzona,
  E cigolar la panca, ov' ella stava:
E in modo si valea della persona,
  E fea tal diguazzata della stiena,
  Che smosse l'appetito alla Padrona.
Vuole il pestello esser di buona lena,
  Che sia lungo, diritto, grosso, e tondo,
  E che s'avvinga con la mano appena.
E sopra tutto, ch'egli arrivi al fondo,
  E sia capace a ogni gran Mortajo,
  E tenuto pulito, netto, e Mondo.
E sopra tutto sia fatto al tornajo,
  Di legname tagliato a buona luna,
  Che non intarli, e non di bronzo, o acciajo.
E al Mortajo non manchi cosa alcuna
  Sia tondo bene, abbi gli orli perfetti,
  E cupo, che non esca cosa alcuna.
E abbi al sommo quei boccucci stretti
  Donde si cava la salsa, e'l savore,
  Ma sopra tutto, che gli tien ben netti:
Anzi si lavi a tutte quante l'ore,
  E poi nel rassettarlo stia bocconi,
  Perchè gli scoli ogni cattivo umore.
E mi han già detto certi savoroni,
  Che non voglion di quei per la mostarda:
  Talch'io conosco, che son di quei buoni.
E debban dilettarsi della farda,
  E camminar in zoccol per l'asciutto:
  Ma vadinsi con Dio, ch'il fuoco gli arda.

Q 4   Or

Or voi vedete, che comodo, e frutto,
   Si trae di questo Mortajo benedetto,
   Quando ha il pestello, e in ordine è del tutto.
Io mi conosco averne poco detto
   A quel che s'aspettava a merti suoi:
   Ma a tanto non mi serve lo 'ntelletto.
Ma voi potete ancor lodarlo poi,
   Per me supplire alle sue lodi tante:
   Perch'è luogo, e materia a tutti voi,
Che a me basta contentar la fante.

CAPITOLO

DI M. FRANCESCO BALBELLI,

IN LODE DELLA MARTINGALA.

SE voce avessi più ch'una cicala,
   Non potrei, qual si dee, cantare appieno
   Le lodi tutte della Martingala.
Or sì che prego, che mi colmi il seno
   Apollo di quel tuo santo liquore,
   Acciò nel buon del dir non venga meno.
Non bastano i dì intieri, non che l'ore,
   Per dir sol di sue lodi una sol parte,
   Da sgomentare ogni compositore.
Io credo, che l'usasse fino a Marte,
   Dio delle Guerre, ch'iva sempre armato,
   E che del farla egli abbia mostra l'arte.

Se

Se l'uomo potess'ir sempre sbracato,
  Che dalle calze non fosse sì stretto,
  Un viver saria dolce a ognun grato.
Ma poich' al Mondo per certo rispetto
  Usa portar le calze quasi ognuno,
  O vogliam dir più tosto per dispetto:
Non è cosa più d'utile a ciascuno,
  Che questa Martingala benedetta,
  Sia di bigio, di giallo, o bianco, o bruno.
Più necessaria all'uom, che la berretta,
  Più che le scarpe, i guanti, ed il cappello,
  E la sferza a colui, che và a staffetta.
Ella come del buono, anca ha del bello,
  E senza differenza a ogni etate
  Si convian, più che'l giubbone, o'l mantello,
E' buona il Verno, ed è buona la State,
  Nè men buona è di notte, che di giorno,
  Ed a tutte le sorti di Brigate.
Quando l'uom si sta fermo, se va intorno
  Se a piedi, e s'a cavallo si cammina,
  E' quasi necessaria quanto 'l forno.
Se ne può l'uomo servir la mattina,
  Innanzi, e dopo bere, il dì, la sera,
  Fuori, in camera, in sala, e in cucina.
Così se ne vendesse in ogni Fiera,
  E tutte le botteghe de' mercanti
  Ne fosser piene, e dica a buona cera,
Che non si potrian spendere i contanti
  In cosa, che paresser meglio spesi
  A ricchi, e a mezzani, e a furfanti.
                                        Ti

Ti ritruovi talor con tutti arnesi,
　E guernito, e stringato, ed ecco viene
　Voglia d'ire a votare i cibi presi,
E' ti caccia sì 'l foro appiè le schiene,
　Che pur ti faria forza, se non fosse
　La Martingala, aver le brache piene.
Puoi da banda tirarti, e dar le mosse,
　Sciogliendo una sol stringa: o che conforto!
　So che non vi bisognan troppe scosse.
A un bel garzon si faria pur gran torto
　Far le calze portar senza costei,
　Che ciò sia vero mostrerò di corto.
Che dovendo vuotar tre volte, o sei,
　Non è meglio una stringa dislacciare,
　Ch' una dozzina, e spesso in modi rei?
Serve la Martingala a cavalcare:
　Perchè se monti in caval troppo grosso,
　Puoi più le cosce con essa allargare.
Dimmi; s'un' uom si trovasse in un fosso,
　Per far suoi fatti con brache calate,
　E gli venisse qualche furia addosso,
Come schivar potria le bastonate,
　Non potendo a fuggir menare i piedi,
　A guisa delle bestie impastojate?
E se la Martingala avesse, vedi
　Ch'in pericoli tai non può trovarsi,
　Se gli venisser contra ben gli spiedi.
Quei, ch'ha la Martingala dunque stàrsi
　Sicuro può fin dalla cacherella,
　Che mai le brache non potrà imbrattarsi.
　　　　　　　　　　　　　　O Mar-

O Martingala santa, buona, e bella!
  Da cantar con più penno, inchiostro, e carte,
  Che non tien vezzi una donna novella.
Ma poichè a dir di te mi manca l'arte,
  E l'ingegno, mi taccio come stanco,
  Non sazio già, che non ho detto parte.
Conosco, che del mio debito manco,
  Perdonami ti priego, un'altra volta
  Con inchiostro migliore in foglio bianco;
Meglio dirò: per or suono a raccolta.

LE TERZE RIME
DI BRONZINO PITTORE.

CAPITOLO

IN LODE DELLA GALEA.

Quasi ogni gente, o nobile, o plebea,
 Senza saper perchè, giudica, e tiene
Per una mala cosa la Galea.
Quest' è, ch'a chi non cerca bene, bene,
 La ragion delle cose, avviene spesso,
Ch'e' piglia il ben per male, e 'l mal per bene.
Ognun si sa, com'io non ci ho interesso
 Nessun, nè vi fui mai, nè manco chieggo
Per quel, ch'io ne vò dir, d'esservi messo.
Vò dir, che senza passion eleggo,
 E non forzato, e senza pigliar parte
Di dirne tutto quel, ch'intendo, e veggo.
Or qui bisognerebbe tutta l'arte
 Di Cicerone, e 'nvocar qualche Dio,
Ch'avesse anch'ei remato la sua parte.
Non ch'io non creda aver dal canto mio
 Il ver, ma voi sapete, la ragione
Vuol essere ajutata, che so io.
Ha gran forza una vecchia opinione,
 E bisogna grand'arte, e gran fatica
A cavarla del capo alle persone.

Le

Le genti, che vivevano all'antica,
S'immaginavan tant'acqua nel mare,
Che i pesci vi campassino a fatica.
E s'un fin a Leon voleva andare,
Si confessava, e facea tutti gli atti,
Come se non ci avesse mai a tornare.
E se gli er'un, che fosse stato a patti,
Più tosto che voler far ben nessuno,
D'aver di corda ogni dì cento tratti;
O qualche bravo, che desse ad ognuno,
E non lasciasse viver le puttane,
Di mala razza, sviato, e 'mportuno;
Non potendo patir cose sì strane,
Allafin lo mandavano a Livorno,
Dicendo, in quattro mesi e' vi rimane.
Oggi si può veder, quant'e' l'erorno,
Dappoi che per piacer vi sta la corte
L'anno sei mesi, io non vi dico un giorno.
Ma quand'un meritava poi la Morte,
A novantotto, come dir, per cento,
Per governarlo d'una mala sorte,
Dopo lunga disputa, e parlamento
In Galea ordinavan, ch'egli andasse,
A star nel mare a quell'acqua, e a quel vento.
Immaginando, che com'e' mangiasse
Biscotto, o non vedesse i suoi parenti,
Non potess'esser mai, ch'e' la durasse.
Avean sentito dir, che mille stenti
Vi si pativa, e che sì dolorosa
Vita menavan le formate genti.

Co-

Così la turba poc'usa, e leziosa,
   Si pensa, che sia mal ciò, che n'ha viso,
   E corre a furia, e credesi ogni cosa.
I' non vò già agguagliar il Paradiso
   Allo star in Galea, ch'e' non paresse
   Cosa sformata, e da muover a riso;
E che poi la Brigata si credesse,
   Ch'i' mi burlassi, ov'io dico da vero,
   Come ricercan queste cose stesse.
Ma ch' il nero sia bianco, e 'l bianco nero,
   S'io non lo veggo, non potreste dire,
   Ch'e' non me lo faria creder S. Piero.
Ergo, per questo, che vuoi tu inferire?
   Voglio inferir, che dopo tanti mesi
   Era pur bene alla ragion venire.
E che gli antichi non si sono intesi
   Della Galea, e fassi un grand'errore,
   A mandarvi i Cristian legati, e presi.
Che s'e' non ne facean tanto romore
   Non sarà lor toccato a dir Galizia,
   Tanta gente v'andava per amore.
Mi maraviglio ben, che tu Giustizia,
   Che suol aver le bilance alle mani,
   Faccia della Galea tanta dovizia.
Com' s'e' non vivessino i Cristiani
   In questa, com'altrove, allegri, e in pace,
   O ch'ella fosse una stanza da cani.
Orsù, ch'i' veggo, ch'ella non vi piace,
   Sarà ben, ch'io cominci a metter mano,
   Tantoch'io possa farvelo capace.

                          Quell'

Quell'appetito, che si chiama umano,
  Va stuzzicando sempre la Brigata,
  Senza mai ritirar a sè la mano.
Onde chi porta in capo la celata,
  E chi sù per le carse gli occhi accieca,
  E chi fa carboncin d'una granata:
Chi sta a bottega, e chi porta, e chi reca
  Varie bagaglie, e chi compra, e chi vende,
  Come vuol la fortuna sorda, e cieca.
E chi presta a usura, e chi attende
  A rubar anche, e chi zappa la terra,
  E chi fa centomila altre faccende,
Ch'io non vi dico; e tutta questa guerra
  Si fa per avanzar roba, e danari,
  Perchè il bisogno non ti mandi a terra:
E che l'uom possa viver da suo pari,
  Fermarsi un tratto, ed esser governato,
  E star, come si suol dir, a piè pari.
Qui si può ben veder, quanto lo stato
  Della Galea sia generosa, e magno,
  Che com'un v'entra, e non gli manca fiato.
Non ha a pensar a sè, nè al compagno,
  Ma stassi a banco la mattina, e sera,
  Senza far conto di spesa, o guadagno.
Non dubita di nulla, e non ne spera,
  Ed ha lo stato suo fermo, e confitto,
  Che non la potea dir quando non v'era.
La carestia, ch'ha già tant'anni afflitto
  Questo paese, e ch'ha fatto i mercanti
  Ire in Levante pel grano, e in Egitto,

Non cade in mente a' compagni remanti,
  Caro a suo posta egli hanno l'ordinario,
  E fanno scotti proprio da furfanti.
Il luogo, e' panni pizzicar del vario,
  E ch'e' vi puza, mi par loro opposto,
  Poich'e' non v'è acquajo, o necessario.
Non accozzan mai insieme lesso, e arrosto,
  Cagion, che la natura non s'accorda
  A smaltir l'uno adagio, e l'altro tosto.
Il romor delle fanti non gli assorda,
  De' padri, delle madri, o de' figliuoli,
  E delle mogli non se ne ricorda.
Amor con le sue fiamme, e co' suoi duoli
  Mai non s'accosta quant'è lungo un remo
  A costoro, e bisogna ben che voli.
Ch'e' s'è già visto un uom, più che all'estremo
  Fracido, marcio, sfogatato, e morto,
  Per una donna, e sbigottito, e scemo:
Giunto in Galea non bisogna conforto
  Altro che questo, un guarisce in un tratto
  Con un pò pò d'incanto corto, corto.
Sarà tenuto fra costoro un matto
  Chi ragionasse di dare, e d'avere,
  Cagion, ch'il Mondo si rovina affatto.
Notaj, birri, o prigione, a lor piacere
  Quivi non se ne tiene un conto al Mondo,
  Passa il bargello, e si stanno a sedere:
Ma quant'altri pericoli nel Mondo
  Fanno a' mortali ognior, paura, e danno,
  Che stanno da coster discosto un Mondo?

Forsi

Forse ch'in vita lor sospetto egli hanno
   Mai di cader a terra della scala,
   Che ne cade, e trabocca tanti l'anno:
O che rovini il palco della sala,
   O'l tetto, o'l muro caschi loro addosso;
   Che spesso qualche casa ce la cala.
O romperli una gamba, il braccio, o l'osso
   Del collo, come accade, cavalcando
   Sbrucar le balze, o rimaner n'un fosso.
E così pe' paesi camminando,
   Esser rubati, assassinati, e morti,
   O esser impiccati, o aver bando.
O ch'e' sien guasti i lor poderi, e gli orti,
   O rubata la casa, o arsa, o tolta
   Per pidire, o che'l diavol ne gli porti.
Non hanno a serrar l'uscio della volta,
   Nè quel da via, l'armario, o lo scrittojo,
   O levarsi a vedergli alcuna volta.
E benchè questo eterno filatojo
   Addiacci, o arda, inumidisca, o secchi;
   A tutte le Stagioni han fatto il cuojo.
Credo più oltre, ch'e' non vi s'invecchi;
   Dall'uno all'altro è poco, e stanno tutti
   Rasi, e'mbruniti, che pajono specchi.
Cercano il Mondo, e godon de' suoi frutti,
   Senza spender s'intende; e tuttavia
   Con Ammiragli, Principi, e Dragutti.
Sì carezzata è questa Compagnia,
   Che non è sopportato, ch'ella tocchi
   Co' piè la terra, ovunque ella si sia.

E perchè non sia niun mai, che gli tocchi,
  Hanno sempre la Guardia, che gli guarda,
  Tanto che posson dormire a chius' occhj.
Fanno una complession forte, e gagliarda,
  Mangerebbon per sei; ma per lor bene
  Egli hanno sopra ciò chi gli riguarda.
Doglie di fianchi, o di stomachi, o rene,
  O di gotte, o di scesa, o Mal Francese
  Per buon ordine suo non ve ne viene:
Anzi c'è tal, che prima il legno prese
  Quattro, o sei volte, e non li giovò nulla,
  Giunto in Galea guarì in manco d'un mese.
Perchè quell'è una certa fanciulla,
  Che non vuol baje, e spazza ogni amoraccio,
  Come ben disse il dotto Carafulla.
Fosse che egli è mai dato loro impaccio
  Per isbalzargli, o per tor loro il luogo
  Da qualche mala lingua, o qualche omaccio.
L'invidia in questo stato non ha luogo,
  Nè dubitan giammai d'esser cacciati
  Insino al cener del funereo rogo.
Anzi talvolta certi sciagurati
  Si son fuggiti, e la pietosa mamma
  Ne va cercando, infinchè gli ha trovati.
E gli raccetta, e di manco una dramma
  Non ne fa loro, e rende lor l'ufizio
  Con qualche giunta, e non si turba, o infiamma.
E perch'ell'è persona di giudizio,
  La fa la sua Brigata accorta, e destra,
  E ben creata, e senza lezzi, o vizio.

E con-

E consiglia, e garrisce, ed ammaestra,
 E falla umile, e savia, e paziente,
 E d'ogni reverenzia Arcimaestra.
E perchè per lo mare avvien sovente,
 Una Galea con altra riscontrarsi,
 Quando d'amica, e quando d'altra gente:
Sanno come, e quand'hanno a salutarsi,
 E con un cenno, e con un riso appunto
 E parlar, e tacere, ire, e fermarsi.
E perchè l'ozio non gli offenda punto,
 Ognun diventa Maestro d'intaglio,
 E non è baja, appena ch'e' sia giunto.
E di tant'altre cose, ch'io non vaglio
 A raccontarle, onde con pazienzia,
 Quasi m'arrendo a tant'impresa, e caglio.
Talvolta un pocchettin di penitenzia
 Può sopportarsi, perchè tanto tanto
 Non aggravasse poi la coscienzia.
Quivi è comodità di farsi santo,
 Ch'il Diavol poco, e vie manca la carne
 Può dar lor briga, e 'l Mondo tutta quanto
Con le sue pompe: e chi volesse andarne
 In Paradiso, credo, ch'e' potrebbe
 Con questo mezzo, senza più cercarne.
Ogni arte, ogni scienzia vi farebbe,
 E la Filosofia so, ch'avrebb'azio
 Di contemplar più ch'ella non vorrebbe.
Credo ben, che starebbono a disagio
 Quivi i Pittor, non che non vi sia lume
 Ma non potrebbon far, se non San Biagio,

Laz-

Lazzero, o Jobbe, o altri per costume
　　Graffiati, o guasti; perchè la man salda
　　Non si potrà tenere o in mare o in fiume.
Per questo ella non è cosa ribalda,
　　Non ve ne vadia, questo vien da loro,
　　Questo non mi raffredda, e non mi scalda.
La Strologia vi varrebbe un tesoro,
　　Che vuole Stelle assai, e sonvi molti,
　　Che le veggon di dì, secondo loro.
La Fisonomia, che guarda i volti,
　　Può conoscere i ladri, e gli assassini
　　Da' soddomiti, e' tristi dagli stolti.
Perchè quivi non è barba, nè crini,
　　Che ti coprino i segni naturali,
　　O fatti a mano, sien grandi, o piccini.
In quanto alle sett'arti liberali,
　　Quivi s'impara Grammatica al primo,
　　Senza tanti Donati, o Juvenali.
La Musica vi tiene il luogo primo,
　　E massime di corde, e di tastame,
　　E se n'intende ognun da sommo a imo.
Annoverano spesso, ed hanno fame,
　　E sete delle Muse, e senza boria
　　Bastivi a dir, che non v'hanno altre dame.
E spesso vi si sente qualche storia,
　　E cantanle a vicenda quando tocca,
　　Ed avvezzansi a far buona memoria.
Superbia, Invidia, e Avarizia, sciocca
　　Cosa par loro, e stanno come agnelli;
　　E se va nulla attorno, a ognun ne tocca.
　　　　　　　　　　　　　　Qui-

Quivi non è taverne, nè tinelli,
  La pigrizia, e l'Accidia stanno altrove,
  E fuggon com' il Diavol que' cervelli.
Gli escon forse di casa, quand' e' piove
  Per le faccende, o ch'egli hanno a comprarsi
  Mantello, o calze, o altre cose nuove!
Veggonsi in quà, e 'n là senza fermarsi,
  Correr provveditori, e ufiziali,
  E se manca lor nulla, procacciarsi.
Hanno più cura, che non vi s'ammali,
  Che non hanno sei volte loro stessi,
  E forse che gli mandano a Spedali.
Fannogli ricoprir, se si vedessi,
  Ch' e' fossin pel remar sudati, o caldi,
  E pigliansene tutti gli interessi.
E lor si stanno, come dico, saldi,
  E son serviti; or parvi adunque questa
  Una stanza da ghiotti, o da ribaldi?
E' questa quella cosa sì molesta?
  E' questo quell' Inferno tanto scuro,
  Che si scambia alla pena della testa?
Voi non mel crederete, s' io non giuro,
  E pur è vero, e' fu dato la nuova
  A un, ch' era in Galea fermo, e sicuro,
Ch' egli era liberato, e facean prova
  Di levargli da' piè catene, e anella,
  E non vi paja questa cosa nuova,
Ch' ella gli parve una mala novella:
  Perocch' il compagnon vi s' era avvezzo
  A quella vita spensierata, e bella:

R 3   Stet-

Stette smarrito, e sopra sè un gran pezzo,
  Ma poichè vide non v' esser riparo,
  E che gli bisognava mutar vezzo:
Dopo la tratta d'un sospiro amaro,
  Chiese di stare insino alla mattina
  In quell'albergo disiato, e caro:
E chi gli avesse offerto la sentina,
  Purchè non fosse uscito di quel legno,
  Gli sarè parsa una stanza divina.
Chi vi s'avvezza, e non v'è poi disegno,
  Bisogna ritornarvi in capo al gioco,
  O ir pazzo pel mondo, e senza ingegno.
Io conosco un, che non è un dappoco,
  E fa sopra di sè bottega, e suona,
  E fu per forza messo in questo loco:
Andava affaticando ogni persona
  Per non vi star, e sapevagli male,
  Che quella stanza gli era troppo buona:
Quando e' v'entrò, gli stava male male
  Del Mal Francese, e non sapeva il folle,
  Che quella è la Ricetta naturale:
Guarì, ma in capo al giuoco, come volle
  La sorte ne fu tratto il poverino,
  E fu privato di stare a panciolle.
Uscito, gli parv' esser sì meschino,
  Che patito alcun dì, chiese di grazia
  Di ritornarvi almen per tamburino.
Ma quel che si sia stato, o la disgrazia
  Sua, o ch'e' disse tanto mal da prima
  La Galea non gli ha ancor fatto la grazia.

Ed

Ed ha ragion, ma certo, che si stima,
　Che se qualch'uom dabben ne la pregasse,
　Gli renderebbe il suo lato alla prima.
Perch'e' non è possibil, ch'in quell'asse
　Alberghi stizza, e chi n'avesse alquanta
　Converrebbe, che al primo la sputasse.
Anzi è sua cortesia sì larga, e tanta,
　Che chi rifugge à lei, la lo raccetta,
　Come franchigia, o altra cosa santa.
Un tratto i birri vollon dar la stretta
　A un, ch'e' non avean colto in iscambio;
　Ch'era una personcina benedetta:
Costui, che sapev'ir di trotto, e d'ambio,
　Corse per quella volta à tutta briglia,
　Come chi porta lettere di cambio:
E corse tanto, che quel piglia piglia,
　Che da principio gli fece paura,
　Era rimasto addietro già duo miglia.
E benchè potess'ire alla sicura,
　Per non aver ogni dì questa tresca,
　Si dispose provar la sua ventura.
E visto una Galea con gente fresca,
　Vi salse sopra, e disse, a Compagnoni,
　Della mia compagnia non vi rincresca:
Togliete un pajo di ferri begli, e buoni,
　Con una bella, e gagliarda catena,
　I' ve ne priego, e stava inginocchioni;
E ferratemi tosto, che già piena
　E' la strada di birri, e io vò starmi
　Con voi, finchè la Morte a venir pena:

E con-

E contò loro il tutto; allor con l'armi
Si fè tal cenno a'birri, ch'ognun disse,
Io per me non ho voglia d'accostarmi.
A colui intanto non se gli disdisse,
E fu messo con gli altri in ordinanza,
E fatto in modo, che non si partisse.
E sopra modo gli piacque la stanza,
Come colui, che più tempo avea fatto
Di molte cose insù questa speranza.
Il Signor com'intese questo tratto
Ordinò, che potesse andar per tutto
Libero dal Bargello affatto affatto:
E se voleva star, dove condutto
S'era da sè, vi stesse, e così venne
La sua speranza a maturare il frutto.
Non si potrebbe scriver con l'antenne,
Quando e' fosse anche il mar un calamajo
Non che con quest'inchiostro, e queste penne.
Gli esempli, che trapassano il migliajo,
Quanto si può guardar, che farien fede,
Che mentre, ch'io ne scrivo, i' non abbajo.
E se c'è forse alcun, che non mi crede,
Pruovi cinqu'anni, o più, se più gli aggrada,
Ma in manco la sua forza non si vede:
E sappiami poi dir, se chi vi bada
Troppo vi muore, o s'e' si parte, e dica,
Se chi non sia cavato se ne vada.
O bella vita, e di chi l'ama amica,
O bello stato senza invidia o tema,
E forse che s'acquista con fatica!

E fe-

E felice la gente, che vi rema,
   Che se per sorte piace lor la stanza,
   Possono starvi insino all'ora estrema.
E se non fosse, che troppo l'usanza
   Ho trapassata del, voi m'intendete,
   Cioè, ch'è stata lunga questa danza,
Direi cose sì grandi, che segrete
   Sono state fin quì, che forse, forse,
   Le male lingue si starebben chete.
E così tal l'offese, e punse, e morse,
   Che parendogli aver' errato assai,
   Confesserebbe infatto, ch'ei là corse,
Non s'arrischiando di guardarla mai.

CAPITOLO SECONDO

IN LODE DELLA GALEA.

Viene alla volta vostra la seconda
   Parte della Galea, poichè la prima
   Fu scarsa, e nuova materia m'abbonda.
Non già, ch'io speri di sue lodi in cima
   Arrivar, s'io vivessi ancor cent'anni,
   E cento avessi cominciato prima.
Ma per mostrare a certi Barbagianni,
   Che dicon male, e par loro aver vinto
   Il palio, come dir, di S. Giovanni:
Mi son di nuovo la Giornea ricinto,
   Se ben dall'opre sue, d'onor sì piene,
   Maggior furor del mio sarebbe estinto.

Quel-

Quella mostrò, che biscotti, e catene,
  O acqua, o vento, o sol, che vi si provi
  A chiunque vi s'accorda, torna bene.
E con ragione, e argomenti nuovi,
  E con esempli, e con autoritate,
  Quant' in luogo di nuocere ella giovi.
E tutto quel, ch'io dissi alle Brigate
  Sue proprie apparteneva: or fo pensiero
  Di far più larga universalitate.
Verràn le rime da casa S. Piero,
  A sì bravo soggetto, com'è questo;
  E forse, ò Muse, ch'io non dirò il vero?
In questa parte vi fià manifesto
  Sua bontà, sua bellezza, e util grande,
  E s'io vi potrò dare altro di resto.
Potremi cominciar da cento bande,
  E pur bisogna farsi da un lato
  Chi vuol entrar in sue virtù mirande.
Questo corpaccio, che Mondo è chiamato
  Pel suo disordinar sempre si trova
  In qualche parte corrotto, e malato.
E perchè quando a forza, e quando in prova
  Cade nel mal, secondo gli accidenti,
  Che si son visti dopo lunga prova;
Per riparare a' suoi inconvenienti
  L'alma Galea s'è fatta Dottoressa,
  E passa tutti i Medici eccellenti.
E fra l'altre Ricette ella s'è messa
  A componi' una, ch'e' si può dir certo,
  Che ella l'abbia trovata, e ch'ell'è dessa:

E

E quest'è un composito, un conserto
   O per dir meglio, una Triaca vera,
   Da far maravigliar ogni uomo esperto.
Ed halla fatta, ch'ella pare intera
   Cavata da un libro da Speziale,
   Com'ell'è scritta appunto, e com'ell'era.
Quivi si vede, quanto giova, e vale
   La mescolanza d'infinite cose,
   Che metton dentro in questa lor cotale:
Come dir, gomme, ragè, barbe, e rose,
   Elleboro, aloè, e scamonea,
   Ed erbe da mangiare, e velenose.
Un tempo fu, che'l Tiro si toglica,
   Or tolgon serpi, e vipere mortali,
   Che non sanno trovar cosa più rea.
Io non vi starò a dir quante, nè quali
   Cose vi vanno, e tutti i nomi loro,
   Ch'io starei troppo su pe' generali.
Basta in sustanza, che questo lavoro,
   Si chiama poi Triaca, e voglion dire,
   Ch'ella sia cosa, che vaglia un tesoro.
Perocch'usando tante cose unire,
   E calde, e fredde, amare, e dolci, e forti,
   Parte atte a consumar, parte a nutrire:
Vengon per questo mescuglio a comporti
   Una nuova virtù di quinta essenza,
   Che par, ch'ogni gran mal sani, e conforti.
Ond'io, che sempre amai la diligenza,
   Son ito per tal cosa investigando
   Della Galea la savia providenza:
                      Che

Che diligentemente esaminando
 Le malattie del mare, e della terra,
 Ch'andrebbon questo Mondo disertando:
Per mantenerlo sano in pace, e'n guerra
 Ha compilato questo lattovaro,
 Ed essi fatto il bossol, che lo sarra.
E ha tolto del dolce, e dell'amaro,
 Del salso, e dello sciocco, e del cattivo,
 E del buon, quanto l'era necessaro.
Ma perchè questo lattovaro è vivo,
 Di cose vive è creato, e composto,
 Or udirete in che modo io lo scrivo.
Prima in cambio di Rob, o sapa, o mosto,
 La spol tor osti, o maestri, o garzoni,
 Per qualque falso, che sia loro apposto.
Per cinnamomo, o bucciuoli, e cannoni,
 Toe sonator di pifferi, e suon grossi,
 Che se ne trova a questa cosa buoni.
Per pastilli, e farine pensar puossi,
 Che le son cari, i mugnai, e'fornai,
 Com'alle donne in parto i piccion grossi.
Scusonle e Pizzicagnoli, e Beccai,
 Mucilaggine, e mummia, e sevo, e grasso,
 Che ne trapela qualcun sempre mai,
L'once, le dramme, e gli altri pesi lasso
 Pensare a voi, che stadere, e misure,
 Hanno introdotto molti a questa spassa.
Per cose fredde, amare, acerbe, e dure,
 Si serve di villani, e contadini,
 C'hanno sempre alle man cento sciagure.
Cer-

Certi che si diletton poi di vini
  Tondi, scambian granate, e altre mele,
  E lascia stare in questo i cittadini.
Il Zucchero dipoi, la manna, e 'l mele,
  Ch' incorpora ogni cosa, ed empie il vaso,
  Come principal parte, e più fedele,
E' l'alta baronia di S. Tommaso,
  Che spesso v'è di lei, chi vien sì ratto,
  Che lascia per la via gli orecchi, e 'l naso;
Incenso, Mirra, ed altre gomme, matto
  E' chi non vede, ch'ella ne consuma,
  E sbucale, e dibucciale in un tratto.
Dell' altre cose, con che si profuma,
  Com'è Zibetto, Musco, Ambra, e Storace,
  Vagheggini attillati tor costuma,
E per erba nociva, aspra, e mordace,
  Bestemmiatori, e sbricchetti nojosi,
  Che non possono stare un' ora in pace.
Per Vipere, e Serpenti velenosi,
  Toe certe lingue doppie, e maladette,
  Di certi mal avvezzi, e licenziosi.
Certi, ch' han poi quelle man benedette,
  Entron per seme di canapa, e lino,
  Ch' anche in questa Triaca se ne mette;
Per zafferanno, e per ispezie fino
  Famigli d'otto, e sbirri d'ogni sorte,
  Come fa il Barba, il Mascella, e Papino;
Per solutivi, e Medicina forte,
  Ch'è di gran guardia, e non si piglia a gioco,
  Che ti scortica, o stroppia, o dà la Morte,
                                        Usa

Usa tor preti, e frati, che per poco,
 Che tu abbia da lor, ti tolgon tanto,
 Ch'e' sarè meglio impacciarsi col fuoco;
Il qual s'adopra a questo liquor santo:
 Ma dove gli Speziai co' calderotti
 Cuocon di molte cose, o tanto, o quanto,
Ha ordinato una cosa da ghiotti
 In quello scambio, e fa, ch'un suo creato,
 Con certo lardo acceso arda, e pilotti.
E perchè il lattovar sia rimenato,
 Si serve per ispatula, o fuscello,
 D'un' certo cosal secco attorcigliato.
E vassi attorno menando con ella
 Quanto bisogna, alcun lo chiaman nerbo,
 Alcuni anguilla, come par più bello.
Molte cose trapasso, e molte serbo,
 Ch'e' sare' troppo lungo a dire il tutto,
 E qualcun poi farebbe visa acerbo.
Con questa Teriaca il Mondo tutto
 Va medicando, e portala in persona
 Dov'ella vede di poter far frutto.
E danne spesso qualche presa buona
 A fuste, ed a fregate, ed altri legni,
 E come liberal sempre la dona.
Sana nazion di varia Fede, e Regni,
 Talchè s'e' fosse il Diavol dell'Inferno
 Par, ch'ella accetti ognuno, ed ognun degni.
E come ella gli tratta, e che governo!
 Mancan forse le Guardie, o gl'Infermieri,
 E'n somma ell'è di medicare il perno.

Fa

Fa fare à suo malati volentieri,
 Una buona dieta, spesso, spesso,
Toe loro il vino, e carica leggieri.
Perch'ella ha conosciuto, ch'in processo
 Di tempo i troppi cibi, e 'l ber vin pretto,
 Fanno le congiunture empier di gesso.
D'ingrossare il catarro, aprire il petto
 Sempre procura, e per guarir gl'infermi,
 La te gli fa gridar senza rispetto.
E perch'assai non istarebbon fermi
 Nel medicarsi, in tal modo gli lega,
 Che non bisogna dir guarda a tenermi.
Or cuoce, or taglia, ed or ugne, ed or frega,
 Or fa bagniuoli, ed or fa sudatorj,
 Or cava sangue, ed or qual cosa sega.
E così purga via per gli emuntorj
 Cuor, fegato, e cervello, e gli svelena
 Più che sei Varchi, Garbi, Ripe, o Honorj,
Conosce i mali al primo, e sa la vena
 Trovare, e quello impiastro, che bisogna
 Quando la Luna è scema, o quando è piena.
E bene spesso gratta anche la rogna,
 E cavane in un tratto il pizzicore,
 E tutto fa per non aver vergogna.
Questa ho io detto perchè oltre al liquore,
 Con ch'ella sana dentro, vi sia noto,
 Ch'ella cura anche la parte di fuore.
Fa tornar l'uomo umil, savio, e divoto,
 E fagli uscir di testa le pazzie,
 E fare spesso prego, o qualche voto.

Gua-

Guarisce certe strane malattie,
  Che non avrebbon rimedio nessuno;
  Per modo sono incancherite, e rie.
Chi fosse sgherro, lezioso, o importuno,
  Torna modesto, intero, e rispettoso;
  Cose, che non sa far così ognuno.
Chi cicalassi troppo, o licenzioso
  Fosse nell'opre, al primo lo raccheta,
  E fall'essere accorto, e timoroso.
La superbia diventa umile, e quieta,
  E la stizza si sputa, com'io dissi,
  E la malinconia si mostra lieta.
E chi fosse fantastico, e schernissi
  La Chiesa, torna trattabile, e pio,
  Ritornando alla strada, onde partissi.
Chi avesse pensier malvagio, e rio,
  Lo cambia tutto in bonario, e benigno,
  Ch'a queste cose ell'è la man d'Iddio.
Ha fatto prova insino a dello scrigno
  Assicurargli, e spiana lor le spalle,
  Per non veder quel d'intorno maligno.
Ma perchè saria lungo il raccontalle
  Per ordin tutte, e quanto ella sia dotta,
  Diligente, e felice, in medicalle:
Ne lascio andare un monte, perchè otta
  Mi par di darvi omai nuova vivanda,
  Prima ch'ella si freddi, or che l'è cotta.
L'ingegno in tanto mi si raccomanda,
  Che senza ajuto a cose sì soprane
  Teme di qualche erbaccia una grillanda.

Venite, o Muse, e conducete Pane,
Che se' s'abbocca con Nettuno, e Dori,
Non ci terremo a cintola le mane.
In questo Mondo è più sorte d'amori,
Fra' quali il principale è l'amicizia,
Così hanno scritto già mille Autori.
Or chi la vuol trovar senza malizia
Faccia, che la Galea lo chiami, e tiri,
E quivi n'è la fonda, è la dovizia.
Ovunque gli occhi affisi, o torci, o giri,
Vedi i tuoi amici se tu non sei cieco,
E non si pensa a lagrime, o sospiri.
Se tu vuoi bene a un, tu te l'hai seco,
Nè hai paura, ch' e' ti lasci a fretta,
Per ire in India, o nel paese greco.
Accresce l'amicizia, è fa perfetta
Far tutti un' arte, e portare ad un modo
I calzoni, il gabbano, e la berretta.
Nè ai paura, che si sciolga il nodo,
O la catena, che vi lega, e strigne,
Come d'asse si trae chiodo con chiodo.
Vò dir, ch'oltre all' amar, quivi costrigne
Certa necessità d'essere amanti,
Nè gli possono sciar lingue maligne.
Stannosi insieme ordinati, e galanti,
E i legami d'amore, e caritade,
Son quivi realmente, e tutti quanti.
E benchè sien di diverse contrade,
E Turchi, e Lanzi, e Cristiani, e Spagnuoli,
E di varj costumi, e volontade;

Tom. II. S Giun-

Giunti che son, pigjon tutti figliuoli
Nati ad un corpo, e diventan fratelli,
E credon nella fè de' barcaruoli.
Bella cosa a pensar, tanti cervelli
Avere una sol voglia, una sol cura,
E somigliarsi in viso anche a vedelli.
E perchè l'è di sì buona natura,
Non è legno nel mar, che sì galante
Vada, quant'ella, e più lieta, e sicura.
E s'è le piace andare in dietro, o innante,
Tragga che vento vuole, e sia il mar grosso,
La sprezza le fortune tutte quante.
Qualche volta le passa il mare addosso,
E stavvi un pezzo, e tutta la rinfresca,
Ch'è un piacer, che raccontar nol posso.
Chi è sopra coverta allotta pesca
Per comodezza, e chi non sa pescare
Almen si tuffa, infinchè gli riesca.
Accade qualche volta, ch'uno in mare
Traporta un'onda, e quando altro rimedio
Non abbia, adopra il non se ne curare.
Passasi il tempo lieto, e senza tedio
Quanto mai puossi, e non si sta mai solo,
Nè la pigrizia mai ti pone assedio.
Chi li piace vedere anche uno stuolo,
Come per Carnoval di mascherati,
Quando il cervel ne va per l'aria a volo,
Guardi un pò questi, che sono ordinati,
Me' ch'e' trionfi, e puovvi entrar chi vuole,
Senza spendere i bei venti ducati.

Qui-

Quivi s' intende almanco le parole,
  E cantavisi a dieci, a venti, e trenta,
  Con altra concordanza, che di Scuole.
Forse che per aver cantor si stenta,
  O si rinniega il Mondo a ragunargli,
  O ch'alcun ti promette, e poi si penta!
O ch'e' bisogna spendere, o pregargli,
  O perchè non affiochino in sul buono
  Serrargli in casa, e da Signor cibargli.
Questi a tener le battute, e al suono
  Ubbidir sempre, e non uscir di chiave,
  Passan quanti cantor mai furo, o sono.
Fanno il suon ferial, l'acuto, e'l grave,
  E poi hanno maestri di cappella,
  Che si fanno a compor le genti schiave.
Che la Galea proporzionata, e bella
  Sì è di misura, di grazia, e disegno
  Ognun l'approva, quando ne favella.
Somiglia il corpo uman, ch'è così degno,
  Ha capo, e piede, corpo, braccia, e fianchi,
  Poi ha memoria, volontade, e'ngegno.
Nè pensate, che parte alcuna manchi
  A somigliarlo, e lo sa ben, ch'intende,
  Senza ch'in questo m'affatichi, e stanchi.
Somiglia anche un uccel, quando distende
  L'ali alla vela, al becco, all' ir veloce,
  E quasi forma d'un bel cigno prende.
Ma s'ella urta talor, ferisce, o cuoce,
  Non mi sia contro: buono, e bello è Giove,
  E quand'egli è adirato, offende, e nuoce.

S 2   Qui-

Quivi si può trovar senz' ire altrove
  La politica intera, e di governi
  Tutte l'ordinazioni antiche, e nove.
Un' osservanza, un ordin vi discerni,
  Che mai fallisce, e non si scambia, o muta,
  Com' anche quelle de' cerchj superni.
E 'n somma e' non s'è mai cosa veduta,
  Che quanto la Galea, sia da tenere
  In pregio, e che ci sia, chi la rifiuta.
Ma questo può venir per non ci avere
  Il capo, e però voglion, chi sentenza
  Le leggi, ch' e' vi pensi, e stia a sedere.
Emmi piaciuta assai questa avvertenza,
  Che questa nuova venga nominata
  Da sì bella Città, quant' è Fiorenza.
E m'indovino ancor, che non mai ingrata
  Ad altri sia, ch' a' nostri del paese,
  Fia parziale, ospitabile, e grata.
Quant' ella sia amorevole, e cortese,
  S'è detto in parte, ed è pur bella cosa
  Trovar per sempre veste, alloggio, e spese.
Tenete pur a mente, che di cosa,
  Ch'io abbia detto, o sia per dir di lei,
  Non vò, ch'ella mi doni alcuna cosa.
Altra fiata vel dissi, quand' io fei
  La prima parte, ed or ve lo ridico,
  Ch'io non vò rimutare i casi miei.
Potria dir un, dunque le sei nemico?
  A questo, io lascerei dir, chi dicesse,
  Voi vedete, per lei se m'affatico.

Ba-

Basta ch'io non vorrei, che si credesse,
  Che l'avessi lodata per balzarvi,
  E volessi de' versi l'interesse.
E duolmi assai, ch'io non posso mostrarvi
  Mill'altre cose di memoria degne;
  Ma non vorrei però tanto straccarvi.
Come accende virtute, e'l vizio spegne,
  Senza salire in Pergamo, e con quanta
  Bravura spieghi le sue belle Insegne.
Com' ella sia religiosa, e santa
  A tempi, e sappia a tempi anche riporre
  I Paternostri, e'l libro, ove si canta.
Come facil si ferma, e come corre
  Velocemente, e come nulla teme,
  E come offende chi vuole, e soccorre.
Par, che tre Rome, voglia dir trireme,
  E figurò già Roma per la prua
  D'una Galea quel suo buon primo seme.
Che se non fosse altro, che queste dua
  Cose si vede, ed eccene infinite,
  La nobiltade, e la possanza sua.
Per or vi basti queste aver sentite
  Quasi per mostra, e facendo per voi,
  Quand'e' vi scade, e voi ve ne servite.
Un'altra volta vi prometto poi
  Dirvi più cose, e d'un' altra ragione,
  E potrete veder gli effetti suoi,
La sua giustizia, e la sua discrezione.

CAPITOLO DE' ROMORI,

A MESSER LUCA MARTINI.

Poiche' l'infermità vostra, e la mia
   N'impedisce il vedersi, e 'l ragionare,
   La penna in vece d'occhj, e lingua sia.
Ogni mattina il nostro singulare
   Maestro mi dà nuove, o Luca mio,
   Come la fate, e la siete per fare.
E mi raccende la speme, e 'l disio
   Di rivedervi, e già mi pare udirvi
   Picchiarmi l'uscio, e dir apri, son' io.
Intendo ancor, come perchè dormirvi
   Possiate più quieto, ha fatto il Tasso
   In camera una fonte comparirvi:
Che da certi zampilli, or alto, or basso,
   Ne spruzza l'acqua in sì soave pioggia,
   Ch' ogni affannato cuor n'avrebbe spasso.
La vostra cameretta iusta la loggia
   Terrena, sana, e fresca, un gran contento
   Mi porge, quand' io penso, chi v'alloggia.
Tanto, ch'e' non vi manca, a quel, ch' i' sento,
   Altro che sanità, ch' al Signor piaccia
   Rendervi tosto, e trarvi di tormento.
Ma io sto n'una stanza, di tre braccia,
   Sottile, e gnuda, e questo Sollione
   La scalda, anzi arde, acciocch' io mi disfaccia.

Intorno intorno ho quasi un bastione
Di case in tal maniera situate,
Che di maggior ardor mi son cagione.
In vicinanza ho le più sciagurate
Arti del Mondo, non voglion far fiato
S'elle non son percosse, e bastonate.
E perchè m'intendiate, i' ho dal lato
Sinistro la cucina del Cappello,
Cioè d'uno spezial, così chiamato:
Ch'ogni mattina a nov' ore in su quello,
Che stanco dall'ardore, e dall'affanno,
Mi goderei con pace un sonnerello:
Ei pesta, e trita, i' non sò che mal'anno
Ei si tempesti, che sei quarti d'ora
Ogni mattina mi fa questo danno.
Passato questo tempo, chi lavora
Vien a bottega, fra gli altri l'Aglietto:
E pure a ripensarvi m'addolora.
C'ha tolto a far, che nel Mondo un'aghetto,
Nè una stringa resti senza punta,
E picchia tutto il dì senza rispetto.
Dalla man destra una ribalda giunta,
O più presto derrata principale
A questa nostra casa abbiam congiunta.
E ci tornò in malora un'animale,
Che non si stende più là con l'ingegno,
Ch'a far di cuoja, o spalliera, o guanciale.
E tutto dì con un certo suo legno
Tempella in sur un ferro, nè giammai
D'un minimo riposa si fa degno.

S 4   Al

Al dirimpetto ho certi calzolai,
 Che cantan sempre, com' s' e' di dire,
 Diletto, nè piacer non hebbi mai.
E s'e' non fanno romore a cucire,
 E picchian col bussetto tanto spesso,
 Ch'e' si può quasi a ognotta sentire.
Abbiamo anche un Cojajo presso presso,
 C'ha fatto quasi tanto, ch'e ci aggrada
 Pe i suoi corrotti puzzi quel del cesso.
Ma non è mia intenzion, che la man vada
 Scrivendo altro per or, che di tempesta,
 E di romor per men tenervi a bada.
Costui non manca di tormi la testa,
 Come quest'altri, e fa un suo rivolto
 D'una pelle bagnata, e vien con questa
Fuori, e senza posarsi o poca, o molto,
 La sbatte, e picchia in terra, o sur un desco,
 E buona parte m'ha del cervel tolta.
S'io volessi contarvi, starei fresco,
 Il Romor de' fanciulli; onde tal volta
 Per dolermene ad altri, a me rincresco.
Questi di casa a farmi dar la volta
 Sariano assai, ma di fuor ce ne viene,
 Acciocch' e me ne' abbondi, copia molta.
I' non ho que' lor giuochi a mente bene,
 Ma io so ben ch'e' si combatte, e grida,
 In tutti quanti, e ne porto le pene.
Venuta l'ora poi, che par, ch'occida
 Il chiaro giorno, e che la leggier cena
 Ho presa, par, ch'il cor mi si divida.
                                    Cre-

Cresce allora il dolor, cresce la pena,
   Non pur pel mal, ma pe i folli Romori,
   Di che questa Città qua oltre è piena.
Noi siam qua presso a i marmi, dove fuori
   Si stan la maggior parte di que' tali,
   Che serbano il dormir dopo gli albori.
Di qui l'urla, e i Romor si senton, quali
   Sarian troppo in Inferno, e cantar forte
   Canzoni da disdirsi a Manovali.
O che fastidio grande, o Dio, che Morte
   Prova un povero infermo, che gli sente!
   E non gli val serrar finestre, o porte.
L'usanza è vecchia; io non dico niente
   Per esser da persone frequentata,
   C'han perfetto giudizio, e sana mente.
Ma s'ella mi paresse sciagurata,
   Or ch'io sono ammalato, anco mi spiace
   La carne, e'l vin, ch'è cosa sì lodata.
Forse tre braccia e mezzo appresso giace
   Il letto, ov'io mi struggo, e la cucina
   Di casa, e questo so, che v'è capace.
Noi abbiamo una serva cervellina,
   Che per parer pulita oltre al bisogno,
   Rigoverna la sera, e la mattina.
E perch'io non facessi qualche sogno
   Pauroso a dormir, così insul pasto
   Cerca tenermi desta, e fa 'l bisogno:
Ch'i' non son prima al letto, ch'un contrasto
   Sento di piatti, tegami, e scodelle,
   Che m'ha per tutta notte il sonno guasto.
Ab-

Abbiamo un pajo di secchie nuove, e belle;
Ma mal d'accordo, e spesso nel trovarsi,
Si dan percosse, che 'ntruonan le stelle.
E ho sentito dir, ch'e' debba farsi
Presto bucato, ond'io posso pensare,
Ch'e' s'ha a mettere in molle, ed ha a lavarsi.
I' so, ch'e' s'ha à sentir l'amico urtare,
E mi dà gran fastidio anche il sapere,
Ch' e' ci ha a venir delle donne a lavare.
Ch'oltre allo smisurato dispiacere,
Ch'io avrò nel sentir picchiar que' panni,
Voi sapete il ciarlar di quelle fiere.
Le sono stracche dal Mondo, e da gli anni,
Ed han fra lor certi ragionamenti,
Da dare à un mio par di molti affanni.
I' non vi potrei dir, quanti tormenti
Mi danno i cani: e 'n questa vicinanza
Se n'accozza ogni sera più di venti.
Anche le gatte, o che leggiadra usanza
Trovò natura, arrabbiando la notte,
Fanno tanto Romor, ch'ei me ne avanza.
Sopra certe torracce, e mura rotte
Qui presso, ho gufi, civette, assiuoli,
Bestie, o ch'io 'l penso, dal diavol condotte.
Stannoci a casa, e hannoci figliuoli;
Chi fa chiù, chiù, chi russa, e chi cinguetta,
Ed io mi sto sommerso in tanti duoli.
Quasi punto per punto m'è interdetta
Ogni quiete, anzi ho tanti dispetti,
Ch' e' sarà facil, che mi dian la stretta.
Ma

Ma raccozzando i tormenti, che letti
 Avete, e mille cose altre più strane,
 Sarian quasi piacer, quasi diletti,
Posti a comparazion delle campane,
 Ch'a scrivere, o pensar del nome pure,
 Nel corpo appena l'anima rimane.
I' n'ho cose da dir tante, e sì scure,
 Che noi faremmo una Capitolessa,
 S'io l'aggiugnessi a quest'altre sciagure.
O nojoso tormento, o briga espressa
 Del cervel de' mortali, odiosa al Cielo,
 Ed alla terra, e nemica a te stessa!
I' ho sì grande sdegno, io non lo celo,
 Con quel, che le trovò, le fa, le suona,
 Ch'i' me gli mangerei crudi, e col pelo.
Ma perchè intanto un bel Vespro m'intruona
 Il capo, e s'io lo sento, Dio vi dica;
 Onde la destra la penna abbandona.
Assai mi sia per or questa fatica,
 Un'altra volta, e con più salda mano,
 Vi scriverò di questa empia nemica.
Attendete a tornar gagliardo, e sano,
 E io m'ingegnerò di guarir tosto,
 Acciocch'in qualche luogo ce n'andiamo,
Da le campane, e da i Romor discosto.

G A.

CAPITOLO A MESSER BENEDETTO VARCHI,

IN LODE DELLA ZANZARA.

Varchi, i' vò sostener con tutti a gara,
   Che fra le bestie, c'hanno qualche stocco,
Il Principato tenga la Zanzara.
Ed ecci qualch'Autor, che n'ha già tocco,
   Ma non la conoscendo, ha detto cose,
   Che non si sarien detto da un Allocco.
Così son state sue virtù nascose,
   Che chi ne scrisse, non volse la gatta,
   Che la fatica, o l'invidia lo rose.
Io son d'una natura così fatta,
   Che quando io veggo 'l vero, o ch'io lo provo,
   Io son uso a chiamar la gatta, gatta;
Voi anche so, ch'avete fitto il chiovo
   Di dire il ver, e non bisogna orpello
   Con un'uom, che conosce il pel nell'uovo.
Costor vidon sì piccol questo uccello.
   Io lo chiamo così, perch'egli ha l'ale,
   Che lo trattaron com'un pazzerello.
Ben mi cred'io, eba ve ne sappia male,
   Perch'io son certo, che l'animo vostro
   Dell'invidia è nemico capitale.
Ma innanzi al fine io potrei avervi mostro
   Forse di lei tal cose, che forzato
   Sareste a consegrarle, e foglio, e 'nchiostro.
                               E po-

E potreste veder, quanto fu ingrato
  Platone, ed Aristotile, ed Omero,
  Ch'ebber l'ingegno a così buon mercato:
A non ne fare un libro intero intero,
  E lasciare star l'anime, ed Ettorre,
  Ed altro, che Dio sa poi s'egli è vero.
Ma tempo è ormai, ch'io vi cominci a porre
  Dinanzi a gli occhj scritto altro che frasche,
  E non vi cibi di venti, e di borre.
Scrivendo a voi, non mi par, ch'egli accasche,
  Ch'io cachi 'l sangue per farvi vedere,
  Come questo animal si crei, o nasche.
Per me confesso di non lo sapere,
  Ben sarebbe cortese opinione,
  E non ci costa a credere, e tenere,
Ch'ei nasca come nascon le persone,
  Ma qualche cosa, ch'io vi dirò poi,
  Me ne fa dubitar per più cagione.
Così potrete me' veder da voi,
  Pigliandon'una, che non è fatica,
  Senza ch'io vi disegni i membri suoi.
Or cominciam, che Dio ci benedica,
  Dico, che la Zanzara il primo tratto
  Si vede esser dell'ozio gran nemica:
La vorrebbe veder gli uomini in atto
  Travagliarsi, star desti, e far faccende,
  Come colei, che 'ntende il Mondo affatto.
E perchè sa, che 'l tempo, che si spende
  Nel sonno, è, come dir, gittato via,
  Si leva su, come il lume s'accende.

E và

E và sempre appostando, ove tu sia,
Quel che tu faccia, e se tu ti dimeni,
La ti farà di rado villania.
Ma quando ella s'avvedde, che tu vieni
Al fatto del dormire, anch'ella viene,
Per chiarirsi de' modi, che tu tieni:
E questo non lo fa se non per bene,
La vuol veder le persone assettate,
Non a casaccia, come vien lor bene.
Quanti si getterebbon là la State
Sul letto a gambe larghe senza panni,
Cogli usci, e le finestre spalancate?
Cosa, che dà col tempo degli affanni;
Perchè si piglia spesso una imbeccata,
O qualche doglia, che ti dura gli anni.
La prima, che ciò vede, una Brigata
Dell'altre chiama, e vengono a sgridarci:
Come si fa alla gente spensierata.
Cercan la prima cosa di destarci
Co' i canti lor, perchè noi ci copriamo,
Che starien chete volando mangiarci.
Ma s'elle veggon poi, che noi dormiamo
Scoperti, e non curiam le lor parole,
Le ci danno di quel che noi cerchiamo.
E par, che dichin, poichè costui vuole
Del male, a far, ch'ei n'abbia: nondimeno
Gli è mal, che giova molto, e poco duole:
Ch'elle ci cavan certo sangue pieno
Di materiaccia, ch'è fra pelle, e pelle,
E faria rogna, o qualch'altro veleno.

Io

Io metterei su altro che novelle,
   E giucherei, che i Medici, e' Barbieri
   Hanno imparato a trar sangue da quelle:
Come impararo a fare anche i cristeri
   Da quell'uccel, che'l becco frà peccati
   Si ficca, a farsi il corpo più leggieri.
Noi siamo a questa bestiuola obbligati
   Per mille cose, ch'io non vò contare,
   E noi ce le mostriam sempre più ingrati.
Io non me l'ho trovato, anzi parlare
   N'ho sentito a parecchi, che'l bel suono
   Delle trombe insegnaron le Zanzare:
Che di tanta importanzia al Mondo sono,
   Che ho voglia di dir, che senza queste
   E' non ci resteria troppo del buono.
Ponete mente il giorno delle feste,
   Dove si giuoca a Germini, ed allora
   Vi fian le mie parole manifeste,
L'Imperadore, e il Papa, che s'adora,
   Vi son per nulla, e le virtù per poco.
   Fede, e Speranza, ed ognaltra lor suora.
Il Zodiaco, e'l Mondo, e'l Sole, e'l fuoco,
   L'aria, e la terra, ogni cosa si piglia
   Con quelle trombe alla fine del giuoco.
La gente s'argomenta, ed assottiglia
   Fino a un certo che, poi s'abbandona,
   Gli studj, ed ogni cosa si scompiglia.
Chi trovò questo gioco, fù persona,
   Che dimostrò d'aver cervello in testa,
   E tanto manco poi so gli perdona.
                              Ch'

Ch'egli aveva a cercar, veggendo questa
 Tromba, tanto valer; di quella cosa,
 Che fu cagion d'un suon di tanta festa.
La qual trovata aver la generosa
 Zanzara in una certa ornata, e bella
 Dipinta, come quando, o vola, o posa.
E far, che fosse ogni trionfo a quella
 Soggetto, e così il giuoco andava in modo
 Che'l ver saria rimasto in sulla sella.
S'io stessi sano, e ch'io avessi il modo,
 Tanto ch'io fossi un tratto Imperadore,
 Io farei pur un'insegna a mio modo.
Io non ne vorre' andar preso al Romore,
 E lascerei quell'aquila a' Trojani,
 Che mandò quel fanciullo al Creatore.
La ne dovete far parecchi brani
 Del poverino, e dicon che fu Giove,
 Che'l portò in Cielo, io'l crederei domani.
E senza andarmi avviluppando altrove
 Torrei questa, ch'io canto per bandiera,
 Ed udite a ciò far, quel che mi muove.
La fama ha quelle trombe, e vola altera,
 Come costei, ond'io l'ho per figliuola
 D'una Zanzara, ell'ha quella maniera.
E se la fama tanto vale, e vola,
 Quanto varrè la madre, e volerebbe
 Per la riputazion, non ch'altro, sola?
Credo che solo al nome tremerebbe
 Quanto la terra imbratta, e l'acqua lava,
 E che col tempo ognun meco starebbe.
         Ha

Ha obbligo a costei la gente brava,
  Più ch'a suo padre, e certo, che senz'essa
  Io non so ben, come 'l fatto s'andava.
Ella ha nel Mondo la ver' arte messa
  Del combattere, e gli uomini da fatti
  Ne faccin fede a chi non lo confessa:
Che fanno mille cerimonie, ed atti,
  Stanno sù' punti, ed appiccan cartelli,
  Poi combattono insieme, e fanno patti.
Non si van con le spade, e co' coltelli
  Addosso al primo, anz'ordinano un giorno,
  Ch'ognun lo sappia, e possa ire a vedelli.
Orlando, e i Paladin davan nel corno
  La prima cosa, e non correvan lancia,
  Che non andassin sei parole attorno.
E benchè questo si trovasse in Francia,
  E le trombe in Toscana, e' fu costei,
  Ch'insegnò queste cose, e non è ciancia:
Che chi pon cura diligente a lei,
  Potrà veder, ch'ella non tocca, o fere,
  Senza sonar tre volte, e quattro, e sei.
Però costor, che ordinan le Schiere
  Come si debbe, non fanno Battaglia,
  Se non lo fanno al nemico a sapere.
Quanto più miro fiso, più m'abbaglia
  Questa cotale, e non trovo la via,
  Onde l'ingegno a tanta altezza saglia.
Io credo quasi quasi, ch'ella sia
  Immortale, vel circa, e mi rammenta,
  Che quest'è 'l poi, ch'io vi promisi pria.

Tom. II.   T   *Ch'io*

Ch'io mi ricordo averne morte cento
  Per sera, innanzi ch'io le conoscessi,
  Ond'io credea d'averne il seme spento;
E per ben ch'io chiudessi, e rinchiudessi
  Usci, e finestre, e'n camera col lume
  Mai non entrassi, e gran cura ci avessi.
Io non era sì tosto nelle piume,
  Ch'io risentiva il numero compiuto,
  Ond'io m'accorsi poi del lor costume.
E m'è più volte nel cervel venuto,
  Ch'ella rinasca, come la Fenice,
  Benchè non le bisogni tanto ajuto:
La può far, senz'andar nella felice
  Arabia, e senza mettere in affetto
  Cotante spezierie, quante si dice.
Per me n'ho una in camera a dispetto
  Di chi non vuol, che non lo sapend'io,
  M'era morta ogni notte intorno al letto.
Ond'io n'ebbi quistion col garzon mio;
  Tanto ch'io fui per romperli la bocca,
  E dissi infin' che s'andasse con Dio.
Ch'ammazzarle, oltr'al male, è la più sciocca
  Cosa del Mondo, ella tornava viva,
  Come s'ella non fosse stata tocca.
Ed ecci, e stacci, ed è quella, e sta priva
  Di compagnia, e già parecchi mesi
  M'ha corteggiato, forse perch'io scriva.
Potreste forse dirmi avendo intesi
  Questi miei versi, dimmi un pò, Bronzino,
  Perchè non paja, ch'io bea paesi:

Que-

Questo animal, che tu fai sì divino,
   E vuoi, ch'ei faccia presti gl'infingardi,
   Perchè piglia e' l'Inverno altro cammino?
Ed alla tua ragion se ben riguardi
   Allor n'avrebbe a esser più che mai,
   Che impigrisce, non ch'altro, i più gagliardi.
Bel dubbio certo, e da lodarlo assai,
   Ma io non mi smarrisco già per questo,
   E mostrerò, ch'io scrissi, e non errai.
Chi è ito pel Mondo manifesto
   Conosce, che non c'è terra nessuna,
   Dove non sia qual cosa di molesto:
La sta con noi la State, acciocchè alcuna
   Persona non ammali, ed anche un pezzo
   Dello Autunno, e poi muta fortuna.
Nè il suo partir ci nuoce, allorch'avvezzo
   E' questo nostro paese in tal forma,
   Che l'ozio a darci noja sarà il sezzo.
La povertà farà, che non si dorma,
   E mill'altri rimedj ci saranno
   Contro allo starsi: questa è cosa in forma.
Ma pur chi ne volesse tutto l'anno,
   E' c'è più d'un paese, ove n'avanza,
   Come dicon le genti, che vi vanno.
Dicon che nella Puglia n'è abbondanza,
   Ma le maremme di Roma, e di Siena,
   E non c'è troppo, n'hanno anche a bastanza.
Quivi un, c'havesse la scarsella piena,
   E poi fosse nemico del riposo,
   Avrebbe a star, se crepasse di pena.

Io ne son sempre stato disioso,
   E farei un bel tratto andarvi, quando
   Io fossi ricco, e manco voglioso.
O che diletto indiavolato, stando
   In quelle parti, cred' io, ch' e' si provi,
   Quand' elle vanno la notte ronzando!
Quand' un' s' abbatte a cosa, che gli giovi,
   Ed anche piaccia, io credo che si possa
   Torla a chius' occhj, purchè se ne trovi.
Ma la gente oggi è maliziosa, o grossa
   Talchè per ignoranza, o per malizia,
   Ogni cosa di buon ci lascia l' ossa.
Avremmo a procurar d' aver dovizia
   Di zanzare, e far fogne, pozzi, e acquai,
   E s' altro luogo più le benefizia.
Ed avrebbesi a far legge, che mai
   Non ardissin d' offenderle i Cristiani,
   Bench' elle gli toccassin poco, o assai.
Dispiacemi veder gli uomini strani,
   Che non sanno uno scherzo sofferire,
   E per ogni cosuzza alzan le mani.
Che doveremmo amare, e riverire
   Chi per farci del ben ci fa de male,
   Uscir di lezie, e imparare a patire.
Pur faccin quel, ch' ei voglion, ch' ei non vale
   Quando ben' un le schiacci, arda, o scancelli,
   Per quant' è scritto in su questo cotale.
Ma perchè tanto i Poemi son belli,
   Quant' ei son brevi, fia ben, ch' i' consenta
   Far quattro versi, e poi non ne favelli.
                              Quest'

Quest' animal in somma mi contenta
Sì stranamente, ch'a tutti i miei amici
Ne vorrei sempre, intorno almanco trenta,
Per farli destri, e più sani, e felici.

CAPITOLO DE' TRE CONTENTI

DI M. VALERIO BUONGIOCO,

A M. LODOVICO DOMENIGHI.

SIGNOR, perchè più volte io v'ho promesso,
Mandarvi alcun mio scritto, ch'io non manchi
E' mi par d'ora in ora udire il messo.
E' ver, ch'in me son già i furori stanchi,
Di ciò n'han colpa i colpi di fortuna,
Ch'io provo per lo petto, e per li fianchi.
Pur eccovi, non è però quest'una
Disperata, non faccio ora un lamento
Col Cielo, e con le Stelle, e con la Luna:
Anzi un mio lieto sonno v'appresento;
Dico, ch'io fui la notte San Giovanni
Beato in sogno, e di languir contento.
Mi parea meco aver tra bianchi panni
Giovanetta, e garzon, ch'ancor non ave
Quindici l'una, e l'altro diciott'anni.
Ove il giuoco si fece delle Fave
Tre, e quattro volte, Amor, ed io insieme
Empiendo d'un pensier dolce, e soave.

T 3   Fu

Fu in sogno, dico, e nel giuoco alcun seme
   Di pesche entrò, che desti i pari miei
   Di là non vanno dalle parti estreme.
Non tenete i giudizj miei sì rei,
   Ch'io facessi da vero queste cose
   La notte allor, quand'io posar dovrei.
Tutta questa passai, e sognai cose
   D'un casto amor, che sempre fu tra nui,
   E'n poca piazza fe mirabil cose.
Quivi veduto avreste or uno, or dui,
   Or tre, or morti, or vivi, per sua mano
   Torre l'alme da' corpi, e darle altrui.
La giovane gentil con saggio, e umano
   Aspetto compartiva i bei favori,
   Senza onorar più Cesare, che Giano.
E'l bel giovane sperto negli amori
   Particolari ergeami spesso sopra
   Pontefici regnanti, e Imperadori:
Che parea dir, non lice, e basti l'opra,
   Perch'il buon nome d'un garzon cortese
   Simile nebbia par, ch'oscuri, e cuopra.
Fur dunque alte, e magnanime mie imprese,
   Pur nel principio morio quasi appieno,
   Quando il colpo mortal laggiù discese.
Meschin, non ne volea nè più, nè meno:
   Fu tale un sconcio, che lo spirto mosse,
   Per gir nel paradiso suo terreno.
Madonna, ed io, con dolci amate scosse
   Lo confortiam, benchè perduti in modo,
   Talchè nessun sapea in qual mondo fosse.
                                           Ma

Ma Amor, che di lui cerca, in vie più sodo
　　Stato tosto cel rende, onde ei repente
　　Dall' un si scioglie, e lega all' altro nodo:
E furia sì, che rovinar si sente
　　Nostro riposo, e parve il Ciel cadesse;
　　Qual paura ho, quando mi torna a mente!
Non mi destai, nè so, com' io facesse,
　　Credea trovar mal concia mia Brigata,
　　E membra rotte, e smagliate armi, e fesse.
Ma i' veggio alfin la disgrazia passata
　　Con poco danno, ond' Amor ringraziando,
　　Dico alla mente mia, tu se' ingannata.
Io vo adagio il rovescio indirizzando,
　　Ma 'l buon garzon più in fretta al fatto riede,
　　Che Falcon d' alto a sua preda volando.
Al fatto dico; ond' ei ripone il piede
　　Là ve colei l' attende, e apre ancora
　　Quella finestra, ove l' un sol si vede:
Aspettar non soffersi invito allora,
　　Perchè più star mi parea cosa ria
　　Scacciato dal mio dolce albergo fuora.
Torno anch' io dunque all' alta preda mia,
　　Ma piano, e col piè molle, oh qual diletto,
　　E qual strania dolcezza si sentia!
Chi 'l petto altrove, e chi s' appoggia al petto,
　　Ora è di pace, e fu prima sì fiero,
　　E duro campo di battaglia il letto.
Lo stringersi, e 'l baciarsi dolce, e fiero,
　　Ed ahi di tutti il dolcissimo fine,
　　Io nol dirò, perchè poter non spero.

T 4　　　　Quand'

Quand'io stanco, non sazio dalle brine
De' bei colli mi levo, e poi m'arretro
Assai di quà dal natural confine:
Dic'ella, c'ha le chiavi in man di Pietro,
　Se godervi altra donna spera, o brama,
　Spenga la sete sua con un bel vetro:
Soggiunsi, è mia, Signor, sì bella dama,
　Risponde quegli, è mia, ma più di voi,
　E tanto più di voi, quanto più v'ama.
N'ha far, dic'altro, o n'ebbe, o n'avrà poi?
　Ed egli, non, mia diva, per voi sola
　Arde, e muore, e ripiglia i nervi suoi.
Ma dite poi, s'il bel petto, e la gola
　D'avorio: allora io gl'interruppi, e dissi,
　Signor, mirate come il tempo vola.
Non lo perdete; in questo risentissi
　La bella coppia, dicendo, il passato
　Fu breve stilla d'infiniti abissi.
Or mettianci del buono, e'ncominciato
　Che s'ebbe il giuoco, anch'io per terzo vado
　Perseguendomi Amore al luogo usato.
Mi mostra il bel garzone il proprio vado,
　In cui improntar intendo quel cotale,
　C'ha nome vita, che a molti è sì a grado.
E mi ricorda del primiero male,
　Rispondo, fedel mio, perdon ti chieggio,
　Io pensava assai destro esser su l'ale:
Ed egli, purchè non s'offenda il seggio,
　Sia come pur vi par; ma in veritate
　Il mal mi preme, e mi spaventa il peggio.
　　　　　　　　　　　　　　　　Ec-

Ecco, *che l'altro uscir vuole, eh restate,*
 Gli dico, e gli prometto monti, e mari,
 E le cose presenti, e le passate.
Ed ella, il peso è grave, amici cari,
 Stando così, chi s'addestrasse in fianco
 Io non so se le parti sarien pari:
Anzi fia meglio, io dissi, e v'accert'anco
 Di diletto maggior, se fia la fiera
 Cacciata da due veltri, un nero, e un bianco.
Allor s'acconcia in sì gentil maniera,
 Che detto avreste, ell'è Lauretta, e Bice,
 In mezzo di due amanti onesta, e altera.
Quinci, e quindi god'ella, e 'n fine: ahi dice
 Piangendo; cor mio dolce, io moro ahi, ahi,
 Tal frutto nasce da cotal radice!
Asciugandosi poi gli umidi rai,
 Quell'anch'asciuga, dicendo, ahime questa
 Fece la piaga, onde io non guarrò mai:
Ma dolce or m'è se già mi fu molesta,
 Io per lei sono, e sarò pronta sempre
 Per chinar gli occhj, e per piegar la testa.
Il giovane real con dolci tempre
 La bacia, onde ella segue, e quì a' suoi piedi
 Son le cagion, ch'io v'ami, e mi distempre.
Dappoi ch'ognor vedesti, ed or più vedi,
 Ch'io fui tua tutta, e son, deh io ti prego
 A farmi lagrimar, Signor mio, riedi;
Onde ei, ch'anco avea inteso il chino, el pregò
 Disse, pur ch'il compagno di quà passi,
 Io nol posso negar; Donna, e nol niego.
           Or

Or qui 'l buon giuoco un'altra volta fassi,
   Ma io n'andai, per non sentirmi in schiena,
   Perdendo inutilmente tanti passi.
Il valentuom solcò un'acquetta amena,
   Ed io un mal rio, u' fui per affogarme;
   Sì profonda era, e sì di larga vena.
Dopo un grato languir dissi, se farme,
   Donna, piacer vi cale, oprate in guisa,
   Ch'almen, come io solea, possa sfogarme.
Allor l'accorta giovanetta assisa
   Ver me s'appoggia, e dice, in ver mal puote
   Viver stando dal cor l'alma divisa.
O sia, ch'innanzi eran mie voglie note,
   O che le donne abbian sì gran potenza,
   Che gli aspidi incantar sanno in lor note:
Qui mi parve gustar la quinta essenza,
   O 'l frutto eletto, per cui disse Adamo,
   M'è più caro 'l morir, che 'l viver senza:
Ma io, vagliami 'l ver, di ciò son gramo,
   E se non fosse, che fu tutto in sogno,
   Io cadrei morto, ove più viver bramo:
Ben anch'io, Signor mio, non poco agogno,
   Ch'altri nol sappia, e quasi, ch'io nol scriva,
   Di me medesmo meco mi vergogno.
Or sia che può, fur ombre, ed io dormiva,
   Pur non fece giammai tante pazzie
   Pigmalion con la sua donna viva.
Poi s'io non v'attendea con tai bugie,
   Non si dà fede a' sogni, io v'avrei porto
   La lunga storia delle pene mie.

Ma

Ma assai n'ho più notato, ora ch'io porto
Mia merce carca in periglioso legno,
Però sarebbe da ritrarsi in porto.
O del lauro amator, quantunque indegno
Del tuo favor io sia, per gentilezza
Deh porgi mano all'affannato ingegno.
Finiam del sonno l'alta morbidezza,
Da cui mi tolsi, se ben mi ricordo,
Pien di quella ineffabile dolcezza.
Io stava nel gioir sì intento, e 'ngordo,
Che stimandomi in terra uguale a Giove,
A ognaltro piacer cieco era, e sordo.
Dice il giovane a me, poichè le prove
D'amor finito abbiamo, e fatte quelle
Cose sopra natura, altere, e nuove:
Sappi, che noi siamo ombre grate, e snelle,
Teco giaciute in sogno; il Mondo or scorge
Quel, che fa 'l Sol delle minori stelle.
Partir conviemmi, or dì, s'altro ti sorge
Che da noi vuogli? ed io, Ombre soavi,
Voglia mi sprona, Amor mi guida, e scorge
A ringraziarvi, a donarvi le chiavi
Del core, io non ho altro, mercè, lasso,
Delle fortune mie tante, e sì gravi:
Ei sorridendo allor si volse, e casso
Di sè lasciommi in sì dolce atto adorno,
C'avria virtù di far pianger un sasso.
Spirar nel suo partir nel letto, e 'ntorno
Più grati odor: sol con la donna io resto
Pien di vergogna, e d'amoroso scorno.

La

La qual poco curando il mio star mesto,
  Pur troppo dice, a' maschi oggi diletta
  Con le code avvinchiarsi, or che è questo?
Deh stolti omai lasciate l'arte inetta,
  Anzich' il divo Amor, che ciò non vuole,
  Nel vostro dolce qualche amaro metta.
Ond'io, s'io dormo, e 'nsogno, e me ne duola,
  Or nè 'l Mondo, nè i Dei biasmar ti ponno,
  Dice, e cose altre da fermare il Sole:
E dopo questo si parte ella, e 'l sonno.

CAPITOLO DI LUCA VALORIANI

IN LODE DE' CALZONI,

A LUIGI SPADINI.

S'Io stessi tutto un'anno inginocchioni,
  Pregando ad uno ad un tutti gli Dei,
  Non avrei grazia di dir de' Calzoni.
Ma con l'ajuto vostro io crederei,
  Anzi sempre ho creduto, e credo chiaro,
  Dir pur di lor, ma non quanto io vorrei.
Sì che di grazia, Luigi mio caro,
  Se voi m'amaste mai, e se mi amate,
  Soccorrete il mio dir rustico, e ignaro.
S'io avessi a dar le lodi alle giuncate,
  Alle ricotte, finocchio, o piselli,
  Io troverei le strade lastricate.

Ma

Ma de' Calzon non c'è, chi ne favelli,
 Nè chi mai n'abbia scritto, e se ne sono,
 Si stan sepolti dentro a gli scannelli.
Seguitemi or, che'l buon cavallo i' sprono,
 Per capitare al fonte di Parnaso;
 Dove acquistar si può grazia, e perdono.
Perchè voi siete di Scienzia un vaso,
 Bisogna a me seguir la Musa vostra,
 Per fin che fia del Sol l'orto, e l'occaso.
Principio omai daremo all'opra nostra
 Di cantar de' Calzon quanto potreno,
 Or che la buona strada ci s'è mostra.
Io ho di lodi colmo il corpo, e 'l seno,
 Ch'altro stato non è, che 'l vostro ajuto,
 Che me l'ha fitte adosso in un baleno.
Colui, che porta i Calzoni, è tenuto
 Goffo da quei, che non hanno cervello,
 E lo chiaman balordo, e poco astuto.
Da questo nasce, che non sanno quello,
 Che sanno que', che portano i Calzoni,
 Quanto contento è in questo abito snello.
Chi porta brache, brachesse, e brachoni,
 Calze intere, e stringate tuttavia,
 S'avria a metter nel numer de' pinconi.
In quanto a me, vi do la fede mia,
 Di star, dove i Calzon s'usan portare,
 Quanto a Dio piacerà, che in vita io stia.
Perch'io non penso mai poter trovare
 Abito tanto ben proporzionato,
 Per chi vuol, fresco, caldo, e largo stare.

Porta il Calzone il Verno foderato,
  Leva la fodra a mezzi tempi via,
  E la State di renfa, o di rigato.
Quanta comodità dentro ci sia,
  Non la sanno conoscer se non quegli,
  C'hanno studiato assai Filosofia.
S'io vi volessi dir de' garzoncegli
  Quanto i Calzon comodità dien loro,
  Sarebbe un farmi tirare i capegli.
Bisognerebbe verso più sonoro
  A dir di voi, Calzon, tanto apprezzati
  Da molti, più che l'argento, e che l'oro.
Chi vuol saper di quanto e' son dotati
  Questi Calzoni da la natura, e l'arte,
  Dimandar se ne posson tutti i Frati:
Che fatti se ne sono una gran parte,
  Che più del tempo ne portan due paja,
  Per averlo studiato in mille carte:
Chi d'accordellatino, e chi di saja,
  Di mano in man, secondo la Stagione,
  Così tengon la vita allegra, e gaja.
Forse ch'egli hanno a chiamare il garzone,
  Che vada loro le calze a tirare,
  Poi tirate, l'attacchino al giubbone.
Ch'è un sempre volere in doglia stare,
  Anzi sepolti dentro a questi panni,
  Poichè la vita non si può ajutare.
Che maladetti sieno i mesi, e gli anni
  Di chi principio diede a le brachette,
  Perch' allor cominciaro i nostri danni.

Al-

Allor si messe in uso le berrette,
   E le calze frappate co' giubboni,
   Abiti da soldati, e da civette.
I fanciulletti, i giovani, e i vecchioni,
   Ne' bell' anni dell' oro andavan tutti
   In gabbanella, in zazzera, e in calzoni.
Forse che fatto avrebbono a' lor putti
   Le calze, come s'usa oggi a Fiorenza,
   Ch'è un propio volergli storpiar tutti.
Se per disgrazia e' vien lor soccorrenza,
   Perchè m'intenda, voglia di cacare,
   S'io parlo sporco, abbiate pazienza:
Egli han tanti frenegli a sdilacciare,
   Che per la marcia forza lor bisogna
   Lasciarla nelle calze al primo andare.
Va dì per sorte, ch'uno abbia la rogna,
   E in questi panni si truovi serrato,
   Gli è propio uno esser confinato in gogna.
Io ve la posso dir, ch' i' l'ho provato,
   Che già mi tolsi anch'io la libertà,
   Quand'era, come voi, pazzo spacciato.
Ma vi so dir, che da un tempo in quà
   Io ho voluto rimetter le dotte,
   Di portare i Calzon, com'ognun sa.
Per l'amor, che io vi porto dì, e notte,
   Vorrei, che rotto vi fosse il forame,
   E sopra più vi venisser le gotte,
Acciocchè usciste fuor d'un tal legame.

C A-

CAPITOLO DI M. B.

IN LODE DELL' ASINO.

E'Vi *parrà capriccio daddovero,*
Compar mio caro, a dirla qui tra noi,
S' io canto quel, che di cantare spero.
Già non saran bugie di strani Eroi,
Come di dire Orlando, o Carlo Mano,
Anzi cose, che s'usano tra voi.
Ma perch'io penso, ch' e' vi parrà strano,
Io vi dico, che quel, ch'io vi ho da dire,
Ancor toccar ve lo farò con mano.
E innanzi ch'io vi voglia altro scoprire,
Perchè pigliate la cosa più intera,
Mi vi bisogna un certo caso aprire.
Il qual per dirvi appunto come egli era,
Fu di notte venendo un martedì,
Era di Maggio, era la Primavera.
Send' io addormentato presso al dì,
Dove non era bene il dormir tanto,
Un' Asin col ragghiar mi risentì.
Nè bisognava star più tanto, o quanto,
Senza altro dir, voi crederete bene,
Ch' io lo ringraziassi com' un santo.
E poich' io giunsi a casa fuor di pene,
Cominciai a pensar di compensarlo,
Come conviensi a gli uomini dabbene.

Onde

Onde venuto m'è nel capo un tarlo,
  Non potendo maggior servizio farli,
  Che di pigliar la penna, e di lodarlo.
E per maggior affezion mostrarli,
  Questi suoi versi i' ho voluto poi
  Al mio più caro amico indirizzarli:
Così comincerò, e 'ntanto voi,
  Che le muse tenete pe' capelli,
  Non le stogliete ora da' fatti suoi.
Perchè bisogneria mille cervelli
  A tal soggetto; e dubito non poco,
  Non creda M. Asin, ch'io l'uccelli.
Ma pur sentendo, che le Muse invoco,
  Che m'ajutin narrare ogni sua loda,
  Creder dovrà, che ci sia carne a fuoco:
Or la parola un dubbio qui mi annoda,
  Ch'io non so, dov'io debba cominciare;
  Dal capo, dagli orecchj, o dalla coda.
Egli è per tutto tanto singulare,
  Ch'io per me vò lodarlo intero, interò,
  Poi pigli ognun qual membro più gli pare:
Prima del nobil suo lignaggio altero
  Non fa mestier, che nulla ve ne dica,
  Sapendo ognun, che fu innanzi a San Piero:
Nè meno spenderò tempo, o fatica
  Ove ch'il nome suo derivar voglia;
  Come facevan gli uomini all'antica:
Mia Musa in frutti, e non in fior s'invoglia
  E'l dir l'antichitade, o 'l suo cognome,
  E' come dir, poca uva, e molta foglia.

Tom. II.   V   Pe-

Però comincerommi dalle some,
   Che più ch'altro animal ne porta quello:
   Legga Priscian chi vuol saper del nome.
Venite quà, Brigata, questo è bello,
   Che portereste le some da voi,
   Se non ve le portasse l'Asinello.
Che l'altre bestie, che s'usan tra noi,
   Non son sì addatte, nè a bastanza ancora,
   Mettendo co' Cavai, Bufoli, e Buoi.
Egli 'l giorno, e la notte ognor lavora,
   E sempre a un modo, a caldi tempi, e freschi
   E s'adopra in Firenze come fuora.
In ogni cosa par, ch'egli rieschi,
   E dell'utile il conto non faria
   In dodici anni Raffael Franceschi.
E quel, ch'ei porta, non racconteria
   Venti donne cicale delle buone,
   Nè l'inventario d'una Spezieria.
Basta, che mentre ch'a portar si pone,
   Lo può guidare un minimo bambino,
   Senz'uno scioperio d'altre persone.
Egli è poi sì cortese, e sì divino,
   Che come dice quel proverbio antico,
   Per se bee l'acqua, e porta agli altri 'l vino.
Forse ch'egli diventa tuo nemico,
   Benchè tutto il dì l'abbi bastonato:
   Non se ne cura, e non lo stima un fico.
Egli è d'un altro dono ancor dotato
   Quest'animal, quant'altro dir mai posso,
   Talch'agli uomini stessi non è dato:

                Ed

Ed è, che mai non si genera addosso
  Di quegli animaletti bianchi, e neri,
  Che rodono la carne infino all' osso.
Chi vuol di pulitezza or vie più veri
  Segni di questo, ne cerchi fra quante
  Corti fur mai, nè di trovarne speri.
Forse che come il caval da furfante
  Tuffa'l ceffo nel bere, tocca appena
  L'acqua, tant' è costumato, e galante.
Poi con che grazia mangia, e con che lena
  Filemon cel potrebbe raccontare,
  Ma ridendo morì senza altra pena.
E fu, ch'ei vide un Asino mangiare
  De' fichi alla sua mensa apparecchiata,
  E tal fu'l riso, che lo fe crepare.
Ma prima disse alla fante, che stata
  Era troppo a venir portagli bere,
  Che la prima vivanda ha già mangiata.
O s'e' potesse anche l'Asino avere
  Lingua, che come gli uomini parlassi,
  E' ci farebbe il suo cervel vedere;
Ma con l'opere savio tener fassi,
  E dove e' cade in questo luogo, o'n quello,
  Mai non vi torna, se lo scorticassi.
Ben mostran gli Empolesi aver cervello
  Quanto conviensi ad ogni uomo dabbene,
  Che l' Asin diventar fanno uno uccello.
Certo, ch'a l' Asin l'ali si conviene,
  A voler farlo una solenne cosa;
  Ma senz' esse più util ce ne viene.

V 2   For-

Forse bisogna fornimenti a josa
  Per suo portar, com' una Mula vuole,
  Che ha più abbigliamenti, ch' una sposa.
Il basto ad ogni dì gli basta, e sole
  Le feste la bardella qualche volta;
  E pare un Tullio, come dir si suole.
Porta le legne, e frutte, e la ricolta,
  Che nol può far bestia, che sella porti,
  Nè men portar sempre i cestoni in volta.
Noi abbiam veramente mille torti
  A non lo ringraziar, quando ci netta
  Le strade, e' cessi, e poi ne 'ngrassa gli orti.
Che doverremmo fargli di berretta,
  Com' a persona dabben si conviene;
  Ma l'usanza fu sempre una civetta.
Erano gli Asin, com' uomin dabbene,
  Già reveriti, e chi gli molestava
  Si puniva secondo le lor pene.
Onde Mida, che gli Asin oltraggiava,
  Da Bacco fu con sua vergogna, e danno
  Gastigato, siccome e' meritava.
L'Asin non ci fa mai tristizia, o 'nganno,
  Come la Golpe, e 'l Lupo, o altra tale
  Bestia, che ci assassinan tutto l'anno.
Egli non brava punto alla bestiale,
  Talchè a cavalcarlo è un piacere,
  E di guerra è nemico capitale.
Va dì, che questo tu lo possi avere
  Da cavalli Giannetti, Turchi, o Sardi,
  Ch' o ti straccano, o fannosi cadere.
                      Ora

Ora veggio, dicea Maffio Bernardi,
  Per quel, che 'l cavalcò volentier Cristo,
  Quest' animal, dagli altri Dio mi guardi.
Io mi ricordo già scoparsi un tristo,
  Ch' andava adagio, quanto più poteva,
  Solo per esser su quell' Asin visto.
Ond' un saccente, che non lo doveva
  Conoscer ben, gli disse, poveretto,
  Cammina presto, e di pena ti leva:
Ei volto, disse a lui pien di dispetto,
  Va a modo tuo quando sarai scopato,
  E me lascia ora andar a mio diletto.
Quell' andar sì soave, e riposato
  Gli andava a fantasia, e forse inmante
  Tanta dolcezza non avea provato.
L' Asino ha da natura un buon portante,
  E in Alessandria per il cavalcare
  Del Gentiluom non s' usa altro, e 'n Levante.
Ma noi non ci vogliam mai contentare,
  Che l' Italico sen l' ha per natura
  Cercar Delfin ne' monti, e Golpe in mare:
Come dir fuoco freddo, ed acqua dura,
  E simil cose, le quai l' han condotta,
  Come vuol suo destino, e sua ventura.
Or vedete pazzia, che ci ha ridotta
  L' usanzaccia, per cui sempre ci avviene,
  Ch' il ben si fugge, e al mal dietro si trotta.
Son pochi quelli, e ricchi bene bene,
  Che tenghino un caval, come si debbe,
  E con fatica un solo anco si tiene.

V 3   Che

Che se si usasse, come si dourebbe
Gli Asini, o questa sì, che saria bella,
Almeno ognun cavalcatura aurebba.
E non ti avresti a trar della scarsella
Cento fiorin, come n' un buon cavallo,
Che s' ei si muor, ti riman sol la sella.
Meno di dieci coste, e ciascun sallo,
Ed è tanto cortese per natura,
Che porta insino alla merda a cavallo.
E se, e' si muor per qualche sua sciagura,
La carne per salsiccia, o gatta vendi,
La pelle un vaglio, che cent' anni dura.
S'in Cornamusa, o Zufol piacer prendi,
Son le sua osse a bella posta fatte,
E ne puoi dadi far, s'a giuoco attendi.
Ad ogni cosa infin par che si addatte,
E più bisogno abbiam d'un' Asinino,
Che della ciarla un che venda, o baratte.
Tu te ne servi la sera, e 'l mattino,
Cacciagli pure addosso quel che vuoi;
E paglia, ed acqua son suo pane, e vino.
Gli è sano, e pronto alla fatica poi
Vie più ch'altro animale, e ne dà saggio
Col generar negli ultimi anni suoi:
Il che non fa se non il Suo lignaggio;
Onde supera vivo questo, e quello,
E morto col formar lo Scarafaggio.
Quest' è un' animal più buon, che bello,
Ch' è come aver brutta borsa, e molto oro:
Che chi così non vuol, non ha cervello.
Ed

Ed io per me non bramo altro tesoro,
 Così volesse, chi può farne prova,
 Che come dire avere un'Asin d'oro.
Io mi ricordo or d'una lode nuova
 Degna di Papi, Duchi, e Imperadori,
 Ch'Asino esser un libro anco si trova.
S'io vi dicessi or cose vie maggiori,
 Come di dir, ch'ei si trova in effetto
 Asini in uomo, e fors'anco Dottori:
Voi mi direste, che questo soggetto
 Ve lo sapete, onde non dico niente:
 Farete conto, ch'io non l'abbi detto.
Io credo ancor, che chi ponesse mente,
 Ed osservasse i suoi gesti, vedria,
 Ch'egli è Matematico eccellente.
Perchè senza imparare Astrologia,
 Fra gli altri, Primavera egli si vede
 Col canto annunziarla tuttavia.
E quando pasce, e che zappa col piede,
 O tien gli orecchi a terra, è chiaro segno,
 Ch'allor vicina pioggia egli prevede.
Fu un'Asino ancor di tanto ingegno,
 Ch'attentissimo udia la sapienza
 D'Amonio, ch'era Filosofo degno.
Credo, ch'ei leggerebbe con prudenza
 In Accademia, ma infiniti quello
 Ufizio fan per lui per eccellenza.
Dice Marco Varron, ch'un'Asinello
 Fu visto sì gran prezzo comperare,
 Che e' non valse mai bestia più di quello.

V 4   Egli

Egli del sermollin non suol mangiare,
   Per non ne privar noi, perchè ha notato,
   Che per la salsa ne sogliam cercare.
Io mi ricordo, che mi fu contato
   Una cosa, che debba esser intesa,
   Ond'ei sarà col tempo più lodato:
Quest'è, ch'ancora gli resta sospesa,
   Quel che l'anima sua facci postmorta,
   Ma ben ne sta con isperanza accesa:
Perchè quando che Giove fece accorte
   Alcune anime d'immortalitate,
   Era presente l'Asinel per sorte,
E pregò Giove con parole ornate,
   Ch'immortalasse lor l'anime ancora,
   Per essergli anco dopo Morte grate.
E seguitò senza più far dimora:
   Giove, noi sarem tuoi, senz'alcun fallo,
   E 'n vita, e in morte servirenti ognora.
Farem cantando talvolta un bel ballo,
   Ed alle feste, che dona il tuo coro,
   Potrem portar qualcheduno a cavallo.
All'or si ricordà Giove, che loro
   Gli fer vincer la guerra co i Giganti,
   Quando in sua ajuto co i Silvani andoro:
I cui meriti allor furono tanti,
   Che nel più alto segno in Ciel ne prese
   Giove memoria fra suoi numi santi.
Ed ancor oggi si mostra palese:
   Certe Stelle del Granchio in Ciel compreso
   Si chiaman Asin per ogni paese.

Ma

Ma ritornando a Giove, c'avea intefo
  Quanto l'Afino aveva addimandato,
  E di fervirlo s'era tutto accefo:
Ei gli rifpofe, ei non è ragunato
  Il gran Collegio: alla prima tornata
  Quel ch'addomandi, allor ti farà dato.
E quando l'alma avrete immortalata,
  Io vi darò quefto fegnal per pegno,
  Ch'un di voi pifcerà acqua rofata.
E di qui nafce, che l'Afin, c'ha ingegno,
  Fiuta ogni pifcio, che per terra trova,
  Poi alza il capo, e dice, è quefto il fegno?
Ma ecco d'eccellenza maggior prova,
  La qual fi doverria fcrivere in guanti;
  E vi parrà cofa bizzarra, e nuova.
Que' cappelli, che fon Cappe di tanti,
  Che partan per mifterio i Cardinali,
  Di pel d'Afin fi fanno tutti quanti.
Quefte fon cofe degne, ed immortali,
  E non cofacce, che certi han lodato,
  La Pefte, il Mal Francefe, e gli Orinali.
Forfe che non durarono imbondato;
  Che s'un' Afin volevano lodare,
  Sarebbe ognun di loro immortalato.
Fra tutti gli animaj, folo il parlare
  A Meffer Afino è ftato conceffo;
  E quel di Balaam lo può moftrare.
E s'or vi pare, ch'infieme abbi meffo,
  Come fi dice il ceppo, e la mannaja,
  A me non par d'avere errato adeffo.
                                    Per-

Perchè s'io dico il vero, ei non è baja;
  E'l ver per tutto può dirsi scoperto;
  Dunque il mio canto strano non vi paja.
Tant'è, di Messer Asino il gran merto,
  Ch' Agrippa mostra, che con sommo onore
  Tal nome a'   debba dirsi aperto.
Veston dell'Asinin bigio colore
  Uomini, e donne, ch'abbian buona mente,
  Per qual cosa parere umil di core.
E quando Cristo nacque, immantinente
  Volle questo animale avere accanto,
  E sempre il suo caval fu parimente.
Poi par, che gli uomin se ne adirin tanto,
  Quando che gli è detto Asino a qualcuno,
  Ch'è proprio come dirgli mezzo vanto.
Mille altre cose a giudizio d'ognuno
  Lascio, che saria lunga tantafera
  A contar simil casi ad uno, ad uno.
Nè men racconterò la lunga schiera,
  Dioscoride, Plinio, ed altri tali,
  Ch'ebbon del medicar notizia vera:
C'hanno scritto di lui cose bestiali
  In Medicina quanto vaglia, e possa;
  Ma gli lasso per cose da Speziali.
Lascio, che'l sa ogni persona grossa,
  Che di Musica ancor dir si potrebbe;
  Ch'ei suona viva, e morta, in carne, e in ossa.
In fatti, a fine mai non si verrebbe
  Di questa Bestia tanto utile al Mondo,
  Che più virtù, che la bettonica ebbe.
                                    Quest'

Quest' è un Mar, che non ha riva, o fondo,
   E la mia musa, a tal soggetto indegna,
   Mi dice, ch'entro troppo nel profondo.
Se mai andrò per qualche cosa degna
   In campo tra soldati, veramente
   Io voglio un' Asinel per la mia insegna;
Sarà la coda un pennacchio eccellente,
   Della pelle armerommi petto, e rene,
   Qual Rodomonte il scoglio del serpente.
E così parrò propio un uom dabbene,
   Come son quei, che per le Corti stanno,
   O chi 'n qualche grandezza oggi ci viene.
Par ch'abbin questi da natura, ed hanno
   Conformità con l'Asino, e tal sia,
   Ch'essere altro che Asini non sanno.
E chi pur altrimenti esser disia,
   E' vilipeso, perchè il Mondo istesso
   Anch' egli inasinisce tuttavia.
Sia che si vuole, io l'ho pur detto adesso,
   E chi cattiva lingua mi vuol dire,
   S'io dico'l ver, sarà l'Asino ei desso.
Sentomi or nuovamente sovvenire,
   Ch'a Bacco era sagrato, e ad altri Dei
   E' si solea per vittima offerire.
Come Sansone vinse i Filistei
   Con una sua mascella, e d'un suo dente
   Fè nascere acqua, ed altro dir potrei.
Ma come mille sue lodi eccellente
   Lascio, per esser breve, or questi tali
   Capi bassi aver tocchi solamente.

Non

Non Tigri, non Leoni, Orsi, o Cinghiali,
  Che di danno nel Mondo sempre sono,
  Dunque hanno il vanto degli altri animali:
Ma quel degno Asinel, di ch'io ragiono,
  Si debbe sopra tutti incoronare,
  Come vie più di loro utile, e buono.
Ei sol d'ogni animal dee trionfare
  Da' freddi popoli agli ardenti, e neri,
  E dall'Ircano all'Atlantico mare.
Ma perchè pure a chi non ha pensieri
  Vò lasciar qualche campo, io ho pensato,
  Ch'andar più innanzi sia cosa leggieri.
Poi bisogna, ch'io pigli un pò di fiato.

CAPITOLO

DI M. GIOVAN' ANDREA DELL' ANGUILLARA,

AL CARDINALE DI TRENTO.

FRa bassi, fra mezzani, e fra gli Eroi,
  Signor, Pastore, e Cardinal di Trento,
  Non si ragiona d'altro, che di Voi.
S'io vo, s'io sto, dove si parli, sento
  Dir del vostro leggiadro, alto intelletto,
  E del raro giudizio, che v'è drento.
Da ch'io mi levo, sin ch'io vado al letto,
  Altro non mi vien detto, altro non s'ode:
  Come se non ci fosse altro soggetto.
                              O Dio

O Dio come gioisce, e come gode
  L'antico mio Padron Leone Orsino,
  Quando racconta qualche vostra lode.
Vi mostra scritto in volgare, e'n latino,
  Di prose, e versi ha sempre le man piene,
  Che vi scrive oggi ognun, fuor che Pasquino.
Quì studj, corte, piazze, pranzi, e cene
  Par, ch'ognor partoriscbino qualche atto,
  Che fa di voi parlare, e sempre in bene.
Talch'io mi son innamorato affatto,
  E v'ho, Monsignor, posto tanto amore,
  Ch'io ne divengo ogni giorno più matto.
Io, che son dolce, e tenero di cuore,
  Di propria volontà voluto ho farmi
  Vostro perpetuo schiavo, e servidore.
E se mezz'ora vorrete ascoltarmi,
  Vi và scoprire in ciò l'animo mio
  In questi pochi, e così fatti carmi.
E sono ancor, sappiate, ch'io son io,
  Dottor di legge, leggente, e'n che guisa
  Sia fatto, i'l dirò poi, piacendo a Dio.
Deh Muse, ora spogliatevi in camisa,
  Sbrachisi Apollo, e levisi la giuppa
  E fate tutti quanti una divisa.
Volate al mio cervel, che s'avviluppa,
  E di quel buon liquor portate alquanto,
  Sì ch'io possa con voi fare una zuppa.
Deh per l'amor di Dio, non state tanto,
  Ch'io son per far un'opra assai cattiva,
  S'una di voi non mi si mette accanto.
                          Orsù,

Orsù, qual fia l'Apollo, e qual la Diva?
   Ch'ora, ch'io sono all'ordine disposto,
   Vorrà tener gonfiata la mia piva.
Signor, io m'ho nell'animo proposto
   Di farvi servitù, ma d'una sorte,
   Che non v'arrechi utilità, nè costo.
Vò corteggiarvi, e non vò stare in Corte,
   E non credo servirvi in vita, e giuro
   D'esservi servidore infino a morte.
E vi prego, vi supplico, e scongiuro,
   Che non sdegnate d'accettarmi in dono
   Tutto il resto del mio viver futuro.
E bench'inetto, inutile, e non buono
   Mi conosca per voi, pur nondimanco
   E' forza, ch'io sia vostra, tal qual sono.
Ma se ben posso poco, e vaglio manco,
   Ciò che v'importa? già ch'io non disegno
   Di saper, s'il pan vostro è nero, o bianco.
Una statua di cera, un' uom di legno,
   Fate conto ch'io sia, fatto per boto,
   Da mastro, che non ha troppo disegno,
Che qualche eletto spirito, e divoto
   Offerisce ad un Santo, e a la sua Chiesa
   L'effigie, stassi poi fermo, ed immoto.
Non ha quel Tempio utilità, nè spesa;
   Pur guarda il Santo all'anima di quello,
   Che di divozione è tutta accesa.
Questa mia statua, e questo mio modello
   Non spregiate, Signor, bench'io confesso,
   Ch'egli non è per voi, nè buon, nè bello:
                           Pur

Pur io vò dirvi un' altra cosa appresso,
　Che fra le cose preziose, e care,
　Non ho più cara cosa, che me stesso.
Se me stesso vi dono, che vi pare?
　S'io vi do quello, che più stimo, e pregio,
　Non dees' egli quest' animo accettare?
Voi, che di cortesìa, di splendor regio,
　Sicom' io intendo, tutti altri avanzate,
　Fatemi fare un amplo Privilegio:
Nel qual si veggia, come m'accettate
　Fra' vostri eletti, e privilegiati,
　In questa nostra sfortunata etate.
O quattro, e cinque volte, e più beati
　Quei, che nel vostro vago campo Eliso
　Sono insieme da voi scelti, e chiamati!
Che stanno in terra, ed hanno il Paradiso,
　Ed ogni lor tristizia via discaccia
　La gran serenità del vostro viso.
Siete grande di corpo, e bel di faccia,
　E mentre ben tutte le cose esamino,
　Ogni parte, ch'è in voi convien che piaccia.
Chi non contenteriesi del vostro animo?
　Che mi pare impossibil, che si possa
　Trovarne un più severo, e più magnanimo.
E s'ogni Scettro, ogni Berretta Rossa,
　Fosser locati in simili soggetti,
　Andremmo tutti in gloria in carne, e 'n ossa.
Non sol sarien felici i vostri eletti,
　Ma stato avria ciascun grasso, e fecondo,
　Infino a quei, che fanno de' Sonetti.

Oh

Oh che viver sarà lieto, e giocondo,
  Quando sarete Papa, Oh Dio, che festa
  Farassi allor per tutto, quanto il Mondo!
Fosse almen presto: il cancher da chi resta,
  E forse ch'alla vostra alma Presenza
  Non calzerebbe ben quel Regno in testa.
So ben, che vi staria per eccellenza,
  E pur staravvi, a quel, che si comprende
  Da qualche vostra buona esperienza.
Che siete ora Soggetto da faccende,
  Or che sarete in età più matura,
  Non farete allor voi cose stupende?
Questo la Musa me lo afferma, e giura,
  E m'introna l'orecchio, e dice, io sollo,
  Indovinalo pure alla sicura.
Oh fortunato tempo, s'io vedrollo,
  Quand'ogni uom, sia pur povero, e mendico,
  Si leverà da tavola satollo.
E che sia il ver, quel ch'indovino, e dico,
  Ciascun, ch'al vostro nome porrà mente,
  Vederà quanto a Cristo siate amico.
Cristofan siete detto dalla gente,
  Perchè portate Cristo in core, e poi
  Ragionate con lui divotamente.
Voi parlate con lui, ed ei con voi:
  Sì ch'egli appar, che vi vuol far Vicario,
  Poichè vi dice tutti i casi suoi.
Li basta, che siate or suo Segretario,
  Che siate poi Luogotenente vuole,
  E teneghiate le chiavi del Sacrario.

O Ma-

O Madruccio beato, o chiara prole!
 Io ho pure speranza di vederti
 Esser al Mondo più chiara ch' il Sole.
Sì per grazia del Ciel, sì per li merti
 Del mio Signore, e suoi Progenitori,
 Chiari nell'arme, e nelle cose esperti.
Fur sempre illustri, e splendidi Signori,
 E furon sempre li palazzi loro
 Ricetto di soldati, e di Dottori.
Oh Dio, che di dolor mi struggo, e moro,
 Ch' or ch' io dovrei gir alto, io vo più basso,
 E non posso servar bene il decoro.
Vorrei tirar diciotto, e tiro ambasso,
 Mercè di queste Muse, le quai m' hanno
 Portato aceto in vece d'ippocrasso.
Ed oltre a ciò, m' hanno sì pien d'affanno
 Queste tante letture, chiose, e testi,
 Che m' han messo il cervello a saccomanno.
E codici, e paragrafi, e digesti,
 Bartoli, e Baldi m' hanno consumato,
 E tutti i sensi conquassati, e pesti.
Io leggo un certo paragrafo Cato,
 Il qual sì mi tormenta, e m' assassina,
 Che non mi resta nè voce, nè fiato.
Leggo la sera, e studio la mattina,
 E tutto il giorno vo fantasticando;
 Che mi manca ora il vino, or la farina.
Considerate adunque, e come, e quando
 Possi andare in Parnaso a poetare,
 Che non ho un quarto d'ora al mio comando.

Sì che, Signor, m'avete a perdonare,
 Se quel ch'avrei da dir, non dico appieno,
 Che per più conti io non lo posso fare.
Dunque tacer davrei, e nondimeno
 Tacer non posso, ch'una forza estrema
 D'amor m'induce a far nè più, nè meno.
Anzi vi dico poi, ch'io avea gran tema,
 Se punto non sborravo in questo foglio,
 Non generasse dentro una postema.
Io, che viver disio, più tosto voglio
 Esser tenuto un uom di poco sale,
 Che crepar di martello, e di cordoglio.
E con tutto che siate Cardinale,
 V'ho voluto parlar d'esta maniera,
 Il meglio ch'ho potuto, o bene, o male.
E vi dico di nuovo a buona cera,
 Che mi struggo, mi moro, e mi consuma,
 D'esser di quelli della vostra schiera.
Io desidero al naso questo fumo;
 Bench'il ventre borbotta, e non si pasce
 D'altro, che d'ambracane, e di profumo.
Si maraviglian che l'arrosto lasce,
 E brami il fumo, ma non ben si lagna,
 Che bisogna, che viva ogni uom, che nasce:
Ma che viva di quel, che si guadagna,
 Mi par, che dica la Scrittura, e 'l testo,
 Con quel vivo sudor, che 'l viso bagna.
Dunque, s'io chieggo il fumo, e poi mi resto,
 Folla perchè, s'altrimenti facessi,
 Non serverei nè il giusto, nè l'onesto.

Cre-

Credete, Monsignor, s'io mi vedessi
 Atto a servirvi, e guadagnar le spese,
 Che servirvi da senno io non chiedessi?
Or poi, ch'io non son' atto a tali imprese,
 Io vi domando quel, che non vi costa,
 E che di poco mi siate cortese.
Tantum nomine stare a vostra posta,
 Ch'io non son'atto da senno a servire,
 E tutto il giorno andar correndo in posta.
Or, Monsignor, voi mi potreste dire;
 Ben chi sei tu, che cerchi questo nome?
 Io mi vorrei di te meglio chiarire.
Io son per dirvi il nome, col cognome,
 E la forma d'un uom di ventott'anni,
 Da scriver quasi da piedi alle chiome.
Son un' Andrea congiunto con Giovanni,
 Che vivo oggi una vita molto amara,
 Di tutti i piacer privo, e pien d'affanni.
Della stirpe son io dell' Anguillara,
 C'ha per insegna l'arme dell' Anguille,
 Che'n molte parti dell' Italia è chiara.
Già producea Guerrieri a mille, a mille,
 N'ha prodotto a dì nostri una decina,
 Che piglierebbon gatta con Achille.
Solo io lasciata ho quella disciplina,
 E mi son tutto volto a quegli studj,
 Siccome il fato, e'l mio destin m'inchina:
Dove, s'avvien, ch'io m'affatichi, e sudi,
 Potrei di qualche pregio esser frà miei,
 E guadagnare un dì di massi scudi.

Son nato, u fuggì 'l padre de gli Dei,
 Perchè gli fur tagliati quei cotali,
 A' quai spuntano il manico gli Ebrei.
Or Monsignor, mettetevi gli occhiali,
 Ch' io vi voglio mostrare un corpo umano
 Di fattezze superbe, ed immortali.
Io son un uom fra piccoli mezzano,
 E fra mezzani piccolo, e fra grandi
 Mi si potrebbe dir, ch' io fossi Nano.
E s' avvien, ch' alcun grande mi domandi,
 Per parlarmi all' orecchia cheto, cheto,
 Bisogna ch' ei s' impiccoli, e io m' ingrandi.
Viso ordinario, e di natura lieto:
 Se la sorte crudel nol fesse tristo,
 Che mi persegue in pubblico, e 'n segreto.
Pur con fortezza d' animo resisto,
 Per grazia, che mi vien data di sopra,
 E mi contento, e mi riposo in Cristo.
In quel, da cui dipende ogni buon' opra
 Riposerò, finchè la madre antica
 Questo corpaccio mio divori, e cuopra.
Uscirò allor d' affanno, e di fatica,
 Che nel Regno di Cristo spero certo
 Veder la faccia sua lieta, e amica.
Questo spero per grazia, e non per merto,
 Che mi confesso peccatore, e chiamo:
 Pur veggio, che mi mostra il cuore aperto.
E se ben morto son nel padre Adamo,
 Io son poscia rinato a miglior vita
 Nel Sacrificio del figliuol d' Abramo.

Ma

Ma la mia Musa è di materia uscita,
 Io vi diceva, se ben mi rimembra,
 Com'io porto le gambe in sulla vita.
E cominciava a distinguer le membra,
 Dissi, ch'il viso mio comune, allegro,
 Più tosto Giove, che Saturno assembra.
La fronte spaziosa, e l'occhio negro,
 E tutto il capo, nè grasso, nè asciutto,
 E' grande, sano, e non piccolo, ed egro.
Vò conchiudere infin, ch'il capo tutto,
 Ancora che non sia un capo eletto,
 Non si può dir spiacevole, nè brutto.
Ma le fattezze, c'han le spalle, e'l petto,
 Non saria buono Tiziano a ritrarle,
 E non le squadrerebbe uno Architetto.
Che la pancia, lo stomaco, e le spalle,
 Pajono un' Appamondo, ove si vede
 Più d'un monte, d'un piano, e d'una valle.
Messer Trifone vi potrà far fede
 Di tutta quanta questa architettura,
 Che m'ha visto di fuor, dal capo, al piede.
Il resto poi di sotto a la cintura
 Ogni membro ha la sua proporzione,
 Eccetto un, che non ha la sua misura.
Questo sì, che nol sa M. Trifone,
 E poca gente ve ne può far chiaro:
 Che lo sanno per Dio poche persone.
In questo corpo stravagante, e caro,
 Stassi un animo libero, e sincero,
 Ch'a ciaschedun, che lo conosce, è raro.

Questo basti dell'animo: or del vero
　Abito intendo dir, ch'l corpo veste,
　E dipingerlo quasi intero, intero.
L'addobba per sua grazia una mia veste
　D'un panno, già fu nero, or pende in bajo,
　I giorni di lavoro, e de le Feste:
E d'Aprile, e di Luglio, e di Gennajo,
　Al tempo temperato, al caldo, al gelo,
　Sopra il medesmo mio giubbone, o sajo.
Il sajo è di cotone, e senza pelo,
　Ed ha la superficie così netta,
　Che più tosto ch'un panno, pare un velo.
Pensate, che le calze, e la berretta,
　E ciascun' altra cosa corrisponde
　A quella architettura, ch'io v'ho detta.
Or chi, Signor, mi dimandasse, donde
　Procede, ch'io ne vo sì bene adorno;
　Da ricchezza procede, e non d'altronde.
E temo peggio andar di giorno in giorno,
　Poichè disposto ha'l mio crudel Pianeta,
　Ch'io non abbia d'aver mai seta intorno,
Benchè s'averò mai tanta moneta,
　Ch'io possa dare assetto a gli altri guai,
　Vorrò fasciarmi anch'io tutto di seta.
Mi conosco aver poco, e spendo assai,
　Giuoco a primiera, e di grossa cavata,
　Talch'io non son per rivvermi mai.
Mi caccio in ogni impresa disperata,
　Metto tutto l'esercito a sbaraglio,
　E quasi sempre perdo la giornata.

　　　　　　　　　　　　　　Ora

Ora per quel ch'io poſſo, e quel ch'io vaglio,
 Io mi vi dono, ſe voi mi volete,
 Voi m'accettate, ſe vi viene in taglio.
Bench'io ſo certa, che m'accetterete,
 Che mi vien detto a bocca, e moſtro in ſcritto,
 Che voi foſte Signor, prima che Prete.
Di me già non ſperate aver profitto:
 Conſiderate al caſo voſtro, intanto
 Eſaminate, com'io v'ho deſcritto.
Se ciò non baſta, e che vogliate alquanto
 Co' voſtri occhj vedermi alla preſenza,
 Statevene con queſto fino a tanto,
Ch'io venga a Trento a farvi riverenza.

CAP. DI M. LODOVICO DOMENICHI,

A MASTRO JACOPO DI NERI,

CERUSICO, E BARBIERE.

A Un medeſimo tempo ho inteſo il voſtro
 Pericoloſo male, e la ſalute,
 E dell'un duol, dell'altro ho piacer moſtro.
Coſì il pietoſo Dio ſempre v'ajute,
 Com'ora, acciò non perda il Mondo vile
 Tanta bontate in voi, tanta virtute.
Nell'Arte ſiete pratico, e ſottile;
 E nel giovar, e far ſervigio altrui,
 Sopra tutto amorevole, e gentile.

X 4   Che

Che come a tempi chiari, ancora a bui
 Il medesmo mostrate, e con gli effetti
 Non si ritrova differenza in vui.
Non fate cessa ne gli uman difetti:
 E se possibile è scusar l'amico,
 Voi lo scusate con fatti, e con detti.
Voi non avete al Mondo alcun nemico,
 E'n questo santamente adoperate
 Secondo il nuovo, e'l testamento antico.
Maravigliar di voi le genti fate,
 Ch'essendo, si può dir, quasi idiota,
 Tanto le lettre, e i letterati amiate.
E' la vostra affezione, al Mondo nota,
 Non pur verso di me, che non so nulla,
 Ma a tutti quanti i Dotti arcidivota.
Cotal venir bisogna dalla culla,
 Cioè ben costumato, e con creanza;
 Ch'ogni altra nobiltade è una frulla.
Però se il vostro stato ognor avanza
 Di bene in meglio, non è maraviglia;
 Ma c'aggiate ancor più, tengo speranza.
Dietro a voi, com'ad altri non bisbiglia
 Il volgo, e non vi fa becco, nè spia,
 Da portar la berretta in su le ciglia.
Non è pericol mai, ch'alcun vi dia
 Titol d'infame, come tabacchina,
 O se più vile ufizio altro è che sia.
Non vi porta astio parente, o vicino,
 Nè per vostra cagion sen va nessuno
 Con gli occhj lagrimosi, e'l viso chino.
                              Voi

Voi non siete al ben far giammai digiuno;
 Ma con tanta modestia altrui servite,
 Che l'opra vostra vi fa schiavo ognuno.
Voi non date cagion d'ira, o di lite
 A persone congiunte, ma più tosto,
 Se son fra lor divise, e voi l'unite.
Più volte a render grazie mi son posto
 Di tante cortesie, ch'io riconosco
 Da voi, più sempre a giovarmi disposto.
Ma poichè la bontà vostra conosco
 Nemica di questi atti esteriori,
 Son fermo a non usar parole vosco.
Queste soglio io chiamar erbette, e fiori,
 E cerimonie d'uomini di corte,
 Anzi per meglio dir, da ciurmadori.
Fatti richieggon le persone accorte:
 Che dove hanno bisogno effetti, ed opre,
 Non convien ch'altri vane ciance apporte.
Quì la mia penna con silenzio cuopre
 Molte, che sono in voi belle maniere;
 E così l'ignoranzia mia si scuopre.
Io sto quì in tanto con poco piacere,
 Pur d'ogni cosa volentier ringrazio
 Il sommo Dio, sì come è mio dovere.
Ma della stanza omai son stanco, e sazio:
 Dove imitando il verso del Petrarca,
 Se'l danno è grande, è pai maggior lo strazio.
S'altri partir di quì potesse in barca,
 Usato avrei al partir ale, e non piedi;
 Tanto ho di tristo umor l'anima carca.
         Chi

Chi mi ci avesse spinto con gli spiedi,
    Non ci sarei venuto, onde a me stesso
    Dico, tu sei, meschin, preso, e nol vedi.
Qui non è spasso alcun lungi, nè presso,
    Pratica di Cristian poca, o nessuna;
    E chi è qui forestier, quasi è in un cesso.
Qui già mi strascinò voglia, e fortuna:
    E parmi esservi stato un Mondo d'anni,
    Nè ci ho veduto ancor la sesta Luna.
Esser può ben, ch'opinion m'inganni;
    Ma non fui peggio mai contento altrove;
    Nè so qual sorte a starvi mi condanni.
Quando io son per partirmi, ecco che piove;
    E 'n questa certo nubilosa valle
    Fa il Verno, e 'l freddo le sue maggior prove.
Due mesi ha già, che giorno alcun non falle,
    Che qui non venga ognora o nebbia, o pioggia;
    Cosa da far voltar al Ciel le spalle.
Qui non teatro, non palazzo, o loggia
    Ci dona albergo, ma spelunca a tetto
    Padroni, e servi, e bestie a un tempo alloggia:
Il luogo è basso, e a l'acqua soggetto,
    Sì che il zoccolo è poco, ma le zanche
    Potrian tenere il piede asciutto, e netto.
Non crediate, che qui romor ci manche,
    Chè v'abbiamo operaj sì diligenti,
    Che lavoran continuo, e le Feste anche:
Sono uomin di legno assai saccenti,
    Che non si ferman mai di tempestare,
    E senza cibo, o sonno stan contenti:

Essi

Essi non usan mai tregua altrui fare,
   Se non per avventura, quando il fiume
   Torbido è fatto, infinchè si rischiare.
Il lor maestro allora ha per costume
   Di riposargli un poco o giorno, o notte;
   Ma ogni poco indugiar, par che'l consume.
Sonci altre bestie a lavorar men ghiotte,
   Ma non manco importune, ed incresciose,
   Degne che fosser lor le braccia rotte.
Quei primi carte fan bianche, e vistose;
   E questi, per farne altro capitale,
   Le fanno nere, brutte, e dispettose.
Questi il nostro riposo han sì per male,
   Che non bastando de' torchi il romore,
   Cantano, anzi urlan con voce bestiale.
Talchè il tremuoto, ch'a voi diè timore
   Sì grande già tre giorni son, da noi
   Non fu sentito, non che s'odan l'ore.
Or come io mi stia qui, pensatel voi:
   Però pregate Dio, che me ne levi,
   E tosto, che sarebbe in darno poi.
I giorni, che di Verno or son sì brevi,
   Mi pajon tutti là da mezza State; ivi.
   Fuor che quei frutti, e questi han ghiacci, e ne-
Ma ben è ver, che fra tante Brigate,
   Che volentier vorrei far senza loro,
   Ci sono anco persone costumate.
Ecci Messer Pompeo, ch'io molto onoro,
   Messer Giulio Turini, e 'l Buonagrazia
   Messere Antoñ, ch'è come gemma in oro.
                          Con

Con questi tre per lor favore, e grazia,
  Mi ritengo talora, e ciascun d'essi
  D'accarezzarmi giammai non si sazia.
Ma se volete, che'l vero io confessi,
  Non colpa lor, nè del paese ameno,
  Ma di certi ignoranti votacessi:
Ho di Pescia talmente il capo pieno,
  Che s'io ci sto tre settimane ancora,
  Temo sol di mattana venir meno.
Ben spero di veder tosto quell'ora,
  Ch'io vedrò gli occhi, ch'or mi son contesi,
  E udrò la voce, che Fiorenza onora.
Intanto, acciò lo 'ndugio non mi pesi,
  Fatemi grato a' Signori, e a gli amici,
  Ch'io ho costì magnanimi, e cortesi.
A due Salviati di viltà nemici,
  Pietro, e Alamanno, ambi più che Signori,
  Per ricchezze, e bontà chiari, e felici:
Mostrate il mio pensiero entro, e di fuori
  Nel parlar vostro, ove essi ben vedranno,
  Quanto in parole, e in effetto io gli onori.
Trovate tre, che di Frate non hanno
  Fuor che l'abito solo, e però gli amo,
  E scolpiti nel cuor sempre mi stanno.
Don Miniato Pitti è l'un, ch'io bramo
  Servir quanto uom, che viva, e di buon cuore;
  Pacifico poi l'altro è quel, ch'io chiamo.
Infin di quà, dì, e notte, a tutte l'ore,
  Astrologo perfetto, anzi Profeta,
  Che s'ha acquistata già fama, ed onore:

Il

Il terzo è un Monachin, gentil Poeta,
   Che sì mal volontier veggo in Cestello,
   Dove l'hà incappucciato il suo Pianeta.
Costui si chiama là Don Gabriello
   Franceschi, e s'io l'onoro, è ben ragione,
   Ch'è proprio uno omaccin fatto a pennello.
Fate lor mia raccomandazione
   Per mille volte, di che vi scongiuro,
   E come mertan lor degne persone.
Io son ben certo ancor, non che sicuro,
   Che da mia parte mi saluterete
   Colui, cui senza star m'è troppo duro:
Dico Andrea Lori, il qual spesso vedete,
   E per l'amor, ch'io porto a sua sua virtude,
   E per usanza vostra conoscete.
Quest'è un giovan gentil, che in sè rinchiude
   Valore, e cortesia, quanto altri forse,
   Che per Fama acquistarsi agghiacci, e sude.
Questi anco dal sentier dritto non torse
   Orma, per quanto gli abbia fatto oltraggio
   Fortuna ria, che indarno ognor lo morse.
Non v'incresca anco di trovare il saggio
   Gentil fisico, e dotto Messer Piero
   Fracani, e fargli d'uno inchino omaggio.
A Simon Berti, amico fido, e vero,
   Date salute, e dite a nome mio,
   Come tosto vederlo, e bramo, e spera.
Direte al buon Sangallo, amico, á Dio;
   Il Domenichi è vostro in carne, e in ossa:
   E veramente in ciò non vi mento io.

Al singolar Poggin, che dove io possa
  Fargli servigio, e d'ingegno, e di mano,
  Che la mia mente a farlo è di già mossa.
A Pier Gerardi, e Daniel da Bagnano
  Piacciavi dire, e a Tommaso Beti,
  Ch'io gli amo, e duolmi loro esser lontano.
Uomini son castor buoni, e discreti,
  E perciò degni d'esser sempre amati,
  E di vivere al Mondo sani, e lieti.
Non v'ho tutti gli amici ricordati;
  Ch'in silenzio gran parte ne comprendo,
  E prego, che da voi sien salutati.
Or perchè solo a riposarmi intendo,
  E più che d'altro di dormire ho voglia,
  E di stanchezza, e di sonno mi rendo.
Non vi sarò più lungo, ch'io mi soglia:
  Sol vi dirò, che stiate lieto, e sano;
  L'altrui curando, e non la vostra doglia.
A questi versi ho posto ultima mano
  L'anno cinquantaquattro il sezza giorno
  Del mese di Novembre orrida, e strano,
Se in altro luogo, in questo umil soggiorno.

CA-

CAPITOLO DELLA ZUPPA

A FILIPPO GIUNTI.

Quel poco ingegno, c'ho, mi s'avviluppa
  Solo a pensar, Filippo, com'io possa
  Onestamente celebrar la Zuppa.
L'amor, e l'umor suo m'entra nell'ossa
  Sì fattamente, ch'aguzzar volendo
  La punta della stil, vie più s'ingrossa.
Spirami tu del tuo favor stupendo,
  Bacco, perchè adoprar a questa impresa
  Apollo tuo fratel non vò, nè intendo.
Il tuo liquor m'ha sì la mente accesa,
  Che poco stimo l'acqua d'Ippocrene:
  E la disgrazia sua manco mi pesa.
Molti son quei, c'han posto il sommo bene
  Nelle felicità di questo Mondo,
  Nell'essere onorato, e ricco bene.
Altri d'ingegno più saldo, e profondo,
  Stiman, che la virtù sol possa dare
  Piacer compito, e a null'altro secondo.
Chi i diletti di Vener suol prezzare
  Più d'altro, e dice, che i complessi suoi
  Non trovano quaggiù maggior, nè pare.
Altri la sanità fan prima, e poi
  L'essere amato, e fornito d'amici,
  Con cui possi partir gli affetti suoi.

Alcuni son per altra via felici,
Secondo il lor parer scemo, o perfetto,
Che più, o men gli fa lieti, e infelici.
Io non mi tengo aver tanto intelletto,
Ch'io voglia dir per ultima sentenza,
Qual sia il maggiore, e più certo diletto.
Molte miglia ha da Verona a Piacenza:
Ben si và a questa per più trita via;
Ed è dall'uno all'altra differenza.
Tuttavia voglio dar la fava mia,
E in questa parte non mi curo molto,
Che 'l mio parere un paraddosso sia.
Io tengo, che colui sia più che stolto,
Che non ama star sano, infinch'e' muore;
Che senza questo è l'uom più che sepolto.
Or come aver possiam tanto favore
Dal Cielo, assai si beccano il cervello,
E per lo più si trovano in errore.
Chi perciò brama in villa un lieto ostello,
Non è al giudizio mio fuor di ragione;
Ma il vero modo non è ancor con ello.
Chi nel fare esercizio studio pone,
Per viver sano, ed aver appetito,
La zappa adopri, o la pala, o'l marrone.
Chi va cercando or questo, ed or quel lito,
Dicendo, che l'andar per mare attorno,
Fa star l'uom sempre fresco, e colorito.
Io c'ho caro il riposo notte, e giorno,
Con quei pochi libretti, ch'io trameno,
Mi starò con le Muse in bel soggiorno.
E per-

E perchè contemplando altrui vien meno;
  Non saprei ritrovar miglior Ricetta,
  Per poter ritornar lieto, e sereno:
Ch'una Zuppa finissima, e perfetta,
  Cioè d'un buon Trebbian, Greco, o Vernaccia,
  O pur di Malvagia, se vi diletta.
Non niego, che Cupido non mi piaccia,
  Dico i begli occhj, e la pulita guancia
  Di donna, con cui star mi soddisfaccia:
Ma il timor di venir Baron di Francia,
  Come avvien spesso in sicurtà d'amore,
  Senza spada adoprar, scudo, nè lancia;
Spegne talora in me rabbia, e furore;
  E così credo ancor faccia in altrui,
  Che non sia in tutto di sè stesso fuore.
Vero è, che qualche tempo in error fui,
  A' Medici credendo, i quai la borsa
  Ci voran spesso; e poi ridon di nui:
E così follemente anch'io l'hò corsa,
  Empiendomi d'empiastri, e medicine,
  E s'altro più l'umana vita inforsa.
Or son chiaro di loro in fatti, e'n fine,
  E per quanto hà a durar la vita mia,
  Non vò, ch'alcun di lor mi s'avvicine:
Ma se per caso avvien, ch'infermo io sia,
  Che me ne guardi la Bontà di Dio,
  Vò, ch'una Zuppa il rimedio mi dia.
Se quanto buono è al Mondo, in lei s'unio,
  Perchè gir mendicando le ricette,
  Cristeri, lattovarj, e s'altro è rio?

Io non vi starò a dir, l'andò, la stette,
　Ma con un bel proverbio antico, e certo,
　Vi dirò, che la Zuppa ha virtù sette.
Questa, sua cortesia, non nostro merto,
　Cava la fame, e spegne sete tutta,
　Come fè già la manna nel Deserto.
Questa, poich'ella ci ha la bocca asciutta
　Renduta a un tratto rugiadosa, e molle,
　E' si può dir la vita in noi ridutta:
Empie anco il ventre, e quella arsura tolle,
　Che ci levò la vita per niente,
　Onde le genti stan liete, e satolle.
La sua quarta virtù, tien netto il dente;
　Ch'altro è, che polve pesta di coralli;
　Senza mettervi tempo, e incontanente.
E più che fonti, o liquidi cristalli,
　Fa gentilmente il cibo altrui smaltire,
　Più che poggi salire, o scender valli.
E quinci vien, ch'ella si suol gradire
　Da chi ha cervello, ed intelletto a josa,
　Perchè ci fa senza pensier dormire.
L'ultima sua virtù miracolosa,
　A la barba de' Lisci, e del Cinabbro,
　Fa la gota vermiglia, come rosa.
Bisogneria di rime miglior fabbro,
　Ch'io non sono io, e ben gonfiar la piva,
　Tenendo in molle l'uno, e l'altro labbro.
Ma non posso già far, ch'io non vi scriva
　Una delle sue lodi, e delle sei,
　Che forse al colmo di sua altezza arriva.
　　　　　　　　　　　　E s'io

E s'io non la dicessi, io mancherei
   Interamente al mio debito, tanto
   Che nulla, o poco più detto n'avrei.
Fu già un Monaco savio, e dotto, quanto
   Altro suo par, che votassi scodella;
   Ch'appresentossi al Papa Padre Santo,
Ch'era già stato anch'ei rinchiuso in cella
   E sua ventura, o sua virtù, che fosse,
   Era salito a Dignità sì bella.
Questo buon Papa a gran pietà si mosse
   Della regola sua povera, e disse,
   Chiedi, perch'io son vostro in carne, e in osse.
Ma con questo però, che non uscisse
   D'una parola sola, e ch'egli avrebbe
   Quanto gli avesse chiesto, gli promisse.
Il Frate, ch'era, come si dovrebbe
   Esser, cioè fratissimo, e d'assai,
   In Zuppa solo il suo dir conchiuso ebbe.
Il Papa gli rispose, e Zuppa avrai,
   Che basterà per tutto il tuo convento,
   E non sarà per mancargli giammai.
Così ne lo mandò lieto, e contento,
   E fè, che pane, e vin gli fu provisto
   In buon dato, a dovizia, e a compimento.
Quando tanto giudizio mai fu visto,
   Quando un vocabol sol, che contenesse
   Mangiar, e bere a un tratto insieme misto?
Chi tutto quanto il Calepin leggesse,
   Il Cornucopia, e 'l Dottrinale appresso,
   Non vedria un Verbo, che tanto dicesse.

Usava dire il mio Maestro speſſo,
 Quando vedea finite le vivande,
 Ch'erano poche, e come voleva eſſo:
Quando hai picciolo piatto, e voglia grande
 Di più mangiar, ſiccome i giovani hanno,
 Che l'appetito lor ſempre ſi ſpande:
Fatti una Zuppa, e non ti dare affanno;
 Perchè la ſua virtute è tanta, e tale,
 Che baſta a riſtorarti d'ogni danno.
Quì de la roba aſſai ſi manda male,
 Che ſi potrebbe dir de le ſue lode,
 Altro, che d'inſalata, o d'orinale.
Ma la Sampogna mia già ſtanca s'ode,
 Sì che fia meglio torſela da bocca,
 E non metterſi in mar che non ha prode.
A miglior intelletto, che 'l mio tocca
 Sì fatta impreſa, o a più leggiadro ſtile,
 Che la mia Muſa è mal purgata, e ſciocca.
Filippo, intanto non abbiate a vile
 Queſti pochi Verſacci, c'ho finito
 Sul cominciar del Meſe dopo Aprile:
E mi ſcuſate, s'io v'ho mal ſervito.

CAPITOLO
IN LODE DELL'UMOR MALINCONICO, ALL'UMOR DI BOLOGNA.

DI MATTIO FRANZESI.

Umore, e' mis'è desto un certo umore,
 Di dar così due colpi di pennello
Sopra l'Umor, di noi più che Signore.
Sopra quel, che ne vien sù bello bello,
 E ti fa tra la gente singulare,
 Onde s'addita, e dice vello, vello.
Sopra quel, ch'io non so come il chiamare,
 Se leggerezza, o pur maninconia,
 Ma chiamalo ciascun, come gli pare.
A me è sempre entrato in fantasia,
 Che l'Umore, e l'Amor parenti stretti
 Sien, vie più che 'l Poeta, e la pazzia.
E più ch'ad altro, guardisi a gli effetti,
 Che de' lor nomi non ne vò far stima,
 C'hanno conformità per più rispetti.
Ogni leggenda in prosa, in versi, e in rima,
 Gracchia, canta, e cicala, che l'Amore
 E' cieco, e quest' è cieco in prima, in prima.
E se si trova pure qualche Autore,
 Che tien, che l'amor vede, anzi antivede,
 Questo ancora stravede a tutte l'ore.
Ognun, fuor qualche ereticaccio, crede,
 Ch'amore abbia del putto, e questo al certo
 N'ha più di lui, prestatemene fede.

Se l'amor se ne va nudo, e scoperto,
    E in somma s'egli è alato, e s'egli è arciero,
    Come sa appuntino ogni diserto:
L'Umor si scuopre tutto, e del leggiero
    Ha tanto, che trapassa col volare
    Ogni Astore, ogni Smerlo, ogni Sparviero.
Ed è cotanto pratico a imberciare,
    Che s'altri avesse un briciol di cervello,
    Lo investa, per mostrar quel ch'ei sa fare.
Per questo egli è d'amor come fratello,
    Ma s'ei s'accozza con la Poesia,
    Gli ha un vigor, ch'e' non si può con ello.
E va fuggendo ogni altra compagnia,
    Che i ghiribizzi, i concetti, e i capricci,
    L'accompagnan pur troppo, e vada, o stia.
E non sia, chi lo stuzzichi, o lo impicci,
    Perch'egli ha dello sgherro, e del crudele:
    Talchè farebbe gli uomini in pasticci.
Se mentre ch'egli spiega le sue vele,
    Soffia qualche ventaccio disperato,
    Sant'Ermo ne difenda, e San Michele.
Io non so, s'io m'ho letto, o pur sognato
    Un Testo d'Aristotil non so dove,
    Ch'io sono un bue, e sommelo scordato:
Che dice, che si fan mirabil prove
    Nella Dottrina, mediante questo,
    Perchè da esso ogni Dottrina piove.
Vedesi per esempio manifesto,
    Che tutti quanti i Dotti, e Litterati,
    Fanno con questo Umor spesso del resto.
                                    E l'U-

E l'Umor gli ha sì ben contrassegnati,
  Oltre a quelle lor barbe, e quei mostacci,
  Che sarebbon tra mille ritrovati.
Ma voi, Messer Umor, buon pro vi facci,
  Ci avete fatto dentro un frutto tale,
  Ch'e' vi cede ciascun, che se l'allacci.
E s'io potessi senza farvi male,
  Vorrei spaccarvi il capo, per avere
  Copia del vostro Umor imperiale.
Ma per conclusion si può tenere,
  Ch'ogni uomo ha 'l suo da gl'altri differente
  Quanto le cose bianche dalle nere.
Io non ne vò parlar distintamente,
  Perch'a contar l'umor di questi preti,
  Un banco non saria sufficiente.
Ma l'Umor, che s'incapa ne i Poeti
  Non vi par delle Grazie gratis date,
  Se non s'entrasse in mille bei salceti?
Come sarebbe a dir di farsi frate,
  Ch'è peggio assai, che darsi d'un coltello
  Secondo, che mi dicon le Brigate.
Umor, se si può star, siamo in cervello,
  Che Dio ci scampi dalla impalagione,
  Da puttane, da preti, e da tinello.
In somma, in fine, ed in conclusione,
  Per servidor vogliatemi accettare,
  Poich'io vi tengo in luogo di Padrone:
Che possiate voi ridere, e crepare.

Y 4   CA-

CAPITOLO

SOPRA IL PASSEGGIARE.

AL MEDESIMO.

UMORE, io mel potrei sdimenticare,
   S'io non vi dessi adesso questo resto,
   Ciò è contarvi ancor del Passeggiare.
Imperocchè quel nostro Umore, e questo,
   Stanno insieme congiunti appunto, appunto,
   Come di Pesche, e mele un qualche nesto.
Egli è ben ver, ch'io piglio un certo assunto,
   Da farmi andare a spasso con la mente,
   Per darvi, verbigrazia, un tale aggiunto.
Ma voi, quanto si può, siete prudente,
   Nè mi bisogna entrar ne' sopraccapi,
   A dir come s'usava anticamente:
E che in diebus illis quei satrapi
   De la peripatetica fazione
   Studiavan passeggiando come Papi.
Perch'io non vò parere un Salamone,
   Dov'io non sono, e far di testi un lago,
   Come fa, chi gli allega, e gli traspone.
Io non fui mai, nè son di Gloria vago,
   E vivo a caso, e scrivo a catafascio,
   Ma lasciam'ire, or ecco, ch'io vi pago.
L'Umore, e 'l Passeggiar vanno n'un fascio,
   Che l'uno, e l'altro, e l'altro, e l'uno ha moto,
   E l'uno abbocca l'altro al primo lascio.

Non

Non si va mai, come sapete, a voto,
  Perch'ogni passo ha seco il suo pensiero,
  E qualche ghiribizzo per arroto.
Ed io mentre passeggio, or temo, or spera,
  Or mi spavento, or m'assicuro in modo,
  Che non m'aposterebbe un buon bracchiero.
Veggonsi certi passeggiar sul sodo,
  E sputar tondo, e aggrottar le ciglia:
  Questi han del grave, idest, del cacasodo.
Molti altri a' passi allentan sì la briglia,
  Che vanno in corso, e con tanta prestezza,
  Che par, che gli abbin dietro la famiglia.
Questo sì ben, che pende in leggierezza,
  Perchè il passo vuol esser misurato,
  Senza accrescere, o tor di sua grandezza.
Dirò così, che i casi dello stato
  Nel Passeggiar consiston tutti quanti,
  Ma li suoi passi han troppo il spaventato.
Non sanno questo gli uomini ignoranti,
  Che non consiste a ire in quà, e in là,
  Il Passeggiar da uomini galanti.
E bisogna squadrar or là, or quà,
  O in banchi, o in chiesa, o altrove, che tu sia,
  E spurgarsi, e tossir per un via va.
Il Passeggiare in frotta, o 'n compagnia,
  Non ha punto del buon, perchè l'urtate
  Ti spezzano ad ognor la fantasia.
Quantunque e' piace al più delle Brigate
  Quell'accordar co i passi le parole,
  E far quelle sonore cicalate:

Quan-

Quanto a me le persone, che van sole,
 Hanno più garbo, e tengo, che le sieno
 Nutrite circa questo in miglior scuole.
Credo pur, ch' Avicenna, e che Galieno,
 Dichin, ch'e' faccia al corpo un gran servizio
 E debbonsi accordare in questo almeno.
Questi Prelati il fan per esercizio,
 E perchè se lo trovan molto sano,
 Lo curan più, ch'ogni altro benefizio.
Perch' ogni volta hanno appetito strano,
 E senza questo non faria lor pro
 Mangiare, e rimangiare a mano, a mano.
Puossi far questo, o sia bel tempo, o no,
 E fuori, e in casa, e solo, e accompagnato
 In tutti i modi, e i tempi anch'io lo fo.
In somma egli è uno spasso da prelato
 Serve a chi ha pensier, rabbia, e dolore,
 E dà faccenda ad uno sfaccendato.
Ma voi avete più che gl' altri, Umore,
 Un non so che, che sempre andate solo,
 Ma quel menar le mani a tutte l'ore,
Non che'n voi, non sta ben n'un mariuolo.

SONETTO DI M. FRANCESCO BERNI

Scritto a maniera di Prosa tra le facete Lettere, e piacevoli Raccolte per M. Dionigi Atanagi pag. 27.

A MONS. IPPOLITO CARDINALE DE' MEDICI.

SE io avessi l'ingegno del Burchiello
Io vi farei volentieri un Sonetto
Che non ebbi giamai tema, e subbietto
Più dolce, più piacevol, nè più bello.
Signor mio caro, i' mi trovo in bordello,
Anzi trovianci, per parlar più retto,
Come tante lamprede in un tocchetto:
Impantanati siam fino al cervello.
L'acqua, il fango, i facchini, e i marinari
Ci hanno posto l'assedio alle calcagna:
Gridano tutti: dateci danari:
L'Oste ci fa una cera grifagna:
E debbe dir frà sè: frate' miei cari:
Chi perde in questo Mondo, e chi guadagna.
  All'uscir della ragna,
Di settimana renderan gli uccelli,
 E facci vezzi come a' suo' fratelli,
  Vengon questi, e po' quelli,
E dicon: che la rotta sarà presa
 Qua intorno a San Vincenzo, ò Santa Agnesa:
  Chè noi l'abbiamo intesa;
Più presto, sotto a mangiarci lo strame,
Che andar innanzi a morirci di fame:
  A quello albergo infame,
Che degnamente è detto Malarbergo:
Onde io, per stizza, più carta non vergo.
       T A.

TAVOLA
DE' CAPITOLI
DI M. FRANCESCO BERNI.

Alla Corte del Duca Alessandro a Pisa.   pag. III
Alla Marchesana di Pescara, quando per la Morte del Marchese diceva volersi far Monaca.   IV
Rincantazione di Verona.   V
Descrizione del Giovio.   VI
Sonetto.   VII
Della Piva.   I
Alla sua Innamorata.   7
Alla Detta.   10
Caccia di Amore piacevole, alle Nobili, e Gentil Donne.   13

DEL MOLZA.

De' Fichi.   18

DI M. FRANCESCO COPPETTA.

Di Noncovelle.   26
Del Medesimo.   30

A M.

A M. Bernardo Giusto. 31
Canzone nella perdita d'una Gatta. 34
In lode dell' Osteria. 39
Alla Signora Ortensia Greca. 48
Alla Medesima. 54

Di M. Lodovico Martelli.

In lode dell' Altalena. 60

Di Vincenzo Martelli.

In lode delle Menzogne. 65

Di Mattio Franzesi.

Sopra le Carote, a M. Carlo Capponi. 68
Sopra le Carote. 73

Del Sig. Girolamo Ruscelli.

Delle lodi del Fuso. 77
In lode del Verno. 96
Della vita d'otto Giorni. 100
Sopra le Nuove. 105
Sopra le Maschere. 108
Contra lo sberrettare. 113
Sopra la Salsiccia. 118
Della Mala Notte. 123
Contra il parlar per Vostra Signoria. 128

D'un

D'un Viaggio, a M. Benedetto Busini.	132
A Messer Fabio Segni.	137
A Messer Annibal Caro.	142
A Messer Benedetto Busini.	146
A Messer Luca Martini.	150
Sopra la Posta, a Monsignor Dandino.	154
Sopra la Posta, a M. Annibal Caro.	161
Lettera a Ser Pietro da Sezza.	167
Sopra lo Boria.	172
In lode dello Spago.	179
In lode del Vin Greco.	184
In lode de' Rinfrescatoi.	191
Sopra un Viaggio fatto col Procaccio.	196
Lettera a M. Jacopo Sellajo.	206
Lettera a Lorenzo Scala.	210

DI STRASCINO DA SIENA.

Alla Pasquina.	213
Delle Bellezze della Dama.	216
Delle Bellezze della Dama.	219

DI M. PIETRO ARETINO.

Alla sua Diva.	221

DI M. BINO.

In lode del Bicchiere.	226

DI

Di Andrea Lori.

In lode delle Mele.   231

Di M. Luca Martini.

A Visino Merciajo.   236
In lode de' Pegli.   240

Di S. B.

In lode del Mortajo.   244
In lode della Martingala.   248

Del Bronzino Pittore.

In lode della Galea.   252
In lode della Galea.   265
De' Romori.   278
In lode della Zanzara.   284

Di M. Valerio Buongioco.

De' Tre contenti.   293

Di Luca Valoriani.

In lode de' Calzoni.   300

Di M. B.

In lode dell' Asino.   304

Di M. Gio: Andrea dell'Anguillara.

Al Cardinale di Trento. 316

Di M. Lodovico Domenichi.

A Maſtro Jacopo di Neri. 327
Della Zuppa. 335

Di Mattio Franzesi.

In lode dell'Umor Malinconico, all'Umor di
   Bologna. 341
Sopra il Paſſeggiare. 344

Di M. Francesco Berni.

Sonetto. 347

Il fine del Tomo Secondo.